谷川裕稔 ★ 編
Hirotoshi Tanigawa

日本の大学にどう活かすか

アメリカの大学に学ぶ学習支援の手引き

Clues for Adapting American Learning Assistance into Japanese Higher Education: from Historical and Practical Perspectives

ナカニシヤ出版

まえがき

　本書は，アメリカ合衆国（以下，アメリカ）における高等教育レベルの学習支援の先駆的実践を紹介することを主な目的としている。その際，アメリカ高等教育場面における「学び」という視点に注目する。加えて，同実践を歴史的に紹介するという作業のなかで，日本の学習支援の実践を見直す契機を提供する。具体的には，両国の実践を比較するという手続きを通して日本への活用の可能性も模索するということである。特に「日本への活用の可能性」にも言及することが本書の特長であり，刊行の意義を見出している。

　ところで，拙編著である『学士力を支える学習支援の方法論』（ナカニシヤ出版，2012）でも指摘したが，アメリカではカレッジ設立当初（17 世紀の植民地時代）から学習支援が施されてきた。その後支援内容は，時代の求めに応じてその形を変え実施されてきたものの，今では 400 年以上の歴史を有するまでになっている。ちなみにここでの学習支援とは，拙編著である『学士力を支える学習支援の方法論』において定義づけた「大学院生を含む高等教育機関（ここでは大学，短期大学，高等専門学校，専修学校専門課程）に学ぶすべての学生と入学を予定している高校生に対して，必要に応じて学業に係る支援を高等教育機関側が組織的・個別に提供する営み，またそのサービス・プログラムの総称」を援用している。

　一方日本の高等教育機関でも 1970 年代から学習支援が限定的ではあるが講じられてきた。さらに，ユニバーサル化が叫ばれ，大学全入時代を迎えた 1990 年代後半以降，大半の高等教育機関にて特にアメリカ型学習支援がなされるようになってきた。例えば教育支援プログラムとしては，入学前教育，導入・初年次教育，リメディアル教育がある。加えて，方法論（教授法）としては，組織的には学習（支援）センターやラーニングコモンズの設置，個人的な教授法としてはアクティブラーニング（協働・協調学習，e ラーニング，サービスラーニング），学生による支援ではピアチューター（サポーター）などがある。

　しかし，それらのほぼすべてが（名称も含め）アメリカから輸入され，それらを日本の高等教育場面（の文化）に適応（加工）させた形で実践されているのが実状である（授業改善の FD や学習成果，IR なども同様）。その流れが，アメリカの大学の実践に学ぶことの根拠を与えている。後発的に取り組みを始めるとき，成功例も失敗例も含め，「まずは先人に学べ」というのが鉄則である。

本書では「学習支援」というターム（用語）を意識的に用いている。というのも，筆者は「学習」を，（日本で用いられている単位制度と一体化した概念である）「学修」を包摂する広い概念と捉えているからである。加えて，「学習」は「学修」を下支えする営みというスタンスをとっている。しかし，中教審答申『新たな未来を築くための大学教育の質的転換に向けて』(2012)において，「学修支援」という概念が公式に紹介された。それに伴い，これまで高等教育場面にて用いられてきた「学習支援」の代わりに「学修支援」を使用する研究者も現れてきた。

アメリカにおける高等教育場面における「学習」「学修」にあたる英語表記は，learning あるいは college (level) learning である。中教審の見解（単位制度）を意識すると college (level) learning となろう。しかし，アメリカの高大接続ではハイスクール・アウトリーチ（High school outreach），早期カレッジ（early college），特別クラス（honors class, Advanced Placement class, International Baccalaureate）にみられるように，後期中等教育機関（以後，ハイスクール）とカレッジの接続（連続性）がシステム化されている。このシステムは，ハイスクールで学びながらカレッジのプログラムに参加するものであるが，なかにはカレッジの単位（100番台の科目）を与えるものもある。これを「学修」といえるのかという疑問がある。加えて，第3章でも紹介するが，コミュニティカレッジ等では直接卒業単位には結びつかないがカレッジ内単位として認められている補習系科目，remedial education (courses) や developmental education (courses) などがある。これらもアメリカ高等教育場面では learning assistance (developmental education) のなかに含まれる。他には，アメリカの高等教育場面では，学資支援等も学習支援として位置づけられていることが多い。これらの理由も，「学習支援」というタームを使用する根拠としている。

本書は3部構成となっている。第1部は「アメリカの高等教育の学習支援を概観する」とした。まず学習支援を概観するなかで，アメリカ高等教育機関の様相と大学生の学びについて述べている。特に大学生の学びについては「コンピテンシー」(competency) の切り口から整理している。その流れを受け，現在の「学習支援」を専門性という観点から「うまくいっていると思われる点」「課題が残ると思われる点」を浮き彫りにした。

第2部の「歴史的観点からアメリカの学習支援を考える」では，学習支援の歴史を振り返りながら，学習支援の方法や提供の形などに触れる。歴史の区分の詳細は第2部第4章に譲るが，アレンデール（Arendale, D. R.）の6区分を援用する。理由は，

①区分の要素が多様であること，②多様な区分要素のなかに「学習支援の教授・学習方略の変遷」という斬新な観点が含まれていること，③区分が植民地時代の初期から現在に近い時期までカバーしていること，である。

　第3部は「日本の学習支援の可能性を模索する」とし，アメリカの実践事例から日本の高等教育のあり方を検討した。学習支援関連タームの差異に加えて，教授・学習方略，学習成果・評価，「定着」率の向上に係る学習支援の役割，障害学生支援にテーマを特化した。

　本書は，主として高等教育機関（大学，短期大学，高等専門学校，専修学校専門課程）にて学習支援に携わっている教職員を意識して刊行されたものである。もちろん，昨今の高大接続の観点から中等教育機関の教職員，大学教育を専門領域とする大学院生の方々に読んでいただくことも想定している。本企画が日本の高等教育場面における学習支援発展の可能性を模索する端緒となることを切に願っている。

　最後に，刊行にあたり，ナカニシヤ出版の米谷龍幸氏には心よりお礼を申し上げたい。同氏には格別のご配慮をいただいた。

　なお，本書は，四国大学学術研究助成（平成28年度）にて出版が実現したものである。

2017年3月

編者

谷川裕稔

目　次

まえがき　*i*

第1部　アメリカの高等教育場面の学習支援を概観する

1　アメリカ高等教育の現代の様相 ──── 野田文香　2

1　アメリカ高等教育の多様性　*2*
2　高まる学位へのニーズと学生の学びの継続力の問題　*5*

2　アメリカ大学生の「学び」をめぐる議論 ──── 野田文香　11

1　「学習時間」と「学習成果」をどう考えるか　*11*
2　まとめと日本への示唆　*21*

3　学習支援の枠組み　「専門性」からの観点 ──── 谷川裕稔　25

1　問題の所在　*25*
2　学習支援の基本的枠組み　*25*
3　言説を援用する識者　*26*
4　専門性の確立を求めた理由　*27*
5　学習支援分野の専門性：研究者による見解　*30*
6　敷衍的考察　*33*
7　まとめと日本への示唆　*37*

第2部　歴史的観点からアメリカの学習支援を考える

4　学習支援の萌芽期　1600年代−1820年代 ──── 谷川裕稔　42

1　時代背景　*43*

2　対象学生　*47*
　3　カリキュラム上の位置づけ　*48*
　4　教授法・学習方略　*50*
　5　問題点と課題　*52*

5　教授法・学習方略の変革初期
1830年代−1860年代 ──────────────── 谷川裕稔　*55*

　1　時代背景　*55*
　2　対象学生　*57*
　3　カリキュラム上の位置づけ　*59*
　4　教授法・学習戦略　*62*
　5　問題点と課題　*63*

6　組織的な学習支援部局の設置期
1870年代−1940年代 ──────────────── 奥村玲香　*66*

　1　時代背景　*66*
　2　対象学生　*68*
　3　カリキュラム上の位置づけ　*70*
　4　教授法・学習方略　*71*
　5　問題点と課題　*75*

7　学習支援の爆発的拡大期
1940年代−1970年代 ──────────────── 谷川裕稔　*78*

　1　時代背景　*78*
　2　対象学生　*81*
　3　カリキュラム上の位置づけ　*84*
　4　教授法・学習方略　*86*
　5　問題点と課題　*90*

8 教授法・学習方略の開花期
1970年代中期–1990年代中期 ─────────── 奥村玲香・谷川裕稔　*94*

1　時代背景　*94*
2　対象学生　*97*
3　カリキュラム上の位置づけ　*98*
4　教授法・学習戦略　*100*
5　問題点と課題　*104*

9 包括的な学習支援アプローチ期
1990年代中期–現在 ────────────────── 壁谷一広　*109*

1　時代背景　*109*
2　対象学生　*111*
3　カリキュラム上の位置づけ　*114*
4　教授法・学習戦略　*116*
5　問題点と課題　*119*

第3部　展望：日本の学習支援の可能性を模索する

10 ターム使用上の混乱
リメディアル教育と初年次教育の概念区分 ───────── 谷川裕稔　*126*

1　はじめに　*126*
2　アメリカ関連学会の動向　*127*
3　中教審答申による定義とその限界　*129*
4　2つの限界に対する提案　*131*
5　まとめ　*133*

11 教授法・学習方略の実践
アクティブラーニングという方法 ──────────── 壁谷一広　*136*

1　アクティブラーニングのアメリカの学習支援場面での位置づけ　*136*
2　「アクティブラーニング」が日本の大学教育を席巻する背景　*139*

3　学習支援の観点からアクティブラーニングのあり方を考える　*141*

12　学習成果・評価のあり方 ────────────── 野田文香　*146*

1　主体的学習への質的転換の一翼となる単位制度の実質化に関する課題　*147*
2　学習成果アセスメントと機関別認証評価に関する課題　*148*
3　解決の可能性　*150*

13　「定着」率の向上の関わる学習支援の役割 ────────── 谷川裕稔　*154*

1　日本の高等教育機関における中途退学の実状と背景　*154*
2　定着・継続在籍に向けてのアメリカ高等教育機関の取り組み　*156*
3　Retention／persistence／attrition の定義　*157*
4　定着率を高めるための方略・戦略　*159*
5　日本での可能性　*161*

14　「障害学生支援」的観点の欠如 ────────────── 奥村玲香　*165*

1　日本の高等教育機関における障害学生の現状　*165*
2　日本の高等教育機関における障害学生の支援体制の現状　*167*
3　アメリカの高等教育機関における障害学生支援の取り組み　*169*
4　日本の高等教育機関における障害学生支援体制の構築にむけて　*172*

あとがき　*175*

事項索引　*177*
人名索引　*182*
大学名索引　*186*

第1部
アメリカの高等教育場面の学習支援を概観する

1 アメリカ高等教育の現代の様相

野田文香

　21世紀のアメリカ高等教育において，学生の学習成果および学位取得率を高めることが国家としての重要な政策課題のひとつとされている（Obama, 2009）。オンラインやハイブリット型などの新たな教育手法の拡大や営利大学[1]の急成長，学生の属性や在籍パターンの多様化が進むなど，アメリカ高等教育は常に変化をみせている。本章では，第一節において，アメリカの大学生の基礎的属性の傾向や機関類型などから，現代のアメリカ高等教育の多様性を概観し，第二節では，連邦政策や労働社会から発せられる学位取得に対する需要を背景として，入学後の学生の学びの継続力に関する実態や課題を明らかにしたい。

1 アメリカ高等教育の多様性

● 1-1　学生属性の傾向

　全米教育統計局のデータ（2012年秋期）によると，学位授与権を有するアメリカ高等教育機関には約1,770万人の学部生と約290万人の大学院生が在籍している。また，学部生全体の6割が4年制大学で，4割が2年制大学で学んでおり，フルタイムとして在籍している学部生は，4年制大学で77%，2年制大学で41%であることが報告されている（National Center for Education Statistics: NCES, 2014）。高等教育の進学率の上昇にともない，学生の属性も大きく変化している。特にヒスパニック系，アジア系，アメリカ原住民，太平洋諸島住民といった人種や民族の進学率が急速に

---

[1] For-profit colleges and universities：民間組織あるいは企業などにより，営利を目的に運営されている教育機関。

増えており，そのなかでも女子学生（とりわけヒスパニック系）の増加が顕著である（NCES, 2013; Renn & Reason, 2013）。また高等教育の財政支援が増えている影響で，社会経済的に恵まれない学生の進学率も増えている。学生の年齢層の多様化も進み，4年制大学に在籍する25歳以上のフルタイム学生は州立大学で11％，私立大学で13％，営利大学では71％であることが報告されている（NCES, 2014）。

● 1-2 高等教育機関の類型

　アメリカ高等教育機関を種別する代表的な枠組みに，カーネギー分類がある。カーネギー分類は，1970年に高等教育カーネギー委員会（Carnegie Commission on Higher Education）が自身の政策分析や研究のために生み出したものであり，1973年に公表されている。その後も，高等教育を取り巻く状況に合わせて幾度か改正され，2005年にカーネギー教育振興財団によって大幅な改訂がおこなわれた。2010年には，近年急増する営利大学や専門職育成（法，ビジネス，教育，医療福祉など）を重視した高等教育機関に対応するため，最新版のカーネギー分類が示されている。以前のカーネギー分類が，博士大学，総合大学，リベラルアーツ大学，2年制大学，プロフェッショナルスクールやその他の専門機関，の5つに分類されていたのに対し，最新版（2011）は，①博士大学，②修士大学，③学士大学，④準学士大学，⑤専門大学，⑥部族大学，の6つに区分けされている（Carnegie Foundation for the Advancement of Teaching, 2011）。

　図1-1は，アメリカ高等教育機関の類型とそれぞれに在籍する学生の人種の分布を示したものである。研究大学（研究活動：最高）では，アフリカ系やヒスパニック系学生の在籍率が少なく，アジア系や外国人留学生については他の類型機関と比べると割合が多い。博士／研究大学になると，アフリカ系アメリカ人の割合が相対的に高くなる。

　学士大学には，リベラルアーツカレッジなども含まれており，少人数教育が可能な規模の小さい大学も多い。そのため，教員学生間のコミュニケーションが密であったり，アクティブラーニングを重要視し，学生間の協働学習の充実など，教育の質が高い機関もある。近年では，社会経済的弱者層に属する学生の受け入れにも積極的である（Schuh et al., 2011）。また，コミュニティカレッジに代表される準学士大学には，アフリカ系やヒスパニック系の学生の割合が多くなる。専門大学は，専門領域に焦点を当てた学士号以上の学位を75％以上授与する機関であり，多くの場合，メディカルスクール，ロースクール，ビジネススクール，エンジニアリングスクー

4 第1部 アメリカの高等教育場面の学習支援を概観する

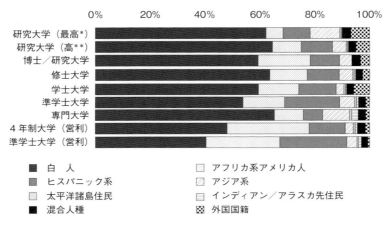

注1）研究大学–専門大学については営利大学以外（州立・私立大学）に関するデータである。
注2）博士大学は研究活動の程度により，①研究大学（最高* very high），②研究大学（高** high），③博士／研究大学の3つに分類される。

図1-1　機関類型別における在籍学生の人種の分布
（National Center for Education Statistics (2013) に基づき筆者が作成）

ルなどの大学院プログラムやプロフェッショナルスクールなどが該当し，ヒスパニック系やアフリカ系の学生の割合が相対的に少なく，アジア系学生が比較的多い。

　高等教育機関を設置別（州立・非営利私立・営利大学）にみてみると，近年，特に営利大学の成長が目覚ましく，2010年にカーネギー分類に新規に加わった483機関のうち，77％が営利大学であったことが報告されている（Carnegie Foundation for the Advancement of teaching, 2011）。州立大学や非営利私立大学とは異なり，営利大学の財政基盤のほとんどは学生からの授業料で賄われているが，学生の多くは高所得層ではないため，給付型奨学金であるペルグラント（Pell Grants）やローンなどの連邦助成金に頼っているのが現状である。また，営利大学の学生在籍数は，アメリカの高等教育に所属する全学生数の1割以下であるにもかかわらず，連邦助成金の約25％が学生に配分されている（Bok, 2013）。

　営利大学に在籍する典型的な学生プロファイルは，収入増を目的にスキルや資格の獲得を目指した成人学生やパートタイム学生が多い。人種別にみると，アフリカ系とヒスパニック系の割合が州立大学や私立大学と比較すると圧倒的に多くなり，特に2年制の営利大学に多く在籍している（図1-1）。

2 高まる学位へのニーズと学生の学びの継続力の問題

　アメリカ社会では，高等教育の進学率，退学率，学位取得率における人種や社会経済階層間の格差は根深い問題である。経済戦略の観点からも，高等教育の学位取得の必要性は連邦政府や労働市場からも発せられており，学生の退学を食い止め，学位取得率を上昇させるための策として，高等教育の新たな政策や教育モデルの開発，学習支援といった議論が展開している。本節では，オバマ政権の高等教育政策や労働市場のニーズを確認し，アメリカ高等教育が抱える課題を整理する。

● 2-1　高等教育の政策課題

　アメリカ国民（25-64歳）の2年制・4年制大学の学位保有者は2011年で38.7％であり，年々わずかながらに増加している（Lumina Foundation, 2013）。若年層（25-34歳）の4年制大学の学位取得率（44％）は，OECD加盟国の平均を少し上回っているが，かつてトップにランクインされていた1990年代と比較すると，その後他国に急速に追い抜かれ，今や10位前後となっている（OECD, 2014; 2010）。オバマ政権はこの現状に触れ，国際競争力の強化のため，2020年までに大学卒業率を世界一にすることを目指した「2020年カレッジ修了ゴール（2020 College Completion Goal）」を高等教育戦略の一環として掲げ，すべてのアメリカ国民が最低1年以上の高等教育あるいは職業訓練に従事し，高校卒業以上の資格を取得することを目標として示した（Obama, 2009）。これにより，4年制大学やコミュニティカレッジの学位取得者を2020年までにさらに1,000万人増やすことが目指されている。

　またルミナ財団（Lumina Foundation）も，2025年までにアメリカ国民の60％が中等後教育の学位や資格を取得することを目標とする戦略計画，「ゴール2025」を打ち立てている。その場合，理論上は2025年までに6,200万の学位資格を生み出すという試算となり，現在のペースで見込まれる3,900万人に加えて，さらに2,300万人の学位資格取得者が必要になる（Lumina Foundation, 2013）。

　このような政策は，ただの数値目標ではなく，21世紀社会を生き抜くために必要な知識やスキルなどを習得し，高い質をともなった卒業生を輩出することも同時に目指されている。アメリカ高等教育を悩ます高い退学率の問題にも取り組み，高等教育へのアクセス機会の拡大（equity）と卒業生の高い質の確保（excellence）の両立といったアメリカ教育界の従来からの課題が引き継がれている。

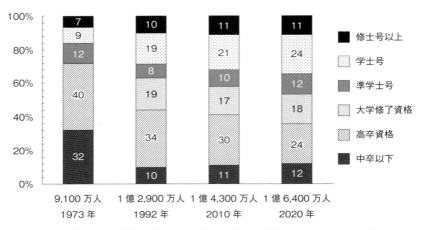

図 1-2 労働人口と学位レベルの需要の変化予測（年代別）(Carnevale et al., 2013)

● 2-2　労働市場による学位取得の需要の増加

　労働市場からも中等後教育の学位のニーズは高まっており，学位を労働社会への媒体手段と捉える論調が近年よりいっそう強くなっている。ジョージタウン大学の教育労働力センターがおこなった雇用と学位の関係に関する調査（2013）によると，今後これまでにない新しい職種があらわれ，2020年までには5,500万の求人があり（うち2,400万は新規の職種，3,100万は団塊世代の退職などによる），その65％には学士号や準学士号などの中等後教育以後の学位や資格が求められることが予測されている（図1-2）。高校卒業資格だけでは就職の選択肢が限定され得ることが改めて述べられているが，2020年までに求められる高等教育の学位・資格をもった労働者が，今後約500万人不足することが指摘されている。現時点においても修得した学位による職業的地位や平均収入の差は明らかであり，高等教育の学位保有者とそうでない者との社会経済的格差がますます広がることが予想される（Carnevale et al., 2013）。

● 2-3　入学後の学生の「学びの継続力」の現状

　では，どうすれば学位取得率が上がるのか，という現実的な問題がある。具体的な解決策として議論されてきたのは，社会経済的弱者層の学生の大学進学率を促す高大連携，入学した学生が大学の学びを継続するための学習支援，一度退学した成人の復学を支援する新たな制度設計，などである。そのなかでも特に，入学した学生の学びの継続力にかかわる実態や課題について考えたい。

（1）学生属性によるエンロールメントパターン

　学位や資格の取得に向けて，高等教育機関での学びをいかに継続するか，という問題は重要である。アメリカ国勢調査（2014）によると，高等教育の学位保有者（25歳以上）の人種別割合は，アジア系が60.5％，白人が45.8％，アフリカ系が31.4％，ヒスパニック系が22.2％と報告されており（U.S. Census Bureau, 2014），進学率が上昇したとはいえ，入学後の学びの継続力（persistence）における人種・社会経済階層間の格差は依然として残されたままである。

　入学から卒業までの在籍の流動に関わるエンロールメントパターンは，学生の属性によって特定の傾向がみられる。例えば，一般的に女子学生は男子学生よりも在籍の継続性が高く，また白人学生やアジア系学生，社会経済階層の高い学生は，他の人種グループや社会経済階層の低い学生よりも多い割合で在籍を継続する傾向にあることはこれまでの先行研究においても述べられてきた（Renn & Reason, 2013）。

　エンロールメントパターンは，高等教育進学への準備段階からすでに要因があり，いわば，中等教育の質や履修した科目内容，学習へのコミットメントが影響している（Adelman, 2006）。社会経済的弱者層の学生は，中等教育で経験した学習の質が乏しい上に，学習意欲が低い可能性が高く，高等教育での継続力も弱くなる。エンロールメントパターンには，高等教育を一時中断してしまう「休学型（Stopping out）」や休学と復学を繰り返す「旋回型（Swirling）」，複数機関に同時期に在籍するような「二重登録型（Double Dipping）」と，いくつかタイプがある。ゴールドリックラブ（Goldrick-Rab, 2006）によれば，旋回行動は学生属性が影響し，特に機関間の流動については，男子学生よりも女子学生の方が多い傾向にあることが報告されている。また男子学生のなかでも，アフリカ系やヒスパニック系アメリカ人，また低所得者層の背景をもつ学生が休学しやすい。休学の原因は，GPAの低さや学習困難の経験と深いかかわりがあるといわれている。

（2）社会経済的格差の再生産を食い止めるための学習支援

　社会経済的弱者層の学生の多くは，コミュニティカレッジや営利大学，職業学校に在籍している。例えばコミュニティカレッジ生の多くは，読み書き計算などの基礎学力が不十分な状態で入学してくるため，正規科目を履修する前に，単位が認定されないリメディアルコースの受講が必修化されていることが多い。また，本来なら4年制大学に編入できる資質のある学生でも，コミュニティカレッジに入学した後に十分な進路カウンセリングが受けられなかったり，編入に必要な単位の認定が

されない職業科目を受講したり，面白みのない授業で学習意欲を失うなどして，転入の機会を逃してしまう場合も少なくない。入学時には，4年制大学への編入希望者が3分の2ほどいるにも関わらず，実際の編入率は約20-25%までに落ちるという。また編入後の学位取得率は10%，コミュニティカレッジの準学士号自体の取得率も20%であり，学生の退学率の高さと学位取得率の低さがコミュニティカレッジの大きな問題となっている (Bok, 2013)。そのため，より効果的なリメディアル教育やカウンセリング，キャリア支援，体系的な教育プログラムを提供し，退学率を減らすことが課題である。さらにコスト削減のために，オンライン教育の拡大や，パートタイム教員を最大活用することも検討されている。オバマ政権の2020年ゴールにおいても，コミュニティカレッジの教育強化は特に重要視されており，2020年までにコミュニティカレッジの卒業生をさらに500万人増やすことが目標とされている (The White House, 2014)。すでに産業界と連携した教育プログラムや授業は広がっており，労働スキルの育成が進められている。

しかしながら，昨今の州財政の削減にともなってコミュニティカレッジへの財政も圧迫され，開講科目や教育サービスの縮小，学生の一部受け入れ制限などが余儀なくされているところがあるのも事実である。近年，その代わりをなすのが営利大学といわれており，財政難に苦しむ州立大学やコミュニティカレッジが多くの低所得者層の学生を受け入れ損ねる一方で，授業料が低コストである営利大学はその機関数を増やし，成人学生や社会経済的弱者層の学生などに対する受け皿となっている。低所得者層の学生については，他の学生層の約3倍が営利大学に在籍しているといわれる (Simmons, 2013)。いわば営利大学は，経済的理由や時間的制約で伝統型大学に通学できない学生層の進学をうながす市場なのである。さらに，オバマ大統領の2020年ゴールによっても支援が得られている。一方で，高い退学率，特に多額のローンをかかえたままの退学の問題に加え，平均所得も他の類型機関の卒業生よりも8-9%少ないことで多額の返済不履行を招いているといった深刻な問題も指摘されており (Bok, 2013)，営利大学の課題は残されている。

アメリカ高等教育での学習達成は，エンロールメントパターンや財政支援の問題だけではなく，学生が受ける教育の質をいかに確保し，学びの継続をどう支援するかということにも影響している。オバマ政権やルミナ財団が提言する学位取得率向上計画についても，学生のニーズに応じたこれまでにない柔軟な学習システムを導入するなどのドラステックな改革がなされなければ，実現はほぼ不可能であろう。詳細は次章に委ねるが，例えば，高額な学費のかかる単位時間数を基準にするので

はなく，学生個人のペースに基づき，学習成果の獲得を確認することで学位や修了資格が授与されるような柔軟かつ合理的な教育モデルがある。その多くは，オンライン教育などコストの節約が可能な教育手法が用いられ，経済的・時間的な理由で高等教育が受けられないという問題の軽減に寄与することが期待されている。

【引用・参考文献】

Adelman, C.（2006）. *The toolbox revisited: Paths to degree completion from high school through college.* Washington, DC: U.S. Department of Education.

Bok, D.（2013）. *Higher education in America.* Princeton, NJ: Princeton University Press.

Carnegie Foundation for the Advancement of Teaching（2011）. Updated Carnegie classification show increase in for-profits, change in traditional landscape. Retrieved from〈http://www.carnegiefoundation.org/newsroom/press-releases/updated-carnegie-classifications（最終アクセス日：2016年1月7日）〉

Carnevale, A. P., Smith, N., & Strohl, J.（2013）. *Recovery: Job growth and education requirements through 2020.* Georgetown University, Georgetown Public Policy Institute, Center Education and the Workforce.〈https://cew.georgetown.edu/recovery2020〉

Goldrick-Rab, S.（2006）. Following their every move: An investigation of social-class differences in college pathways. *Sociology of Education*, **79**(1). 61–79.

Lumina Foundation（2013）. Strategic plan 2013 to 2016.〈http://www.luminafoundation.org/advantage/document/goal_2025/2013-Lumina_Strategic_Plan.pdf（最終アクセス日：2017年2月8日）〉

National Center for Education Statistics.（2013）. Total fall enrollment in degree-granting postsecondary institutions, by control and level of institution, level of enrollment, and race/ethnicity of student: 2012.〈http://nces.ed.gov/programs/digest/d13/tables/dt13_306.50.asp（最終アクセス日：2017年2月8日）〉

National Center for Education Statistics.（2014）. Characteristics of postsecondary students.〈http://nces.ed.gov/programs/coe/indicator_csb.asp（最終アクセス日：2017年2月8日）〉

Obama, B. H.（2009, February 24）. Remarks of President Barack Obama: As prepared for delivery address to joint session of Congress.〈http://www.whitehouse.gov/the_press_office/Remarks-of-President-Barack-Obama-Address-to-Joint-Session-of-Congress（最終アクセス日：2016年2月25日）〉

OECD.（2010）. Education at a Glance 2010: OECD indicators. OECD publishing.

OECD.（2014）. Education at a Glance 2014: OECD indicators. OECD publishing.

Renn, K. A., & Reason, R. D.（2013）. *College students in the United States:*

Characterisitics, experiences, and outcomes. San Francisco, CA: Jossey-Bass.
Schuh, J. H., Jones, S. R., Harper, S. R., & Komives S. R. (2011). *Student Services: A hand book for the profession.* San Francisco: Jossey-Bass.
Simmons, O. S. (2013). Class dismissed: Rethinking socio-economic status and higher education attainment. *Arizona State Law Journal,* 231–298.
The White House (2014). Education knowledge and skills for the jobs of the future: Higher Education. 〈http://www.whitehouse.gov/issues/education/higher-education（最終アクセス日：2015年10月8日）〉
U. S. Census Bureau. (2014). Educational attainment. Retrieved from 〈http://www.census.gov/hhes/socdemo/education/（最終アクセス日：2017年2月8日）〉

2 アメリカ大学生の「学び」をめぐる議論

野田文香

　アメリカ国民の中等後教育以降の学位取得率向上策として，社会経済的に不利な立場にある学生や，復学を求める成人学生に対する学びの支援が注目されている。学位取得率の上昇といった量的目標だけでなく，学位取得にいたる学習成果獲得の根拠をより明確に示すことが課題であり，従来の教育モデルを抜本的に見直す議論がアメリカで展開されている。つまり，学位取得までの道のりに際し，学習時間数に基づいた現行の単位制度ではなく，学習の成果（コンピテンシー）そのものを直接確認することで学位や修了証明書などが授与されるというアプローチである。本章では，このコンピテンシー基盤型教育（competency-based education）と称されるモデルに注目し，その背景となるアメリカの学生の学習時間の実態，学習時間を基準とした単位制度の見直しに関する政策動向，コンピテンシー基盤型教育の取り組みや課題などについて概観する。

1　「学習時間」と「学習成果」をどう考えるか

● 1-1　アメリカの学生の学習時間の実態

　アメリカの学生は授業外によく勉強し，日本の学生よりもはるかに多くの学習時間を費やすことは日本でも広く認識されてきた。確かに，これまでの複数の実態調査[1]によると，日本の学生の1週間あたりの平均授業外学習時間は，2.37-6時間（金

---

1) 東京大学大学院教育学研究科大学経営・政策研究センター（2008）による「全国大学生調査」，全国大学生協連事業企画室（2013）による「学生の消費生活に関する実態調査」，JCSS2010，Benesse 教育研究開発センター（2012）による「大学生の学習・生活実態調査」などがある。

子，2011；Benesse 教育研究開発センター，2012；全国大学生協連事業企画室，2013；山田，2011）であるのに対し，アメリカの学生は平均 14 時間と報告されており（National Survey of Student Engagement：NSSE, 2013；Babcock & Marks, 2010；McCormick, 2011），その違いは歴然たるものである。逆に日本の大学生は授業内学習時間が圧倒的に多く，日米比較調査（JCSS2007 および CSS2005）においても，講義や実験など授業内で過ごす時間が 1 週間あたり 20 時間を超えるのは日本の学生では 44％もいるのに対し，アメリカの学生はわずか 7.7％である実態が報告されている（山田, 2011）。過度な履修登録数が授業外学習を阻む要因の 1 つであるともいえる。

授業内外の学習時間の費やし方について日米の制度上の違いはあるが，近年，アメリカの大学生の授業外学習時間の大幅な減少が指摘されている事実に注目したい。アメリカの 4 年制大学のフルタイム学生の平均授業外学習時間は，1961 年には一週間あたり 24 時間であったのに対し，2010 年には約 14.7 時間となり約 10 時間も減少している（McCormick, 2011）。これは，アメリカの単位の標準時間数を示すカーネギーユニット（30 時間）の半分にも満たないことになる。授業外学習時間の減少は，高等教育機関の類型や選抜性，学問分野，学生の属性を問わず，全般的な傾向としてみられるという報告がある一方で（Babcock & Marks, 2010），選抜性の高い機関の学生は依然多くの学習時間を費やすという指摘や，学問分野によって異なるという報告（McCormick, 2011；Pace, 1990）もあり，一貫した調査結果は示されていない。

● 1-2　授業外学習時間が減少した要因

アメリカの学生の授業外学習時間はなぜ減ったのか。その要因についてはさまざまな憶測が示されている。例えば，女性や成人，多様な人種などの高等教育の進学率の増加により，学生の属性や行動パターンが変化し，アルバイトや仕事，家族，社会活動や余暇活動に多くの時間が割かれるようになったことを原因のひとつと考える説もある（Brint & Cantwell, 2008）。しかし，属性別による学習時間の経年比較には変化はみられず（McCormick, 2011），また学生の行動パターンについても，授業外学習時間をどう割り出すかという調査の方法論の違いにより，根拠づけが明確にできないということもある。

また IT 技術の発展にともない，パソコンやインターネットなどの普及による学習方法の効率化が学習時間の減少に影響しているという説明もある。しかし，バブコックとマークス（Babcock & Marks, 2010）は，学習時間の急減が起こったのは

1961年から1981年の間であり，IT技術が普及する以前の話であったことを述べている。

あるいは，授業の課題として授業外活動の幅が広がり，それを学習時間とみなさなくなったことや，大学が市場化したことで学生が権利を主張するようになり（empowerment），授業評価アンケートなどで教員に対し授業外課題の負担を減らす訴えをするなど，互いの負担を緩めることに教員学生がいわば「不可侵条約」を結ぶ傾向も見受けられる（Sperber, 2005）。

また，成績のインフレーションが蔓延したことにより，就職の際に産業界が成績を重要視しなくなったという見方もある。学生や高等教育機関の水準が低下し，従来よりも低いスタンダードで単位や学位が取れるようになってきたため学生が学習しなくなってきた，といった説明である。これらはすべて憶測の範囲であり，学習時間の減少の理由を説明する実証データが示されているわけではない。

● 1-3 学習時間と学習成果の関係性に対するアメリカ国内の見解

そもそも，学生の授業外学習時間の減少について，アメリカ国内ではどのように捉えられているのか。これまでの学術研究では，カレッジインパクトや関与（Engagement, involvement）理論に代表されるように，学生の学習や発達は学習活動への関与の量や質に比例し（Astin, 1993；Kuh, 2011；Pascarella & Tarenzini, 2005），授業内外の合計学習時間が長い学生ほど好成績を示すという研究結果（Brint & Cantwell, 2008；Pace, 1990）が数多く示されてきた。学生の関与を把握する全米学生関与調査（NSSE, 2013）調査においても，授業外のリーディング課題などの学習にかける時間が多いほど，高次的学習を認識する割合が高くなることがわかっている。

昨今の学生の授業外学習時間数の減少については，全米のチーフアカデミックオフィサーの多くが，それが学びの低下を招いていると懸念している報告（Jaschik & Lederman, 2014）がされているが，実は学習時間数の減少自体に否定的な見解を示した情報は思うほど多くは確認されていない。むしろ，学習時間数といった量の問題よりも，どのような学習にどう時間を費やすかというプロセスあるいは質の問題に議論が移行してきている。例えば，学問分野の特性によって授業外の課題や学習方法，それにともなう学習時間数は異なる。図2-1は，大学4年生の1週間あたりの授業準備に費やす学習時間数，そのうちリーディング課題に費やす時間数，年間に課されるレポート課題のページ数について学問分野別の平均を示したものである。

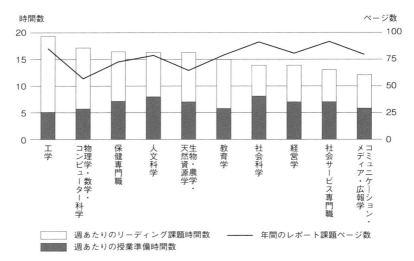

図2-1 4年生の1週間あたりの授業準備学習時間数，リーディング課題時間数および年間の
レポート課題ページ数（学問分野別）(NSSE (2013) に基づき筆者が作成)

　授業準備に費やす時間が多い工学，物理学，数学，コンピューター科学と比較すると，社会科学，社会サービスやコミュニケーション，メディア，広報学などの学問分野では授業準備の学習時間数は少なく，その代わり，レポート課題の執筆ページ数やリーディング課題に費やす時間数が多くなる。このように学習時間の費やし方は分野に求められる課題の特性や学習方法により異なるため，学習時間数の量的な比較だけでは，その具体的な成果は確認できない。

　近年，学習時間数よりも学習成果という論調はアメリカ世論にも広がっている。ルミナ財団とギャラップ社（Lumina Foundation & Gallup, 2013）の世論調査によると，学生が科目内容を修得したことを示せたら，1学期に求められる標準的な週数よりも短期間で単位を授与してよいと考える回答者が7割近くいることが明らかにされている。また，4年制大学の入学時と卒業時におこなった試験結果の経年比較において，学生の36％に有意な差がみられなかったという研究（Arum & Roksa, 2011）が，学習時間は必ずしも学習成果に比例しているわけではないという見解をより強めることとなった。こういった学習時間と学習成果との関係性の問題については，議会や連邦教育省にまで議論が及んでいる。

2 アメリカ大学生の「学び」をめぐる議論　15

表 2-1　連邦教育省による単位時間の再定義

①1単位は週1時間の授業内学習（または教員による直接指導）と最低2時間の授業外学習（2-3学期制では 15 週間，4 学期制では，10-12 週間），または異なる期間においてそれに相当する学習量，または
②実験，インターンシップ，実習，制作，その他の活動等，単位が授与されるもので，機関が定める教育諸活動についても，少なくとも①に相当する学習量

● 1-4　連邦教育省による単位時間の再定義の動き

　学習時間数と学習成果の肯定的な関係性を前提としているものに単位制度がある。この単位制度をめぐって，近年アメリカでは抜本的な見直し論が進められており，議会，連邦政府，アクレディテーション団体，高等教育機関，関係団体などのさまざまなステークホルダー（利害関係者）を巻き込む重要課題に発展している。単位制度の見直しは，2011 年 7 月 1 日より施行された高等教育法 (1965) 第 4 章（Higher Education Act, Title IV）下における「教育課程のインテグリティ」に関する連邦の最終規則に反映され，単位時間の最低基準として連邦の再定義が示された（表2-1）。

　連邦教育省は，単位時間は学習成果で示される学習量であり，学生の学習到達のエビデンスにより確認されるとし，連邦助成金（Title IV）を受けるすべての教育プログラムや授業の単位時間の見直しを要求することとなった。

　単位制度の開発国であるアメリカが，一種の「共通通貨」である単位時間のあり方を抜本的に考え直す改革を施行したことは，単位制度の実質化を重要課題とする日本においても画期的な出来事といえる。まずは，単位制度の見直しに至った背景は何なのか――アメリカ高等教育を取り巻く多層的な実情を整理したい。

(1) 連邦助成金と紐づく単位時間の乱用問題

　アメリカにおいて，単位時間は連邦助成金の受給資格を判断する基準の1つである。これまで，単位時間に関する明確な統一定義が存在しなかったアメリカでは，州や各高等教育機関がそれぞれの単位の定義や配分を定めることが通例であった。しかし，単位時間の乱用問題をはじめとした連邦助成金をめぐる諸々の問題を受け，近年，連邦教育省の介入が余儀なくされている。

　経済不況が深まるなか，年間 1,870 億ドルを超える連邦助成金が高等教育へ投入されているが（Laitinen, 2012），一部が不正に使用されている問題や奨学金やローンを返済できない学生が急増している実態が深刻化している。また，北中部アクレディテーション協会（The Higher Learning Commission of the North Central Association of Colleges and Schools: HLC）による評価の不適格性の問題にも触れたい。2009 年 5 月，アメリカンインターコンチネンタル大学（American Intercontinental University）というオンライン型営利大学が，連邦助成金を多く得るためにある教育プログラムの合計単位数を水増しして報告したにもかかわらず，HLC が適格認定を与えてしまったことが単位制度見直しの発端とされている。また，カプラン大学をはじめとした複数の営利大学で，連邦資金獲得に有利になるよう学生に過剰に単位を与える単位インフレーションが起きている問題が取り上げられ，単位時間の乱用が度々指摘されていた。こういった単位の乱用や虚偽報告，ディグリー・ミル，アクレディテーション・ミル[2] の問題や，連邦助成金の多額の返済不履行の実態を受け，莫大な資金投入に対するアカウンタビリティの強化のため，連邦教育省の監査局（Office of General Inspectors）は，連邦助成金（Title IV）とアクレディテーションに関する規則について，単位制度の再定義の必要性を提言するにいたったわけである。

（2）大卒者の基礎学力低下と雇用者の不満

　学位取得率の向上が推し進められる一方で，学士号取得者の基礎学力の低下など学位の質に対する雇用者の懸念も単位制度見直しの背景の 1 つである。クロニクル（The Chronicle）とマーケットプレイス（Marketplace）が共同でおこなった雇用者調査（2014）では，コミュニケーション力，問題解決力，判断力など労働市場に求められる基本的な力が近年の学士課程修了者に不足しているとの不満が報告されている（Fischer, 2013）。また，アメリカ大学協会（Association of American Colleges and Universities: AACU）の雇用者調査（2013）においても，75％以上の雇用者が，大卒者の批判的思考力，複雑な問題を解決する力，文章力，口頭でのコミュニケーション力，実生活における応用力などが不十分であるといった認識を示している（Hart Research Associates, 2013）。

　加えて，成績インフレーションも無視できない問題である。200 の大学を対象としたある調査結果によると，付与した成績の 4 割以上が A の評定（A＋，A－も含む）であり，成績インフレは，競争が激化する労働市場において学生を売り込むために必要な処置と捉えられていたり，また教員にとっても，厳格な成績評価をすることで昇進に響くような否定的な評価を学生から受けるのを回避することも理由の

2）文部科学省（2003）は，ディグリー・ミルを，「贋物の証明書や学位を与える，信頼に値しない教育ないしそれに類する事業の提供者」，アクレディテーション・ミルを，「物のアクレディテーションや品質保証ないしそれに類する事業の提供者」と説明している。

1つとして説明されている（Slavov, 2013）。このような厳格性に欠く評価が学生の学習意欲を妨げ、学力低下につながっているという懸念が広がっている。

たとえ実質的な学習がおこなわれていなくとも、あるいは学習のレベルがどれだけ低くても、学生の学習成果が明確に示せなくても単位が授与されているという否定的な見方はアメリカでも十分存在する。単位を学習を測定する代替指標とみなしていいのか、学習に費やされた時間は学習の知識やスキルの習得に結びついているのか、という疑問は、昨今の大卒者の基礎学力の低下あるいは欠如から発生している。

(3) 画一的システムに対する批判

さらには、単位制度がもつ画一的な性格に対する批判がある。社会人学生などの非伝統型学生の学習ニーズへの対応にともない、オンライン教育と対面授業とのハイブリット型教育など、教育形態が多様化するなかで、学習は特定の場所でおこなわれるという発想に基づく従来の単位制度自体がもはや時代の潮流に合っていないとする見方である。さらに、カリキュラムの再編成や、新規プログラムの設計、国際連携、地域連携、産業界とのパートナーシップなど新しい教育方法を導入したい場合など、この固定的な単位制度は、時には教育革新の障壁になり得ることが指摘されている（Wellman, 2005）。

機関間の学生移動がさかんなアメリカ高等教育において、互換性のある単位は確かに便利な共通通貨かもしれない。学士課程のカリキュラム編成や教育方法の改革などにさほど関心のない機関にとっては、単位という標準化された代替指標のおかげで、学生の学習成果の到達状況を知るために他の方法を模索しなくてよいことになる、という逆説的な解釈もある。しかし、その代替指標が学習の体系性や連続性を阻害し得る可能性もある。学習成果が明確に定められ、連続性をもって学習がおこなわれているのか、またはどのような学習成果が達成されたのか、などを確認することなく、学士課程は120単位と同等であるという画一的かつ固定的な発想に対して批判が寄せられている（Wellman & Ehrlich, 2003）。単に費やされた学習時間や単位の蓄積において学習成果が測られるという従来のモデルをこのまま継続していってよいのか、という疑問である。

● 1-5 学習時間に代わるコンピテンシー基盤型教育の台頭

単位制度に関するさまざまな疑念のなかで、単位時間に代わる新たな発想が注目

されている。冒頭に示した通り，単位制度見直しの中核的な議題となるのは，学位や資格の授与条件および連邦助成金の配分基準は，現行システムにあるような学習時間数ではなく，より直接的な学生のコンピテンシー修得に基づく方が妥当ではないか，ということである。

(1) コンピテンシー基盤型教育（CBE）とは何か

コンピテンシー基盤型教育（Competency-based education：以下 CBE）は今に始まったものではなく，1960 年代に遡る。高等教育法（1965 年）以後，成人教育の奨励策として，出席時間よりも既得経験やパフォーマンスといった実質的なコンピテンシーを重視した教育アプローチが認識されるようになった（Maehl, 2000）。例えば，教師教育の強化策もその1つである（Malan, 2000）。また 1970 年代には，連邦政府の中等後教育改善寄金（FIPSE）が，成人教育のための CBE プログラムの発展を目的に多額の財政支援をおこなったことが報告されている（Klein-Collins, 2013；2012）。また同時期に，学習の順番や時間数ではなく，学習内容の修得を目標とする CBE の考えが初等・中等教育においても認知されるようになったことや，医学教育など職業人教育の重要性にともなって，CBE が普及されたことも述べられている（田川，2013）。

CBE は，大学やプログラムにより多様な教育モデルやアプローチがあり，統一的な定義は存在しない。CBE の学位は，「どこでどれだけ学習をしたかではなく，何を学んだかに着目する（Council for Adult & Experiential Learning, 2014）」ものであり，「多様な学術領域による単位時間数の蓄積ではなく，一連のコンピテンシーによって与えられる」（Porter, 2014）などと説明されている。アメリカ下院の法案（Advancing Competency-Based Education Demonstration Project Act of 2014, H.R. 3136）は，CBE について，「単位時間数または実働時間数の測定に代わる，あるいはそれに加えた学生の学習測定および直接評価に特徴づけられる教育プロセス」と定義しており（Law Library of Congress, 2014），一般的には時間数に基づいた測定方法の代替アプローチであり，コンピテンシーの達成を直接的に評価することにより学位や修了資格が授与される。CBE は，目標とするコンピテンシーを定めることが第一であり，それに基づいてカリキュラムや授業方法，アセスメント手法が設計される。また，雇用者に対するコンピテンシーの可視化も重要な要素となり，学習は自己ペースで進められ，コンピテンシーの修得が合格・修了要件となる（Porter, 2014）。表 2-2 は，アメリカで導入されている CBE の取り組みの事例を示したものである。現

表2-2 コンピテンシー基盤型教育の取り組みの事例

カリキュラム設計／コンピテンシーの設定	・プログラムやコンピテンシーの内容について，産業界などの外部有識者による知見を得ながら設計 ・教員および授業設計チームが，総合的かつ分野横断的なカリキュラムを設計 ・カリキュラムの効率化（重複あるいは不必要となる科目履修などについて整理） ・コンピテンシーは，測定・評価できるものとする
学生への対応	・入学時に既得知識やスキルを診断し，プログラムに必要なものとのギャップを確認。場合によっては，学位取得に向けた個人の履修計画を作成 ・当該プログラムで目標となるコンピテンシーついて随時学生に周知 ・成績評価基準を公表 ・アセスメント結果を通して，学生の進捗状況をモニタリング
アセスメント	・教育内容とアセスメントとの紐づけ ・レポート，テスト，プレゼンテーション，グループ課題，プロジェクト，ポートフォリオ，観察などによって直接的に評価
成績表	・2種類の成績表（単位数で表示する従来型／修得したコンピテンシーの具体的記述）を作成している大学もある
教員の役割	・プログラムやアセスメント手法を設計する「授業担当教員」と学生指導や履修計画などを扱う「メンター教員」とを分けている場合もある。

行のCBEの授業形態は，対面・オンライン・混合型とさまざまであるが，成人や低所得者層の学生を対象とし，低コストを実現化したオンライン教育の形態が主流である。

(2) 連邦教育省の「直接評価プログラム」：CBEの奨励政策

　授業料の高騰による高等教育の財政とアクセスの問題に加え，学位保有者の量的拡大とその質の保証の問題を抱えるアメリカ高等教育において，単位制度に代わるCBEアプローチは，低コストで質を上げることを優先課題とするオバマ政権からも支持を得ている。2013年8月22日，オバマ大統領は，ホワイトハウス発行のレポートである「大学をよりアフォーダブルにするための計画（Plan to make college more affordable）」において，あらゆる戦略でもって高等教育の競争力やイノベーションを推し進める必要性を訴え，その1つに「シートタイム[3]ではなく，ラーニングによって単位を授与する（Award credits based on learning, not seat time）」ことをリ

---

[3] シートタイム（Seat time）は「座学」とも訳され得るが，一般に，講義をはじめとする教員による直接的な指導時間（接触時間：コンタクトアワー）を意味し，対面式授業だけでなくオンライン教育等における講義の時間も含む。

ストに掲げている。教育省長官のダンカン氏もCBEに言及しており，これが「標準的な（I want them (CBE programs) to be the norm)」教育形態になることを奨励している（2011年11月）。

連邦政府はこのCBEモデルに以前から着目しており，「直接評価プログラム（direct assessment programs: DAP）」という名称で，CBEプログラムを運用する高等教育機関を連邦助成金の受給対象とすることを，2006年に連邦規則に規定した。DAPは，学位や修了資格が，「単位時間（または実働時間）」ではなく，「学生が，目標とするコンピテンシーを身に着けたこと」を明示することにより授与されるプログラムであり，「学生が何を知り，何ができるのか」といった観点から，学習成果を直接的に測定することを前提としている。評価手法の例としては，プロジェクト，レポート，試験，プレゼンテーション，ポートフォリオ，実演，観察などがあげられる。

しかしながら，DAPの連邦助成金の受給資格に関する現行規則（34 CFR668.10）によると，依然，コンピテンシーの修得を単位時間数（または実働時間数）に換算する方法を示すことを求めており（U.S. Department of Education, 2013），連邦助成金の支給基準が単位時間数に基づくという発想は何ら変わっていない。これにより，CBEプログラムのなかには，コンピテンシーの修得状況を無理やり時間換算した形で成績表に表示するものや，逆に時間換算ができないプログラムが連邦助成金を受けられないといった事態がおこっており，単位制度から完全に独立したCBEを遂行していくには，現行の規則は大きな足かせとなっている。

また，DAPは2006年に導入されて以降，2013年に初めて複数の大学の申請があり，2015年4月時点で6つのCBEプログラムを承認した。その承認条件についても，DAPの単位時間への換算方法を要求しつつも，単位制度と完全に分離されていないプログラムは連邦助成金の申請が却下されるということが起こっており，何をすればDAPに承認されるのかその基準判断に混乱が生じている。

DAPの現行規則に対する批判を受け，連邦教育省は，単位時間数に換算せずに，真にコンピテンシーの獲得そのものへの助成金給付を可能とする有効な方法があるのか否かについて，2014年にパイロットプロジェクト（Experimental Sites Initiatives: ESI）を開始した。現段階ではタイトルIVの受給要件に満たないアプローチを取る高等教育機関に対し，法令や規制の特定条項を免除することで，財政支援を図り，現行システムに代わる新たなアプローチの有効性を確認することが目的である。その一環として，CBEプログラムが連邦助成金配分の対象として有効であるのか，つ

まり連邦助成金 – 単位制度とのリンク以外の有効性の確認を試行的に開始している。

(3) CBE の課題と展望

　多額の連邦資金投入に対するアカウンタビリティの明確化を目的に，学習時間数ではなくコンピテンシーの修得の直接評価によって，学位や修了資格が授与されるというのは画期的な教育モデルである。現行の CBE は，成人学生や低所得者層を主な対象とした低コストのオンラインプログラムが主流であるが，これが従来型の一般的な教育アプローチおよび広範な学問領域へ拡大することについては，いくつかの懸念も示されている。第一に，大学や教員のなかには，大学教育が従来のような教室での対面時間数ではなく，学生のコンピテンシーの修得によって成り立つとなった場合，本来の教授職としての立ち位置が揺るがされることを懸念する声もある。特に，コンピテンシーをいかに獲得するかではなく，学生教員間の直接的な対話やさまざまなインプットによる知的体験を大学教育の目的と考える教養教育の研究者や団体は，CBE に懐疑的である (Neem, 2013)。第二に，コンピテンシーそのものの設定をどうするか，という問題がある。現行の CBE は産業界をパートナーにし，カリキュラム設計を共同で進めているところもあり，CBE プログラムで設定できるコンピテンシーは，産業界での即戦力や職業資格に直結する学問領域には適しているが，そうでない学問には不向きであるという指摘もある (Hill, 2013)。

　第三に，CBE のスタンダードの問題が挙げられる。目標とするコンピテンシーの水準設定，信頼性の高いアセスメント手法の開発や採点基準，成績の示し方など，学術水準の面から公平性や一貫性を保つために高度で精緻なノウハウとリソースが教職員に求められ，これまでの教授学習観の変換が余儀なくされるだろう。さらにそこには，コンピテンシーの互換性の問題も関わっており，CBE に基づいた対面式授業とオンライン授業との単位互換や，他大学への転学，大学院への進学の際に，獲得したコンピテンシーの解釈が問われる。

2　まとめと日本への示唆

　近年急成長をみせるオンライン教育や営利大学は，社会経済的弱者層に属する学生や，新たな資格やスキル，学位を獲得するために復学する成人学生など，学生の学習ニーズに応えた教育モデルを展開している。また，学習時間数ではなくコンピテンシーの獲得により学位や修了資格を授与する CBE モデルなど，より柔軟で透

明性のあるルートを提供することがアメリカの一部高等教育機関で進められている。その背景には，低コストで柔軟性のある教育アプローチが，アメリカ高等教育が抱える人種や社会経済階層間の格差の是正に寄与するひとつの手段として支持されている，というアメリカ特有の事情がある。

　CBE は課題が残されているものの，高等教育のイノベーションやコストの抑制，学習の効率化といった，いわば学生のニーズに応じた消費者向けの市場型モデルであり，21 世紀の高等教育の新たな学習アプローチの 1 つとして今後が期待されている。また同時に，オバマ政権に引き継がれるアメリカ教育界の積年の課題である高等教育へのアクセス機会の拡大と卒業生の質の担保——つまり公平性（equity）と卓越性（excellence）の両立——をいかに目指すか，ということが引き続き問われていくであろう。

　日本においては，アメリカをモデルとして導入した単位制度をめぐり，授業外学習時間の少なさによるシステムの形骸化が伝統的課題として指摘されている。単位制度を生み出したアメリカにおいては，時間数に依存する従来のシステムの欠陥が可視化されてきたことや，単位と連邦助成金が結びついていることによる学習成果へのアカウンタビリティの強化などが単位制度の抜本的見直しの動機としてあり，合理的な制度設計に向けて連邦議会や政府などを巻き込んだ政策的議論に発展している事実については注目すべきである。高等教育のイノベーションや競争力を高め，従来の教授・学習法に代わる有効な手法があるのか，学習時間数とコンピテンシー獲得との関係はいかなるものなのか，学習の獲得をどう確認すればいいのか，学位授与に値する高等教育の成果，付加価値とは何なのか，こういった議論を問い直す点においても日本に示唆を与えているといえよう。

【引用・参考文献】
金子元久（2011）．『大学教育の基本課題』中央教育審議会 教育振興基本計画部会配布資料（平成 23 年 10 月 6 日）
全国大学生協連事業企画室［編］（2013）．『第 48 回学生の消費生活に関する実態調査——Campus Life Data 2012』全国大学生協共同組合連合会
田川まさみ（2013）．「コンピテンス，コンピテンシーの歴史，概念，理論」田邊政裕［編著］『アウトカム基盤型教育の理論と実践』篠原出版新社，pp.39-58．
文部科学省（2003）．「ディプロマ（ディグリー）・ミル問題について」国際的な大学の質保証に関する調査研究協力者会議配布資料〈http://www.mext.go.jp/b_menu/

shingi/chousa/koutou/024/siryou/04010803/006.htm〈最終アクセス日：2017 年 2 月 8 日〉〉
山田礼子（2011）.『大学教育の向上を支援する仕組みの構築』中央教育審議会 大学分科会大学教育部会（第 7 回）資料（平成 23 年 11 月 14 日）
Arum, R., & Roksa, J. (2011). *Academically adrift: Limited learning on college campuses.* Chicago, IL: University of Chicago Press.
Astin, A. W. (1993). *What matters in college? Four critical years revisited.* San Francisco, CA: Jossey-Bass.
Babcock, P., & Marks, M. (2010). *Leisure college USA: The decline in student study time.* Washington, DC: American Enterprise Institute.
Benesse 教育研究開発センター（2012）.『大学生の学習・生活実態調査報告書』ベネッセコーポレーション
Brint, S., & Cantwell, A. M. (2008). *Undergraduate time use and academic outcomes: Results from UCUES 2006.* University of California, Berkeley.
Council for Adult & Experiential Learning (2014). Implement competency-based education for adult students. 〈http://www.cael.org/what-we-do/competency-based-education（最終アクセス日：2017 年 2 月 8 日）〉
Fischer, K. (2013). *A college degree sorts job applicant, but employers wish it meant more.* The Chronicle of Higher Education. 〈http://chronicle.com/article/The-EmploymentMismatch/137625/（最終アクセス日：2017 年 2 月 8 日）〉
Hart Research Associates (2013). *It takes more than a major: Employer priorities for college learning and student success.* Hart Research Associates. 〈http://www.aacu.org/leap/documents/2013_EmployerSurvey.pdf（最終アクセス日：2017 年 2 月 8 日）〉
Hill, P. (2013). Competency-based education: An (updated) primer for today's online market. e-Literate. 〈http://mfeldstein.com/cbe-an-updated-primer-for-todays-online-market/（最終アクセス日：2017 年 2 月 8 日）〉
Jaschik, S., & Lederman, D. (2014). *The 2014 Inside Higher Ed survey of college & university chief academic officers.* Washington, DC: Inside Higher Ed.
Klein-Collins, R. (2012). *Competency-based degree programs in the U.S. postsecondary credentials for measurable student learning and performance.* Chicago, IL: Council for Adult and Experiential Learning.
Klein-Collins, R. (2013). *Sharpening our focus on learning: The rise of competency-based approaches to degree completion.* Urbana, IL: National Institute for learning outcomes assessment.
Kuh, G. D. (2011). Student success. In J. H. Schuh, S. R. Jones, & S. R. Harper (eds.), S*tudent services: A handbook for the profession* (5th ed.). San Francisco, CA: Jossey-Bass, pp.257-269.
Laitinen, A. (2012). *Cracking the credit hour.* New York, NY: New America Foundation.
Law Library of Congress. (2014). H.R.3136-Advancing competency-based education demonstration project act of 2014. 〈https://www.congress.gov/bill/113th-

congress/house-bill/3136（最終アクセス日：2017年2月8日）〉
Lumina Foundation & Gallup (2013). *America's call for higher education redesign: The 2012 Lumina Foundation study of the American public's opinion on higher education.* Lumina Foundation. 〈https://www.luminafoundation.org/files/resources/americas-call-for-higher-education-redesign.pdf（最終アクセス日2017年2月8日）〉
Maehl, W. H. (2000). *Lifelong learning at its best: Innovative practices in adult credit programs.* San Francisco, CA: Jossey-Bass.
Malan, S. P. T. (2000). The 'new paradigm' of outcomes-based education in perspective. *Journal of Family Ecology and Consumer Sciences,* **28**, 22–28.
McCormick, A. C. (2011). It's about time: What to make of reported declines in how much college students study. *Liberal Education,* **97**(1), 30–39.
National Survey of Student Engagemnet. (2013). *A fresh look at student engagement: Annual results 2013.* National Survey of Student Engagemnet. 〈http://nsse.iub.edu/NSSE_2013_Results/pdf/NSSE_2013_Annual_Results.pdf（最終アクセス日：2017年2月8日）〉
Neem, J. N. (2013). Experience matters: Why competency-based education will not replace seat time. *Liberal Education,* **99**(4), 26–29.
Pace, C. R. (1990). *The undergraduates: A report of their activities and progress in college in the 1980's.* Los Angeles, CA: University of California, Center for the Study of Evaluation.
Pascarella, E. T., & Tarenzini, P. T. (2005). *How college affects students* (2nd ed.). San Francisco, CA: Jossey-Bass.
Porter, S. R. (2014). *Competency-based education and federal student aid.* 〈https://www.luminafoundation.org/files/resources/competency-based-education-and-federal-student-aid.pdf（最終アクセス日：2017年2月8日）〉
Slavov, S. (2013). How to fix college grade inflation. U.S. News & World Report. 〈http://www.usnews.com/opinion/blogs/economic-intelligence/2013/12/26/why-college-grade-inflation-is-a-real-problem-and-how-to-fix-it（最終アクセス日：2017年2月8日）〉
Sperber, M. (2005). How undergraduate education became college lite: And a personal apology. In R. H. Hersh, & J. Merrow. (eds.), *Declining by degrees: Higher education at risk.* New York, NY: Palgrave Macmillan, pp.131–144.
U.S. Department of Education. (2013). Applying for Title IV eligibility for direct assessment (competency-based) programs. 〈http://ifap.ed.gov/dpcletters/GEN1310.html（最終アクセス日：2017年2月8日）〉
Wellman, J. V. (2005). The student credit hour counting what counts. *Change: The magazine of higher learning,* **37**(4), 18–23.
Wellman, J. V., & Ehrlich, T. (2003). *How the student credit hour shapes higher education: The tie that binds.* San Francisco, CA: Jossey-Bass.

3 学習支援の枠組み
「専門性」からの観点

谷川裕稔

1 問題の所在

　本章は，学習支援の先駆であるアメリカにおいて，学習支援分野の教育・支援従事者（以下，実践者（教員含む）：practitioners）が学習支援分野の専門性に何を求めていた（る）のか（何をもって「専門性」と考えているのか），つまりは専門性が確立されるにはどのような要素が必要と考えていた（る）のかについて，アメリカ学習支援分野研究の第一人者の言説を整理することを通して明らかにすることを目的とする。

　というのも，アメリカの実践者が，「同分野の専門性確立を求めた背景」と「必要と考えている（た）専門性の構成要素」に焦点をあてる作業によって，①アメリカ高等教育場面における「学習支援」という営みの本質に迫ることができる，また，②アメリカ高等教育場面における「学習支援」の問題と課題が何であるのかを整理することができる，③「①②」を通して，高等教育場面における学習支援の様相を概観できる，と考えたからである。

　ちなみに，学習支援実践者が「専門性」の重要性を認識し始めたのは，1970年代後半からである（第8章）。

2 学習支援の基本的枠組み

　詳細については第4章に譲るが，アメリカでは，植民地時代のカレッジ設立当初から今日に至るまで学生に対する学習上の支援が連綿と実施されてきた（Boylan, 1990；Cohen & Brawer, 2003；Maxwell, 1997；Arendale, 2010）。主としてその目的

は，学生のカレッジワーク（ここでは，科目履修（coursework）を含めた教育的営み）をスムーズなものにするためであった（Boylan, 1990；Maxwell, 1997；谷川, 2001；Arendale, 2010）。学習上の支援は，アメリカの高等教育場面には欠かすことのできない営為となっている。本章では，その営みを「学習支援」（learning assistance/developmental education）という枠組みで捉える。その際の定義を「大学院生を含む高等教育機関（ここでは大学，短期大学，高等専門学校，専修学校専門課程）に学ぶすべての学生と入学を予定している高校生に対して，必要に応じて学業に係る支援を高等教育機関側が組織的・個別に提供する営み，またそのサービス・プログラムの総称」と定義づける。これは，カサーザとシルバーマン（Casazza & Silverman, 1996），マックスウェル（Maxwell, 1997），アレンデール（Arendale, 2005, 2010）およびボイラン（Boylan, 2007）らによる言説に加えて，アメリカ高等教育場面における2大学習支援関連学会のひとつであるカレッジリーディング＆ラーニング学会（College Reading and Learning Association：CRLA）や全米ディベロップメンタル教育学会（National Association for Developmental Education：NADE）の定義から筆者が整理したものである（谷川, 2012a）。

　ところで，学習支援は，各学修年次に段階的に実施される教育・支援プログラム，例えば入学前教育（prefreshman programs），初年次教育（first-year experience），2年次教育（sophomore-year experience），3年次教育（transfer-year experience），4年次教育（senior-year experience），大学院支援（graduate learning assistance）などを有している（Boylan, 2007；オルソン他, 2012）。加えて同教育・支援プログラムは，それぞれの学修年次に応じた学習支援の科目（remedial courses or developmental courses）やサービス活動（advising, counseling, tutoring, mentoring, orientation, supplemental instruction 他）をもっている。各学修年次の教育・支援プログラムによって，使用されるサービス活動は異なる傾向にある（Maxwell, 1997；オルソン他, 2012）。

3 言説を援用する識者

　学習支援分野の専門性確立を必要とする言説を展開している研究者・実践者には，管見の及ぶ限りではあるが，カサーザとシルバーマン，マックスウェル，ボイラン，アレンデールらがいる。ひるがえって日本においては，小貫有紀子（2005）が，アメリカの高等教育機関の学習支援プログラムの基準と評価システムを（同プログラムの）質保証の観点から考察した。そして，評価システムの開発・構築が学習支援

の専門性を規定するものと位置づけた。

　ちなみに，先の研究者・実践者を選出した理由として，①学習支援分野の単（共）著を有すること，②「①」の単（共）著のなかに学習支援分野の専門性についての記述があること，③「①」の単（共）著および執筆者がアメリカ高等教育の学習支援場面で一定の評価を受けていること，などがある。「②」は後ほど触れるとして，ここでは「①③」について若干述べる。

　マックスウェルは，ラーニングアシスタンス（learning assistance）研究の碩学と位置づけられている。彼女の主著である *Improving student learning skills*（new edition）（1997）は，実践者の間でバイブルとされている。ボイランはディベロップメンタル教育（developmental education）研究の第一人者と称されている。現在全米ディベロップメンタルセンター（National Center for Developmental Education）のセンター長である。NADEの立ち上げに携わり学会長などを歴任した。主著に *What works: Research-based best practices in developmental education*（2002），*Attaining excellence in developmental education: Research-based recommendations for administrators*（2012）がある。アレンデールはNADEの学会長（1996年），2000年にはNational Council of Learning Assistance and Developmental Education Associationsの「発起人」（founding fellow）に任命された。彼の主著には *Access at the crossroads: Learning assistance in higher education*（2010）がある。カサーザは学習支援分野の大学院レベルの学位を付与しているナショナル・ルイズ大学（National-Louis University）で学長などを歴任した（1988-2009）。主著にはシルバーマンとの共著 *Learning assistance and developmental education*（1996）がある。同著は，高等教育分野の著書を積極的に刊行しているJossey-Bass社が，はじめて主内容として高等教育場面におけるラーニング・アシスタンスを取り上げた（learning assistanceのタイトルを有する）出版物である。

4　専門性の確立を求めた理由

● 4-1　基本的背景

　アメリカにおける実践者は，学習支援関連専門学会であるCRLAの設置（1966年）にみられるように1960年代後半から学習支援領域の専門性（profession）の確立に力を注いできた。その背景には，①その歴史的古さとは裏腹に学問分野としては後発の領域であるために他の学問分野からは注目度が低くしいたげられてきたこと

(低い地位に追いやられていた（る）ということ），学問分野としての専門性を得ることにより，②実践者および教育・支援プログラムやサービスそれ自体の地位向上が期待されたことがある。実際，学習支援関連科目および教育（支援）プログラム・サービスを担当する実践者に対する学内外の評価は低い。そのことは学習支援関連プログラムや非カレッジ科目に計上される予算の低さからも推察が可能である（谷川, 2001）。

例えば，アメリカの場合，カレッジ科目（科目番号100以上）を担当する教員が学習支援関連科目（developmental courses/ remedeial courses）を教えることもあるが，大半はパートタイム教員に依存している状況にある（Brier, 1984；Arendale, 2010）。カサーザとシルバーマン（Casazza & Silverman, 1996）によれば，実践者はしばしば，学究活動の場（学問の府，学会，研究活動，研究職：academia）の辺境（margins）に位置づけられているという。その境遇が，彼らの最大の関心事を，協同研究や効果的な実践に加えて，文献の集積・提示を通した専門的な研究分野の構築に向かわせることになったという。

● 4-2 学習支援関連科目：「単位認定」対「単位不認定」

ここで，学習支援関連科目のカリキュラム上での位置づけを整理しておく。

学習支援関連科目を大まかに分けると単位認定科目（developmental courses：科目番号100以上）と単位不認定科目（remedial courses/ developmental courses：科目番号99以下）に分けることができる（谷川, 2001）[1]。ただしこのように区分すること

---

1) アメリカの大学・短期大学の科目には番号が付けられている。科目番号（コード）100以上は高等教育レベルの内容の科目として，99以下のそれは中等教育以下レベルとみなされる。番号をみると学年がわかるようになっている。例えば，100以上は1年次，200以上は2年次のようにである。ちなみにリメディアル科目は，中等教育以下の内容と捉えられていることが多い（Arendale, 2007）。ただし，99以下の科目番号でも当該大学・短期大学内のみでカレッジ科目と認定される場合もある。単位の種類には卒業認定単位の他に，卒業単位としては認定されない大学内限定のものがある。例えば，各高等教育機関の「終了単位」がこれにあたる。この単位は，奨学金申請要件，寮の入寮条件，フルタイム学生の換算単位とされる。ちなみにアメリカの高等教育機関の予算は学生数で配分される。1学期15単位分がフルタイム学生一人分となる。この場合，パートタイム学生の履修単位数も換算の対象となる。この算出法はフルタイム学生同等単位換算法（Full-Time Equivalent：FTE）と呼ばれている。もちろん，リメディアル科目というネーミングであっても卒業認定科目にカウントする高等教育機関もある。第9章を参照されたい（谷川, 2001）。

が困難な場面もある。例えば，ペア科目（paired courses）やラーニングコミュニティ（learning community）の学習支援プログラム・サービスにみられるようにカレッジ科目（科目番号100以上）と一体化した授業実践がさかんだからである。これらは，カレッジ科目のなかに学習支援関連科目（例えば，中等教育レベルのリーディング，ライティングなどのスキル科目：科目番号99以下）を織り込んだ実践である。単位は認定される。これは，学習支援関連科目からカレッジ科目への連続性と捉えることも可能である（谷川，2001）。ちなみに，初年次教育関連科目（university 101）は，「101」が示す通りカレッジレベル科目である。

ところでリメディアル科目（remedial course）は，中等教育レベル以下の内容の科目であるが，ディベロップメンタル科目（developmental courses）の場合は単位認定（カレッジ科目：科目番号100以上）の場合と，単位不認定の場合（科目番号99以下）がある（谷川，2001；Arendale, 2010）。同科目群は基本的に中等教育レベル以下の3R's（reading, writing, arithmetic）や学習技術系科目であるが，科目コードが100番以上でカレッジ科目とみなされることもある。どちらの枠組みとするのかは，高等教育機関の裁量となっている。

99番以下の科目を学生が履修する場合，強制・推奨・任意の3種類の可能性がある。強制・推奨の場合は，SAT（Scholastic Assessment Test），ACT（American College Testing）やハイスクール（中等教育）時代の成績などからカレッジ側が判断する。強制・推奨により同科目を履修する者は，同科目を修了した後にカレッジ科目を受講することになることが多い。ディベロップメンタル科目を履修要件（prerequisite）とするカレッジ科目もある（Arendale, 2010）。

● 4-3　実践者のカレッジ内における地位

実践者であるが，大きく科目担当者と各種サービス担当者に分かれる（もちろん，科目とサービスを掛け持つ担当者もいる）。前者ではカレッジ科目担当教員が学習支援関連科目を教える場合もあるが，基本的にパートタイム教員が学習支援関連科目を担当することが多い。彼らは，ディシプリン（discipline：学問分野，学科）の枠組み（academic affairs units：学務枠）に自らを位置づける傾向にあり（自ら）ディベロップメンタルエデュケーターズ（developmental educators）と呼ぶことが多い。一方，学生担当職の枠組み（student affairs units）で学習支援のサービス活動を担当するスタッフがいる。このサービスを実施する主体は，各高等教育機関（学部単位，図書館他）が有する学習（支援）センターのスタッフであることが多い。彼らは自らをラー

ニングアシスタンスプロフェッショナル (learning assistance professional) と呼ぶ傾向にある (Casazza & Silverman, 1996；谷川, 2012a)。

4-1で指摘したが、実践者は、カレッジ科目担当教員からいやがらせなどの精神的プレッシャーをかけられることがままあるという。ダニエル (Daniel, 1978) やリッペイ (Rippey, 1980) によれば、実践者は劣等感を抱くとともに、しいたげられた気分になることが多いという。つまり、実践者（この場合は、developmental/ remedial courses 担当教員）が、カレッジ科目を担当する教員からカレッジの教員として認められていない現実を嘆いているのである。結果として、孤立感を味わったり自己懐疑に陥る学習支援関連科目の担当教員が少なくないという (Clowes, 1986)。また、初年次教育関連科目 (University 101) を高等教育機関の正規科目として導入することに腐心したガードナーでさえ、担当教員および当該科目のカレッジ学内での評価の低さという現実に言及する (Crawford, 1993)。カレッジ科目を担当しているのにもかかわらずである。ガードナーによれば、学修年次の1学年の、それも入学直後に必要とされる内容の科目（例えばオリエンテーション系科目）やそれらを担当する教員は、主として2年次以降のカレッジ科目を担当する教員に比べ、概して学内の地位は低い[2]という。コーエンやブローワー (Cohen & Brawer, 2003) によれば、カレッジ科目のみを担当する教員から、実践者は疎外者 (pariah) と呼ばれることもあるという。アレンデール (Arendale, 2010) も同様の見解を示す。つまり、学内の教員のなかに見えない形であるいは見える形で上下関係が成されているといえなくないのである[3]。

5　学習支援分野の専門性：研究者による見解

以上を踏まえ、以下アメリカの研究者による言説を時系列に整理する。

---

2) ここでのカレッジ学内での「地位の低さ」とは、①学習支援関連科目やサービス・プログラムに計上される予算の低さなど、学内での経営陣による同営為（実践者含む）に対する（物理的な）評価の低さと、それに付随して生じる②カレッジ科目担当教員による（実践者に対する）優越感、および実践者が有する劣等感から成るヒエラルキー（ここではカレッジ内の教員間に生じている精神的な上下関係）が潜在的に形成されていることなど（他）の理由から「学習支援実践者がカレッジ科目担当教員からカレッジ教員とはみなされていないという空気が（カレッジ内に）醸成されている状態にあること」を指している。「地位の低さ」を分析するときのもうひとつの可能性として、「一般教育・教養科目」か「専門科目」の担当かという観点がある。

● 5-1　カサーザの見解

　カサーザはシルバーマンとともに，学習支援分野の専門性について踏み込んだ見解を提示している（Casazza & Silverman, 1996）。例えば専門性を構築するためには，①共通の知識と技術の共有，②知識の伝達や蓄積の方法，③専門学会の設立，④倫理観のガイドライン，⑤実践のための基準，⑥共通の認識を有する専門用語の統一，⑦知識と実践とを新しい場面に適合させる能力の涵養，などが必要という。①②③であるが，まず学習支援分野は後発学問であるがゆえに学際的発展をとげてきたことを前提として，実践者はさまざまな学問分野，例えば教育学，心理学，社会学やカウンセリングを，自らの教育方法に援用してきた事実に触れる。そして，自分たちの実践の成果を評価したり（成果が他者によって評価されたり），固有の情報（個人の教育方法）を広く周知するという手続きを有することによって，個人の知識や技術が形を変えて共有される（汎用性を有する）方法論へと深化する可能性が生じてくると捉える。その機会を提供する場としての専門学会の重要性を指摘する。④⑤であるが，実践者が共有する（できる）倫理コードの構築や教育・実践に関わる基準の設定が，専門性を意識する際には不可欠なものであるとする。⑥であるが，実践者間で学習支援分野の専門用語が有する意味の共通理解を得るために，専門用語の多様性を整理する必要があるとする。最後に⑦は，学習支援分野独自の教育方法の構築に言及するものである。

● 5-2　マックスウェルの見解

　マックスウェル（1997）は，1970年代から急増することになる「新しい学生」（Cross, 1971）[4]に対応するために必要となった新しい形の教育方法に加えて，サービス活動を含めた教育・支援プログラムの開発やその結果普遍性をもつことになるであろうそれらの共有が，専門性を考える上で不可欠な要素になると捉える。マックスウェルは，学習支援科目である「数学」(developmental mathematics) や「科学」(developmental science) 科目の担当者（教員）を例にあげ，専門的な（学習支援分野固有の）教育方法を有する教員の輩出が急務であることを指摘する。彼らは概して

---

3) ここでは，「カレッジ科目担当」教員というとき，学習支援関連科目を担当していない（掛け持ちしていない）教員に限定している。ただし，実際には学科（例えば文学系や理工系学科）が学習支援関連科目を提供している高等教育機関もある。この場合は，所属学科の専門科目を教える者が学習支援関連科目を担当することが多いということもあり，さほど上下関係が形成される可能性は低いと推測される。

「数学」や「科学」に関する専門の学位はもっているが，例えば学習支援科目を担当するにあたり，同分野の教育方法，教育・支援プログラムやサービス活動の開発などが意識された教育内容を有する学位プログラムを大学・大学院などで取得した者ではない。そこで，専門学会あるいは大学院を，学習支援分野の実践者の専門性を涵養する主体と位置づけるのが望ましいという立場をとる。例えば専門学会は，研究所の設置や養成プログラムの提供をおこなう。実践者は，そのような場を通して最新の知識の修得，情報の交換，資格の取得が具現する。つまりマックスウェルは，学習支援分野の専門性を身につける上で，実践者による学位・資格の取得と，それらを付与する専門学会や大学院設置拡大の重要性を強調しているのである。

● 5-3 ボイランの見解

ボイラン（Boylan, 2002）も，学習支援分野の専門学会への参加が実践者としての専門性を高めることになるという。例えば，専門学会への参加を通して，自らの教育方法についての優れているところや足りない部分を気づかされるなど，それらの修正や改善が実践者に促される。また，専門学会が開催する全国学会や支部大会，そのなかのプログラムであるシンポジウム，ワークショップ，ラウンドテーブル，分野別ミーティングにて，他の実践者のスキルを学んだり，彼らからアドバイスを受けることができる。そのようななかで，実践者同士のネットワークを構築することも可能になるというメリットに触れる。加えて，専門学会が提示する各種スタンダード（教育・支援プログラムやサービスなどの成果を測る評価基準，教育内容・教育方法を含む学習支援の実践レベルの統一化）が，教育・支援プログラムやサービス活動の改善への契機となることを指摘する。同分野の最新の知識・技術や実践の評価に関する基準（standard）を，実践者が体感（学ぶことが）できるところに専門学会の意義を求めているのである。他には専門学会は，学習支援分野の専門家（実践者）としての振る舞いのあり方，すなわち，「実践に導くための調査・理論の使用」「専門家に必要な倫理観への執着」「実践成果の業績」などを，彼らに提示する。つまり

---

4) クロス（Cross, 1971）は「新しい学生」を，①学修人口とされる 18 歳から 22 歳以外の特に 25 歳以上の学生，②少数の科目のみ登録するパートタイムの勤労学生，③中年で家族をもつ学生，④一般成人のための公開講座・通信教育などを受講する学生，⑤夜間や週末のみの授業に参加する学生，⑥継続教育として勉強する勤労学生，⑦キャリアアップのために実技的・実践的なプログラムを受講する学生，などとした。「新しい学生」は「非伝統的学生」と呼ばれることもある（谷川, 2001；オルソン他, 2012）。

ボイランは，実践者の専門性確立には，最新の技術の獲得，自らの教育方法の再確認と改善および修正，加えて，学習支援分野の評価のスタンダードを意識した実践や倫理コードの運用が不可欠とするのである。そして，それらを促す場が専門学会であると捉える。

● 5-4 アレンデールの見解

アレンデール（Arendale, 2010）もまた，専門学会への実践者の参加による教育方法の技術の向上・改善に言及する。加えて専門の実践者を高等教育機関に供給する主体として，専門学会を位置づける。実際，高等教育機関は多様な学力背景（習慣・環境）を有する学生に対して効果的に教えることのできる実践者を雇用するようになってきたという。この背景には，1970年代の高等教育機関の爆発的な増加（特にコミュニティカレッジ）とともに，学習支援関連科目（ここでは，remedial/ developmental courses）を担当する教員の需要が増加したことがある。同年代から高等教育機関に入学することになった「新しい学生」に対して，従前の伝統的なものとは異なる教育方法の開発が求められるようになってきたのである。また，実践者のスキルアップが意識された資格や学位が専門学会や大学院から付与されることによる専門性の確立にも言及する。学位・資格の取得により実践者の専門性が広く認知されるとする考え方である。これは「職能」（職務遂行能力：専門的な能力を必要とする職種・職業で職務を果たせる能力）の観点でもある。実践者の高等教育機関内での地位向上を意識したものである。アレンデールは，学習支援分野がカレッジの主流（mainstream）から外れているがゆえに，教育・支援プログラムやそれに携わる実践者にネガティブな烙印が押されていることに憂慮する。学内で孤立しがちで，しかも同烙印を押されがちな実践者をサポートすることも専門学会の役目であるという見解を示す。他には後でも述べるが，学習支援関連用語の統一による専門性の確立の重要性を強調する。

6 敷衍的考察

前節の諸言説を整理すると，専門性確立に必要とされるポイントは専門学会への参加の重要性を共通認識として，①専門知識の修得，②教育・支援実践の基準および倫理コードの運用，③学習支援分野固有の教育方法の構築，④専門用語の確固たる定義づけの具現，などに収斂される。この整理を踏まえ，以下「専門性」についてさらなる考察を試みる。

● 6-1 専門知識の修得

　専門学会や大学院が提供する資格（養成講座含む）・学位プログラムや，専門学会が発行するジャーナル誌や方針説明書（position paper）そしてニュースレターなどは，実践者に学習支援の営為に関わる理論と実践を身近なものにする。ここでは，実際に資格や学位を提供している主な大学院や専門学会に焦点をあてる。

　まず NADE や CRLA，あるいは大学・大学院が，実践者のためのスキルアップを目的とした資格を提供している事例である。NADE は実践者研修（Training and Certification of Developmental Educators），CRLA はチューター資格（International Tutor Training Program Certification）である。他にはチュータリング学会（Association for the Tutoring Profession）がチューターとチューター養成者のための資格認定をおこなっている。また全米学習センター学会（National College Learning Center Association）では，学習（支援）センター業務においてリーダーシップがとれる人材を育成するための独自の認定資格を提供している。グランブリング州立大学は，修士号を有する2年制および4年制大学の実践者で，必ずしも博士の学位取得を希望しないが，博士課程レベルの知識と高度な実践力の獲得を目指す者を対象とした修士課程後研修プログラム（Post-Master's Certificate in Developmental Education）を開講している（谷川，2012b）。

　次に，学位を付与している大学院である。修士号・博士号の学位を付与している大学には，ナショナル・ルイズ大学（National-Louis University；イリノイ州），ミネソタ大学ツインシティ校（University of Minnesota-Twin Cities；ミネソタ州），アパラチアン州立大学（Appalachian State University；ノースカロライナ州），グランブリング州立大学（Grambling State University；ルイジアナ州），テキサス州立大学群（例えば，テキサス州立大学サンマルコス校（Texas State University at San Marcos）；サム・ヒューストン州立大学（Sam Houston State University）），などがある。なかでもアパラチアン州立大学，グランブリング州立大学，テキサス州立大学群は博士課程までもっている。最初に学習分野に関わる修士課程を設置したのはアパラチアン州立大学（1972年），博士号の学位を付与したのはグランブリング州立大学（1986年）である（谷川，2001；Arendale, 2010）。ちなみに，サム・ヒューストン州立大学（Sam Houston State University）やグランブリング州立大学は，学位取得を目指す実践者を対象としたオンラインの博士課程をもっている（谷川，2012b）。

● 6-2　教育・支援実践の基準および倫理コードの確立

　カサーザとシルバーマン（Casazza & Silverman, 1996）らは，専門性が強化されるには実践と連動した倫理的原則の定着が不可欠であるという。この倫理観の判断基準（倫理コード）であるが，実は，学習支援分野には明文化された基準が存在する。

　まずは1986年の『学生サービスと学習支援プログラムを対象とする基準の進展のための委員会（Council for the Advancement of Standards：CAS）』（Materniak & Williams, 1987）である。このなかに倫理コードが含まれている。その後NADEが1995年に『NADE自己評価ガイド（NADE Self-Evaluation Guides）』を発表することになる。同ガイドの倫理コードで重きが置かれている点は，「すべての学生は公平かつ平等に扱われなくてはならない」「学生に害を与える情報を保留するか否かが判断できない場合はマル秘扱いとする」「すべての学生には威信と尊敬をもって関わる」「誠実さと繊細さが学生とのコミュニケーションを強化する」「教員は自分の限界を知る」「学生のニーズに効率的かつ効果的に合わせることを決定の第一義とする」である。これらの指標の実施にあたり，CAS，NADE自己評価ガイドともに，実践者に対して強制ではなくあくまで任意という立ち位置をとる。

　ちなみにNADE自己評価ガイドであるが，チュータリングプログラム（tutoring programs），補助的学習プログラム（adjunct instructional programs），学習支援の科目履修プログラム（developmental coursework programs），教授・学習プロセス（teaching/ learning process）という4領域を切り口としたものとなっている。またCASのそれよりもアカデミックなものになっている。NADEの倫理コードは，例えば予算を含むさまざまな決定，実践者による自らの営みの長所や短所の確認，長期計画の開発，新しいプログラムや提案書の作成など，それぞれの場面で指標として採用されている。

● 6-3　学習支援分野固有の教育方法の構築

　繰り返すが，1970年代からの学生人口の多様化により，高等教育場面における学習支援分野では，新しい形の教育方法，つまりは学生人口の変容（ここでは特にマイノリティ学生（非白人）の増加）を取り巻く環境に適した授業実践をおこなうことができる柔軟な思考と技術を有する実践者が求められるようになってきた（Fleming, 1992）。多様な学力背景をもつ学生に対応できる教員の育成が今日的課題になったのである。その文脈のなかで，実践者の教育方法の向上が期待されるようになってきた。同時に，学習支援分野の教育方法やカリキュラム・プログラムの開発を専門

とする教員の獲得が高等教育機関には急務となった（Cooper, 1980；Atwell & Smith, 1979；Pitkin, 1984）。先にも指摘したが，実際，主として講義形式の教育方法にて進められるカレッジ科目の担当（を主とする）教員が，学習支援関連科目と掛け持ちをしていることも多い。

ところで，教育方法というとき，①既存の理論モデルから仮説を導出することを通して実証的データと比較するという演繹的手法，②具体的な個々人の実践者の知見を実証的データに基づいて生み出していく「小さな理論」の構築（深谷, 2004），③知識と実践の新しい場面での適応，などができる能力を看過できない。ひと言でいえば，理論から実践への応用である。理論はそれ自体孤立しているものではない。むしろ実践者は，他の学問分野の理論をどのように実践に関連づけられるかについて模索することが重要となる。ちなみにルーウィン（Lewin, 1951）は，「よい理論なくして実践はない」，またクロス（Cross, 1981）は「実践のともなわない理論は空虚だが，理論のない実践は盲目（blind）」という見解を述べる。両者ともに教育理論・調査研究の実践（教育方法）への応用・適用の重要性を強調している。

● 6-4 専門用語の確固たる定義づけ

専門性構築のための判断基準（criterion）のひとつに専門用語（ターム）がある。学習支援関連用語の概念を整理する手続きは，同学問分野の専門性を高めることになるとする考え方である。実際，類似の意味を有するタームが数多くある。例えば，ディベロップメンタル教育（developmental education）の同義のものとして，academic preparatory program, remedial education, learning assistance, access program などである（Arendale, 2005）。

ルービン（Rubin, 1991）が中心となった CRLA のタスクフォースが編んだ学習支援関連用語集（*A Glossary of developmental education terms*）は，タームの定義づけに挑戦したものである。その後，アレンデール（Arendale, 2007）らが *A glossary of developmental education and learning assistance* にて改訂をおこなった。これらの作業の目的は，学習支援分野に関連するタームの概念を整理し定義づけられたものが，CRLA と NADE などの専門学会からの推奨を得ることをもって，実践者のコミュニケーションをスムーズなものにするところにある。アレンデール（Arendale, 2005）は，新しく構築された言語（概念）が実践者に共通のゴールを自覚させ，そのことにより学生へのよりよいサポートや効果的なプログラムの提供が実現するという持論を展開する。確固とした定義を有するタームは正確な意味を提示する。そ

れこそが専門性構築へのひとつの可能性というのである。また，学習支援分野の専門家である実践者が正確な定義づけをタームに与えなければ，リメディアル教育（remedial education）の例にもみられるように，学習支援関連科目を施すことに否定的な学内外の者達から，ネガティブな意味合いを織り込まれながら（タームを）使用される可能性があることを指摘する[5]。

実はこの議論は新しいものではない。古いところでは，クロウズ（Clowes, 1980）がタームの呼称の不一致が専門性への道を閉ざすという持論を前提として，リメディアル教育，ディベロップメンタル教育，補償教育（compensatory education）の概念枠組みを明らかなものにした。ペインとライマン（Payne & Lyman, 1996）らに至っては，類似の意味をもつタームの混在は，例えば学習支援分野のアイデンティティクライシスとはいわないまでも，アイデンティティプロブレムにつながるものであると指摘した。

7 まとめと日本への示唆

これまでの考察を整理すると，高等教育機関の学習支援分野の専門性確立の際に必要とされる構成要素が，①専門知識の修得，②教育・支援実践の基準および倫理コードの構築および運用，③学習支援分野固有の教育方法の開発，④専門用語の確固たる定義づけの実現，そして⑤「①②③④」の実践者間での共有，などで，それらの具現をみるためには，⑥学習支援分野の専門学会や大学院などによる学位・資格の付与が効果的・実際的であることが明らかになった。いずれの識者も，実践者および教育・支援プログラムやサービス活動の専門性を確立する上での専門学会の活動および実践者の専門学会への参加の重要性については一致した見解をもっていた。これは「職能」を意識した観点といえる。実践者が自らの専門知識の修得や教

---

5) Remedial education は，アメリカの高等教育機関で 1860 年代頃から中等教育と高等教育のギャップを埋めるための教育プログラム・サービスとして本格的に提供されてきた（Arendale, 2005）。1970 年代後半からアメリカの高等機関の学習支援実践者らは，「治療する」というネガティブな意味を有する remedial education から発展的なニュアンスをもつ developmental education への使用変更を積極的に目指してきた（Clowes, 1980）が，現在でもアメリカの連邦教育省，メディア，伝統（威信）のある高等教育機関では，慣習的に remedial education を使用することが多い（谷川, 2001；連邦教育省, 2010；USA Today, 2010）。また，今では，developmental education もネガティブなレッテルを貼られる傾向にあるという（Arendale, 2005；谷川, 2012c）。

育方法の向上・改善（スキルアップ）を果たすことを通して，同プログラムやサービス活動にも専門性をもたせることができるとする考え方である。

　最後に日本における高等教育機関における学習支援事情とこれまでの考察を重ね合わせた整理をおこなっておこう。日本では日本協同教育学会（2004年），日本リメディアル教育学会（2005年）や初年次教育学会（2008年）の相次ぐ設立により，基本的な専門性は担保されることになった。このことは，学習支援方法に関する一定の研究成果の蓄積を可能にした。先の専門性の構成要素にならうと，①専門知識の修得，③学習支援分野固有の教育方法の開発，などは緒に就いたばかりではあるがそれなりの成果は出てきている。今後は，②教育・支援実践の基準および倫理コードの構築および運用，④専門用語の確固たる定義づけの実現，⑥学習支援分野の専門学会や大学院などによる学位・資格の付与について検討することが期待される。

【付　記】

本章は，筆者著（2012）である「アメリカ高等教育機関における学習支援分野の専門性」（『言語文化』10, 33-42）（初出）に加筆修正をおこなったものである。

【引用・参考文献】

オルソン協子・奥村玲香・谷川裕稔（2012）．「アメリカに学ぶ学習支援の枠組み」谷川裕稔［代表編者］『学士力を支える学習支援の方法論』ナカニシヤ出版, pp.12-25.
小貫有紀子（2005）．「アメリカ高等教育における学習支援プログラムの基準と評価システム」『大学教育学会誌』**27**(2), 81-87.
佐藤　学（1998）．「教師の実践的思考の中の心理学」佐伯　胖・宮崎清孝・佐藤　学・石黒広昭『心理学と教育実践の間で』東京大学出版会, pp.9-55.
谷川裕稔（2001）．『アメリカコミュニティカレッジの補習教育』大学教育出版
谷川裕稔（2012a）．「概説―学習支援」谷川裕稔［代表編者］『学士力を支える学習支援の方法論』ナカニシヤ出版, pp.2-12.
谷川裕稔（2012b）．「学士力と学習支援」谷川裕稔［代表編者］『学士力を支える学習支援の方法論』ナカニシヤ出版, pp.33-40.
谷川裕稔（2012c）．「わが国の教育・支援プログラムおよびサービス」谷川裕稔［代表編者］『学士力を支える学習支援の方法論』ナカニシヤ出版, pp.40-52.
深谷圭介（2004）．「現場実践をどう理論化するか」『授業のネタ教材開発』**194**, p.63.
八尾坂修［編著］（2005）．『教員人事評価と職能開発―日本と諸外国の研究』風間書房
Arendale, D. R. (2005). Terms of endearment: Words that define and guide developmental education. *Journal of College Reading and Learning*, **35**(2), 66–82.
Arendale, D. R. (2007). A glossary of developmental education and learning assistance terms. *Journal of College Reading and Learning*, **38**(1), 10–34.
Arendale, D. R. (2010). *Access at the crossroads: Learning assistance in higher*

education: ASHE higher eductaion report, Volume 35, Number 6. San Francisco, CA: Jossey-Bass.
Atwell, C., & Smith, M. L. (1979). Competence needed by teachers of developmental English in two-year colleges. *Journal of Developmental & Remedial Education*, **3**(2), 9–11.
Aud, S., Hussar, W., Planty, M., Snyder, T., Bianco, K., Fox, M., Frohlich, L., Kemp, J., & Drake, L. (2010). *The condition of education 2010*. Washington, DC: U. S. Department of Education.
Boylan, H. R. (1990). The cycle of new majorities in higher education. In A. M. Frager (ed.), *College reading and the new majority: Improving instruction in multicultural classrooms*. Oxford, OH: College Reading Association, pp.3–11.
Boylan, H. R. (2002). *What works: Research-based best practices in developmental education*. Boone, NC: National Center for Developmental Education, Appalachian State University.
Boylan, H. R. (2007). 書簡（11月29日）.
Boylan, H. R., & Saxon, D. P. (2012). *Attaining excellence in developmental education: Research-based recommendations for administrators*. Boone, NC: National Center for Developmental Education, Appalachian State University.
Brier, E. (1984). Bridging the academic preparation gap: An historical view. *Journal of Developmental Education*, **8**(1), 2–5.
Casazza, M. E., & Silverman, S. L. (1996). *Learning assistance and developmental education: A guide for effective practice*. San Francisco, CA: Jossey-Bass.
Clowes, D. A. (1980). More than a definitional problem: Remedial, compensatory and developmental education. *Journal of Developmental & Remedial Education*, **4**(1), 8–10.
Clowes, D. (1986). Literacy in the open-access college: A interview with Dr. R. C. Richardson, Jr. *Journal of Developmental Education*. **10**(1), 16–21.
Cohen, A. M., & Brawer, F. B. (2003). *The American community college* (4th ed.). San Francisco, CA: Jossey-Bass.
Cooper, L. (1980). An interview with Terry O'banion: Executive director of the league for innovation in the community college. *Journal of Developmental & Remedial Education*, **3**(2), 14–15.
Crawford, J. J. (1993). Recession and the role of developmental education: An interview with John N. Gardner. *Journal of Developmental Education*, **17**(1), 22–26.
Cross, K. P. (1971). *Beyond the open door: New students to higher education*. San Francisco, CA: Jossey-Bass.
Cross, K. P. (1981). *Adults as learners: Increasing participation and facilitating learning*. San Francisco, CA: Jossey-Bass.
Daniel, D. E. (1978). Going to college from a positive standpoinnt. *Journal of Developmental & Remedial Education*, **1**(1), 4.
Fleming, J. (1992). Creating the environment for minority student success: An interview with Jacqueline Fleming. *Journal of Developmental Education*, **16**(2), 20–24.

Higbee, J. L. (2004). Developmental education. In M. L. Upcraft, J. N. Gardner, & B. O. Barefoot (eds.), *Challenging & supporting the first-year student: A handbook for improving the first year of college*. San Francisco, CA: Jossey-Bass.

Kerr, C. (1994). *Higher education cannot escape history: Issues for the twenty-first century*. New York, NY: State University of New York Press.

Lewin, K. (1951). *Field theory in social science: Selected theoretical papers*. New York, NY: Harper Collins.

Materniak, G., & Williams, A. (1987). CAS standards and guidelines for learning assistance programs. *Journal of Developmental Education*, **11**(1), 12–18.

Maxwell. M. (1997). *Improving student learning skills*. Clearwater, FL: H&H Publishing Company.

Payne, E. M., & Lyman, B. G. (1996). Issues affecting the definition of developmental education. In J. L. Higbee, & P. L. Dwinell (eds.), *Defining developmental education: Theory, research, & pedagogy*. Cold Stream, IL: National Association for Developmental Education, pp.11–20.

Piper, J. (1998). An interview with Martha Maxwell. *Learning Assistance Review*, **3**(1), 32–39.

Pitkin, D. N. (1984). Educating for the future: Interview with governor James B. Hunt, Jr.. *Journal of Developmental Education*, **8**(1), 16–18, 31–32.

Rippey. D. T. (1980). "I never get no respect…or support either". *Journal of Developmental & Remedial Education*, **4**(1), 12–13.

Rubin, M. (1991). A glossary of developmental education terms: Compiled by the CRLA task force on professional language for college reading and learning. *Journal of College Reading and Learning*, **23**(2), 1–13.

Scott, P. (1975). *Strategies for Postsecondary Education*. London, United Kingdom: Croom Helm.

The NADE Professional Standards & Evaluation Committee (2009). *NADE self-evaluation guides, 2nd ed.: Best practice in academic support programs*. Clearwater, FL: H&H Publishing Company.

USA Today (2010). One-third of students need remedial college math, reading. 〈http://usatoday30.usatoday.com/news/education/2010-05-11-remedial-college_N.htm（最終アクセス日：2017年2月8日）〉

【参考ウェブサイト】

College Reading and Learning Association. 〈http://www.crla.net/（最終アクセス日：2017年2月8日）〉

National Association for Developmental Education. 〈http://ww.nade.net.（最終アクセス日：2012年5月10日）〉

National College Learning Center Association. 〈http://wwwnclca.org/（最終アクセス日：2012年5月10日）〉

The Association for the Tutoring Profession. 〈http://www.myatp.org/（最終アクセス日：2017年2月8日）〉

第2部
歴史的観点から
アメリカの
学習支援を考える

4 学習支援の萌芽期
1600年代–1820年代

谷川裕稔

　管見の及ぶ限りでは，高等教育機関の発展の歴史を「学習支援」（learning assistance/ developmental education）という切り口から整理している識者には，カサーザ（Casazza, M. E.）とシルバーマン（Silverman, S. L.），アレンデール（Arendale, D. R.）らがいる。彼らは，自著にてそれぞれの観点でもって学習支援に関する歴史的区分を試みた。

　例えば，カサーザとシルバーマンは，ヨーロッパ（イギリス）の古典的スタイルを模倣した植民地カレッジ（colonial colleges）の設置時期，民族的・人種的・性差的という多様な背景を有する学生の受け入れ期，クロス（Cross, K. P.）が指摘するところの「新しい学生」の受け入れ期という観点から，① 1700年–1862年，② 1862年–1960年，③ 1960年–2000年という3区分をおこなった（Casazza & Silverman, 1996）。

　一方アレンデールは，学習支援に使用されてきた（いる）ターム（用語）の変遷，活動・形態や教授法，対象となる学生のタイプなどから，① 1600年代–1820年代，② 1830年代–1860年代，③ 1870年代–1949年代中期，④ 1940年代中期–1970年代，⑤ 1970年代–1990年代中期，⑥ 1990年代中期–現在（2010年），などに6区分した（Arendale, 2010）。

　第2部では，アレンデールの区分を援用したい。ひとつに，区分の要因がカサーザとシルバーマンのそれよりも多様であること，ひとつに，多様な区分要因のなかに「学習支援の教授・学習方略の変遷」という斬新な観点が含まれていること，ひとつにアレンデールの区分の方が，（カサーザとシルバーマンのそれに比べ）植民地初期から現在に近い時期までカバーしていること，が理由である。

1 時代背景

　植民地期（ここでは，バージニア植民地建設の1607年から独立戦争終結の1783年まで）のカレッジの設置主体は，すべてがキリスト教宗派によって建てられた私立（州と教会の共同出資の州・教会立カレッジ）であった（バッツ・クレメン，1977）。理由として，①入植者の大半がピューリタンであったこと，②その半数がオックスフォード大学・ケンブリッジ大学（以下，オックスブリッジ）出身であったこと[1]があげられる。②の理由により，入植者は新しい地にオックスブリッジを意識（模倣）したカレッジをつくることに執着した。聖職者の養成に加えてヨーロッパからもたらされた文化的規範遵守や維持のための指導者（エリート）育成を主たる目的としたのである。加えて，知性の開発とそのための訓練，学識と教養のある紳士（gentleman）[2]の涵養に力を注いだ。しかし，18世紀を迎えると実用的（世俗的）な学問領域がカリキュラム内に組み込まれてくるようになる[3]。教科内容の宗教（古典）的性質から世俗的それへの変化ということである（バッツ・クレメン，1977）。

　植民地カレッジのなかで最初に創設されたのはハーバード（1636年にマサチューセッツ州議会によって議決）といわれている[4]。ハーバードカレッジ（Harvard College；1639年命名）はピューリタンの組合協会派（congregationalists）によって創

---

1) 1633年にアメリカに渡ってきた約2万人の清教徒のうち約5,000人がオックスフォードとケンブリッジの出身者であったという（中山，1994）。
2) 植民地カレッジには，イギリス本国から放蕩者の若者が送り込まれる感化院（児童自立支援施設・教護院）の機能も果たしていた。18世紀に入ると移民の構成に変化が生じた（1718年のイギリスの法律によって重罪受刑者のアメリカ移送が定められる）。植民地独立（18世紀）までに約5万人以上の囚人がアメリカに移送された。イギリスからの全移民の4分の1である。刑（年季奉公）は7年から14年のプランテーションでの野良作業であった。アフリカ系アメリカ人と同じ境遇（奴隷的立場）であった（有賀・油井，2000）。18世紀のイギリスでは犯罪者が増え，死刑執行免除の代わりに，流刑としてアメリカに送られることになったのである。イギリス人移住者の7割強がメリーランドとバージニア両植民地（たばこ栽培が主流産業）に渡った。彼らの8割が年季契約奉公人であった。アフリカ人奴隷が本格的にシステム化されるまで，主な労働力として使役された（有賀・油井，2000）。植民地2世（17世紀）の代になると，宗教色は薄れ出し，カレッジでは紳士（gentleman）という人間像を輩出することを目標とするようになってきた。この時代になると，カレッジは貴族文化を代表するものになっていた。ということもあり，大部分の農民はカレッジには縁がなかった（中山，1994）。
3) 当時の卒業生たちの大半は聖職者となったが，他は植民地を統治する政治家，役人，教師，医者，弁護士，企業家などの専門職業に就いた（金子，1994）。

立された。モデルとなったのはケンブリッジ大学のエマニュエルカレッジとされる。学位授与の様式，名称，学生の規律，カリキュラム，経営管理上の規則，学位取得要件，学寮的な生活様式[5]などはオックスブリッジに習った。ハーバードは，植民地期カレッジのモデルとなった（Brubacher & Rudy, 1997）[6]。

ところで，植民地期のカレッジは，貴族的な伝統を模して設置されたため，一般民衆の生活に身近な影響を与える大衆的な組織となることは，19世紀中頃までできなかった（Rudolph, 1968）。つまり17世紀は，富裕層の子息がカレッジで学ぶ学生の大半を占めていたのである。学生の多様化（一般庶民への開放）への一歩を踏み出すには，18世紀後半および19世紀中期を待たねばならなかった。そのことは，17世紀のハーバードの卒業式の，ある演説から看取できる。

「カレッジは最初のピューリタンの開拓者によって設立されてきたことについて感謝（評価）の意を表する。もしそうでなければ，支配クラスは機械工，靴直し職人，仕立て屋などに支配され，紳士階級の人々は，底辺の者達，例えば

―――――

4) ちなみに，アメリカ政府が成立（ここでは，1789年）するまでに設立された植民地カレッジ（colonial colleges）は約20校あるが，そのうち1776年のアメリカ合衆国独立以前に，正式な学位を授与するカレッジとしての認可をイギリス王室から受けたものは9校（ハーバード（Harvard；1636年），ウイリアムズアンドメアリ（Williams and Mary；1693年），イエール（Yale；1701年），ニュージャージー（New Jersey；1741年，後にプリンストン（Princeton）），キングス（Kings；1754年，後にコロンビア（Columbia）），フィラデルフィア（Philadelpia；1755年，後にペンシルベニア（Pennsylvania）），ロードアイランド（Rhode Island；1764年，後にブラウン（Brown）），クィーンズ（Queens；1766年，後にラトーガス（Rutgers）），ダートマス（Dartmouth；1769年））である（Rudolph, 1968）。
5) 学生生活は「学寮的な生活様式」「親代わり」（in loco parentis）というオックスブリッジの理念を継承した。例えば，カレッジの学内組織は学寮制を採用し，教員団と学生が知的・道徳的な共同生活をした。教員と学生は寝食と勉学を共にし，礼拝と安息日における教会への出席が義務づけられた。つまり，キリスト教による道徳的な訓戒とともに，「親代わりのしつけ」をおこなうという意味合いもあったのである（Rudolph, 1968；金子，1994）。研究よりも学生教育（学問よりも秩序と訓練）を重視することが教員には求められた。これらはイギリスの寮制カレッジを踏襲したものである（Rudolph, 1968）。
6) しかしハーバードの設立当初は寺子屋式の小規模なものであった。最高の学問水準を維持する学問の府というよりも，少年を集めた全寮制の中学校のようなものであった。新しい知識を提供するというよりも，若者に行儀よく秩序に従わせるというニュアンスも教育方針に含まれていた（中山，1994）。

ローマの下水工,非識字の下流階層などの下劣な輩によって圧倒されてきたであろう。彼らは,真実からよりも感情から多くを判断する」。(Rudolph, 1968：Casazza & Silverman, 1996)

18世紀になると,フランクリン(Franklin, B.)が,「聖職者養成のための準備教育,古典的学問(学識)や宗教の教義についての教え込み」という植民地カレッジ創設以来のカリキュラムの枠組みを実用的な内容に変えようと腐心した。彼は自らの考えを実現させるために,1755年にフィラデルフィア・アカデミー(Philadelphia Academy；後のPennsylvania University)を創設した[7]。多様な人種(民族)の背景を有する学生のための高等教育機関の設置に関しては,アメリカの独立戦争(1775年–1783年)が影響を与えることになった[8]。例えば,1791年の連邦憲法修正第10条に基づき教育は州の権限とみなされるようになったことが,教育の地方分権化と州立大学を生み出す基盤となるのである。

19世紀になると,第3代大統領のジェファーソン(Jefferson, T.)は,州立の総合大学設置構想を立て1819年にバージニア大学(University of Virginia)を創設した。同大学は3つの特徴があった。それは,①既存の「大学・カレッジ」[9]よりも高度な教育を与え,学生たちが専門分化していく教科選択の特権をもつことを許容すること,②徹底した公共事業であること,③世俗的で非宗教的な教育内容を目指したこと,である(バッツ・クレメン,1977；金子,1994)。ジェファーソンはブラウン大学(Brown College (University))のウエイランド(Wayland, F.)とともに,カレッジが「全ての階級のための知の中心」としての役割を担うことを提案した。彼

---

[7] フィラデルフィアカレッジの実学導入が1753年に提案され,1756年にはカリキュラムの3分の1を科学と実用的な学習に当てるという試みが始まった。英語や英文学も導入された。この学習プログラムは,中世の伝統に由来しない,そして宗教的に奉仕することを目的としない,という(アメリカの植民地カレッジで最初に実施された)体系的な履修課程であった(Rudolph, 1968)。

[8] 1654年には,カレッジ憲章を充実させるために,ネイティブアメリカン(先住民)のためのカレッジがハーバードに創設されたが,定着しなかった。施設が不十分だったこともあるが,教育内容が白人社会に適応させるものという域を超えるものではなかったからである。しかしこの試みは,多民族教育を実施するきっかけとなった。トマス・ジェファーソンが1779年にウイリアムメアリカレッジ(College of William & Mary)において,ネイティブアメリカンの文化に関わる研究を推奨した。これも結局失敗に終わったが,古典的教育内容に拘泥するカレッジカリキュラムを高等教育機関が見直すきっかけとなった(Casazza & Silverman, 1996)。

が提唱したコンセプトは1854年まで続いた。しかし彼らが学士号の基準を低めたというのが，当時の高等教育場面で広く認識されていた感覚であった（Casazza & Silverman, 1996）。第5章で紹介するが，実際のところモリル法（Morrill Land-Grant College Act：1862年）の成立を受けた土地付与カレッジ（land-grant colleges）に農業・工業などの実用的学問が導入されることにより，学生を受け入れる選択肢が高等教育機関ではさらに広げられることになった。

ところで，アメリカの高等教育場面における学習支援であるが，確固とした歴史的基盤をもっている。学習支援は，植民地時代のカレッジから現在にいたるまで，高等教育機関に学ぶ学力的に十分ではない学生に対してアカデミックな支援を提供してきた（Casazza & Silverman, 1996）。ボイラン（Boylan, H. R.）やアレンデールによれば，アメリカ高等教育の学習支援は，カレッジ創設当初とともに始まっていたという見解を示す（Boylan, 1988；Arendale, 2010）。

学習支援が必要となる背景として，①植民地期には外国語の必修科目（ラテン語，ギリシャ語，ヘブライ語）や数学のような学問分野における学力不足のために，ほぼすべての受験者が（入学試験で）不合格となっていたこと，②植民地期から19世紀の半ばまで，公立の初等，中等教育機関の数的・質的整備が遅れていたことなどがある。

特に②であるが，中等教育の場合は，ヨーロッパの教育制度の導入により，1635年に古典的・宗教的な教育を重視する初のラテングラマースクール（Latin grammar school）がボストンに設置されたことを嚆矢とする。しかし，これは大学入試のための予備教育機関に近いものであった。アメリカ独自の中等教育の原型は，1749年にフランクリンによって「アカデミー」[10]が提案され，1751年に開講された（バッツ・クレメン, 1977）。その後中等教育を統一し，全米共通の中等教育を普及させようという試みは，18世紀頃から始まった多種多様な国民のアイデンティティを構築しようとする社会的政治的な努力と併行して生じることになった（村田, 1997）。

9）「大学・カレッジ」という表記であるが，「大学」は単科のリベラルアーツ系カレッジ以外の4年制高等教育機関を，一方「カレッジ」は単科のリベラルアーツ系4年制カレッジをイメージしている。なお，「カレッジ」には2年制短期大学のジュニア（コミュニティ）カレッジも含めるものとする。「大学」「カレッジ」とそれぞれ単独に表記するときも同様の意味で用いるものとする。ただ「4年制大学・カレッジ」という表記には2年制短期大学は含まれていない。ちなみに，大学，カレッジ（2年制短期大学含む）すべてを包摂した概念としては「高等教育機関」というタームを使用する。第2部においては，原則この表記を用いる。

2 対象学生

　中等教育機関の数的・質的の欠如は，カレッジに最小限度の中等教育レベルの訓練（training）を学生に認めさせた（Casazza & Silverman, 1996）。その訓練方法はチュータリング（tutoring：個別学習支援，個人教授）が中心であった。カレッジに入学したほぼすべての学生は，カレッジの準備機関としての中等教育機関が出現する18世紀中頃まで，カレッジで何らかの学習支援を受けていた。ということもあり，学習支援を受けることに対して，学生は負い目（ネガティブな感情）を覚えることはなかった。学習支援を受けるのが当然のことと考えられていたからである。

　ちなみに，植民地期の入学資格のある学生（qualified students）とは狭義には，適切な（上流階層の）家族背景を有する男子学生とみなされた（Casazza & Silverman, 1996）。実際には，富裕層の白人系が大半であった。理由は3つある。①植民地期は（イギリスでは）下流階層の入植者が大半だったこと，②入植者のほとんどが白人（Caucasian）であったこと，③実生活に役立つカリキュラム（実用的な教育内容）をカレッジがほとんど提供していなかったこと，などである。

　①であるが，カレッジの学費は当時（1700年代）の中流階層および下流階層が支払える額ではなかった。当時の入植者の大半は農業に従事したが，彼らの多くが，子どもたちの労働力を生計の助けにしないで済むほどの財力はもっていなかった（Rudolph, 1968）。しかし，17世紀のハーバードでは学生の10％が熟練工・漁師・使用人という職の背景もつ者たちなど，富裕層の子息以外の学生が一定数学んでいたことも事実である（Casazza & Silverman, 1996）。後に，アマーストカレッジ（Amherst Collge；1821年に設立）とウイリアムズカレッジ（Williams College；1793年に設立）は，学力不足と経済的理由のためにハーバードやイエールに入学できなかった学生たちの受け皿となった（Casazza & Silverman, 1996）。

　②であるが，17世紀の移民構成（約16万5,000人がヨーロッパからイギリス領北米植民地に移住した）の内訳は，オランダ人（約6,000人：ニューヨークにニューアムステルダム植民地を開く），フランス人（約2,000人：ケベック開設からセントローレンス川沿い

---

10)「アカデミー」はイギリスの国立アカデミーを起源とする（1572年）。イギリスのアカデミーは，公的援助がなく純粋に個人的なものであったが，アメリカのそれは公費援助がなされた点が異なるところである。フランクリンによってフィラデルフィアに設立されたアカデミー（1751年）は市民のための実学的中等教育機関の典型となった（バッツ・クレメン, 1977）。

のヌーベルフランス植民地を開く), スウェーデン人・フィンランド人 (約100人：デラウエア川河口付近のニュースウェーデン植民地を開く) である。移民全体の約94％を占めたのはイギリス出身者 (約15万人：イングランド＆ウエールズ／約5,000人：アイルランド／約2,000人：スコットランド) であった (有賀・油井, 2000)。

③であるが, 先にも述べたように, 本格的に実用的 (世俗的) な学問が一般化するのは土地付与カレッジの設置に広がりがみられる19世紀後半になってからである。それをもって, 下級階層の男子学生数が急増した。他には, 1821年に女性カレッジの設立に先鞭をつけたのはウィラード (Willard, E.) であるが, 女性がカレッジで学ぶことが一般的になるのは, 1833年のオバーリンカレッジ (Oberlin College) での女子学生の入学許可を待つしかなかった (Brubacher & Rudy, 1997)。

カレッジで学ぶための十分な準備ができていない学生 (underprepared students：以下, 準備不足の学生) には代替を提供しようとした。例えば, 伝統的なリベラルアーツに代わる哲学や科学の学位である。しかし, この流れも一般的には教育レベルを貶めるものであるという感情が高等教育場面にはあった。ちなみに約70％の卒業生が聖職者となった17世紀ではあるが, 18世紀には約20％, 19世紀には約10％などと同職に就く数は激減した (Casazza & Silverman, 1996)。

ところで, 植民地期の特に初期のハーバードには, 少数の学生しか集まらなかった。開学後65年間では各学年の平均学生数はわずか8人, 教師は2・3人のチューターのみであった (中山, 1994)。そして17世紀の卒業総数は465人であった。1710年の学生数であるが, イエールの場合わずか36人, ハーバードは123人であった (Casazza & Silverman, 1996)。ハーバードでは, 植民地期で最も卒業生数が多かったのは1771年で63人, 以後40年間はその数を超えることはなかった。ちなみに, 1776年にアメリカのいずれかのカレッジを卒業し, 生存していた人々の数はわずか3,000人であった (Rudolph, 1968)。

3 カリキュラム上の位置づけ

カレッジへの入学準備教育は, 主に私的なチュータリングまたは地方の聖職者による教授を受けるか, 中等教育レベルのラテングラマースクールで教育を受けるかであった。植民地期から1820年代は, カレッジのカリキュラム上に (例えば) 補習系科目 (remedial courses) として, チュータリングの実践が位置づけられることはなかった。そのため, 本章では当時のカレッジのカリキュラムを整理するにとどめ

表 4-1　植民地カレッジでの平均的なカリキュラム構成 (Rudolph, 1968：24-26)

学　年	教育（科目）内容
4	ラテン語，ギリシャ語，倫理学，自然哲学，数学
3	自然哲学，心理哲学，形而上学，道徳哲学
2	ギリシャ語，ラテン語，自然哲学，物理学
1	ラテン語，ギリシャ語，論理学，ヘブライ語，レトリック（修辞学）

る。

　植民地カレッジでは，オックスブリッジを真似た古典的なカリキュラムが用いられた。主にラテン語が授業で用いられた。科目は，アリストテレス式の論理学，説得術（レトリック），倫理・形而上学，天文，物理（自然科学），数学にみられるように中世スコラ的な内容であった。後にルネッサンスヒューマニズムの流れをくむギリシャ語とヘブライ語が加わった。ギリシャ語とヘブライ語の文法書はラテン語で書かれていた。ヘブライ語は預言者の言語として植民地カレッジにおいては幅広く読まれていた。それらの言語を通して論理学，修辞学，倫理学，形而上学，天文学，物理学，数学などが学ばれた。これらの教科は，程度の差はあれ，ハーバードのみならず当時の植民地カレッジの一般的履修課程であった（Rudolph, 1968）。平均的なカリキュラムをまとめると表 4-1 のようになる。

　ちなみに，カレッジの 4 つの学年を，freshman（1 年生），sophomore（2 年生），junior（junior sophista：3 年生），senior（senior sophista：4 年生）という呼びかたが現在のアメリカの大学でなされているが，これもイギリスの大学・カレッジに習ったものである（Rudolph, 1968）。

　植民地時代におけるハーバードおよびその他諸カレッジのカリキュラムは，圧倒的に聖職者養成を重視するものであるが，文芸復興運動（ルネサンス）の影響からか，ギリシャ古典学の人文主義的理想の具現に執着した（Rudolph, 1968）。

　先でも述べたが，18 世紀中旬より，科学やテクノロジーがカリキュラムに入ってきた。これには，ジェファーソンが州知事として履修課程を全面的に再構築しようとしたという背景がある。彼は，①キリスト教神学，②東洋の諸言語に関わる教授職の廃止を求めた。人々を迷信から解放するために，法律学と治安研究を設けることを提案したのである。民主主義のもとで責任ある公務員を育成することが狙いであった。実利主義の重視である（Rudolph, 1968）。

　ところで，ハーバードに「科学」が本格的に導入されるようになったのは，1727

年に「数学および自然哲学のホリス記念講座」が設けられたことに始まる。しかし当時「科学」は哲学の道具(哲学を正当づけるためのもの)にすぎないものとして捉えられていた。イエール大学では古い哲学である論理学の時間が削減されて、その代わりに自然哲学、数学、数量、航海術などにより多くの時間が割り当てられるようになった。キングスカレッジ(後に、コロンビア大学)は、1792年に経済学、自然史、フランス語を導入した。ノースカロライナ大学(University of North Carolina)では、1795年に化学、農学、機械工芸、純粋文学、英語(言語学)の導入を計画した(Rudolph, 1968)。イエール大学では、1745年には入学要件に算数が加えられるようになった(Brubacher & Rudy, 1997；Casazza & Silverman, 1996)。ラテン語とギリシャ語の独占の終焉である。ちなみに、入学試験は通常口頭でおこなわれ、ハーバードではさらにラテン語での論文が要求された。入学年齢も平均14歳から18歳と幅があった。学士号取得には平均的には3年から4年を要した(金子、1994)。

4 教授法・学習方略

高等教育への準備(学習支援)は主として、私的なチュータリングがおこなわれていた。個々のチューターは、受け持った学生がカレッジの入学基準に到達しているのか否かを判断した(Casazza & Silverman, 1996)。

先にも触れたが、この時期のカレッジにおける学習支援は、チューターを個別に提供するだけであり、カリキュラム上に位置づけられる補習系科目(リメディアル教育／ディベロップメンタル教育)はまだみられなかった。カレッジに進学する学生の大半は、文化的、経済的に優遇された白人男子であった。チュータリングは学生のほぼ全員が利用していた。繰り返すが、それゆえに、チュータリングを受けることに対しての不名誉さはほとんど、または全くなかったという(Arendale, 2010)[11]。

例えば18世紀のハーバードに入学が許可されると、学生たちの多くは、ラテン語で書かれた読み物や教科書を読むことが課されるため、入学後も継続してチュータリングを受け続けた(あるいはあてがわれた)。多くの教授たちは、ラテン語、ギリシャ語、ヘブライ語などで授業をおこなっていた。しかし、特権階級の裕福な家族でさえ、ラテン語での会話、書く習慣は当たり前ではなかった。その意味において、ハーバードは、1年生の授業のほとんどにラテン語に関するリメディアル(補習)教育を、「チュータリング」という教授・学習方略によって導入した、植民地カレッジのなかで最初の高等教育機関といえる(Boylan & White, 1987)。学生たちは、毎週、

グループ学習のチュータリングを受けた。チューターの主な役割は，教材を声に出して読み，学生が教科書を正確に覚えているかを確認した。確認のために朗読のセッションが実施された。この取り組みは，授業内容が学生の習熟度の中間層に設定されていたために，また同じペースで修得状況が多様な学生におこなわれていたために（Casazza & Silverman, 1996），優秀な学生たちのニーズを満たすことはできなかった（Brubacher & Rudy, 1997）。

ハーバードでチュータリングをしていたある教授は，「60人から80人の男性を一斉に同じペースで進めていく方法は，優秀な学生に刺激を与えることに有効ではなく（失敗をする），また理解がゆっくりな学生（slower students）のアシストもできない」という本音を吐露した（Casazza & Silverman, 1996）。

ところで，イギリスのイートン（Easton）やオックスフォード（Oxford）への入学を希望する学生は，入学が困難なカレッジ入学試験の準備のために「デームスクール」（dame school）が利用された。通例，社会的・教育的に高い地位にある中年の女性（婦人）が，授業料を徴収して自宅で子どもに読み書き算（3R's）を教えるもので，イギリスでは，1880年に義務教育が導入されるまで中心的な役割を担ってきた。同スクールは，女性によって経営されていた個別のチュータリングセンターといえる（Arendale, 2010）。植民地時代は，アメリカの富裕層のなかには，カレッジの入学試験の準備をさせるために子どもたちをイギリスのデームスクールに送ることもあった。アメリカの聖職者たちのなかには，この慣習を是正しようとアメリカ内に，学術的な準備プログラムをもつ施設を設置する者もいた（Gordon & Gordon, 1990；Arendale, 2010；バッツ・クレメン, 1977）。

ちなみに，当時の植民地カレッジでの教授・学習法は主として中世ヨーロッパの大学で伝統的におこなわれてきた暗誦（recitation）か，せいぜい原始的な講義方

---

11) 1700年代の後半には，家庭の経済力や社会的地位がカレッジ入試政策と大きく関わることとなった。著名な家族の出身の白人男子学生だけを考慮する規範が社会を席巻していた。そのために，高等教育機関の大半は，準備不足ではあるが大学・カレッジの授業料を支払う財力のある学生を入学させるという経営的な利益への関心をもつようになっていた。また，アメリカ革命の頃までには，入学者の学力レベルと各高等教育機関の公式ミッション（使命）によって，他の機関との差別化を図るようになってきた（Arendale, 2010）。ちなみに，植民地時代に於いては，初等教育レベル以上の教育を受けた植民地期のアメリカ人はかなり少なかった。しかも中等教育機関は希少であった。カレッジへの進学準備を担当したのは主に個人的な家庭教師と地元の聖職者たちであった（Rudolph, 1968）。

式(lecture method)であった。知識の探究よりも宗教的訓練を重んじた。教員の大半が聖職者であった。学生は聖職者になることが期待されていた。訓練(training)は厳しく体罰をともなった。教育方法もただ棒暗記を強いるものでしかなかった(Brubacher & Rudy, 1997)[12]。

5 問題点と課題

この時期の学習支援に関わる問題点と課題であるが，現在の高等教育場面の観点から挙げると，①中等教育機関の整備，②チューター形式のみの教授法に代わる新しい方法の開発，③学習支援科目のカリキュラム上への組み込み，に収斂される。

まず①であるが，植民地期から20世紀にいたるまでの課題は，中等教育と高等教育の教育内容の格差であった。植民地期のカレッジで学ぶためにはラテン語（およびギリシャ語，ヘブライ語）の修得が必須であった。そのために，ラテン語を学んでいない者はチューターを雇ってマスターする必要があった。当然，チュータリングを受けられるのは，経済的に裕福な家庭の子息に限定されていた。

というのも，植民地期は一般市民も学ぶことができる中等教育機関の整備が十分にはなされていなかったからである。中等教育機関が整備し始めるのは18世紀中頃である。最初は私立英語学校の形態をとり，その後「アカデミー様式」に移行した。これらは，中等教育と高等教育の橋渡しをするものであった（バッツ・クレメン，1977）。しかし，中等教育機関制度の数的充実を得るには，18世紀中頃のグラマースクール（grammar school）の設立を待つしかなかった。グラマースクールの積極的な設立を訴えたのはジェファーソンであった。グラマースクールの教育課程の内容は，ラテン語，ギリシャ語，英語，地理および高等数学で，それらはカレッジ準備科目でもあった（バッツ・クレメン，1977）。

---

12) 矯正院という一面ももっていた。標準化された懲戒方法が必要とされた。例えば，教員は態度の悪い学生に対して教師の前でひざまずかせ耳のあたりを叩く，などが方法として実行された。この慣習は1755年に廃止され，1767年に学則から削除された。保護者からの苦情が理由であったともいわれている（Rudolph, 1968）。実際，ハーバードの初期には，教員は態度の悪い学生に対して鞭打ちの罰を与えていた。1718年にそれが廃止された。学生に我慢強さを身につけることも同教育（懲戒）方法には意識されていたのである。ちなみに知的刺激は，暗誦した材料（内容）をもとにして討論(disputation)することによって得た。午前は暗誦，午後は討論という具合であった（Rudolph, 1968；中山，1994）。

次に②③であるが、この時期はチュータリングが主たる教授・学習法であり、カレッジカリキュラム上に学習支援（補習系）科目が組み入れられることはなかった。モリル法による土地付与カレッジが農学・工学などの実用学科を提供することにより、高等教育に学ぶ学生の属性の多様化（下級階層出身の学生増加）がみられることになる。それをもって「学習支援」の形も変わってくるようになった。独立した学科（カレッジ予科）という形でカレッジ内に設置されはじめることになる（第5章・第6章参照）。

チュータリング以外の教授・学習法もドイツ式を導入することになる19世紀中期以降を待つしかなかった。いずれにしても植民地期は、上流階層の白人男子学生のみという限定されたエリート層で、しかも中等教育機関が整備されていない時期ということもあり、チュータリングという学習支援を受けることに対する後ろめたさは（学生自身に）生じることはなかった。しかし、17世紀後半頃からは、カレッジに関わる学力的格差（差別化）が生じはじめたこともあり、また19世紀のカレッジの入学要件の多様化が進むなかで、徐々にではあるが、学習支援を受けることについてネガティブな感情をもつ学生も現れることになった。

繰り返すが、カレッジカリキュラム上への補習系科目の組み込み、学習支援を提供する組織的主体の構築、中等教育機関の数的整備、教授・学習方略の開発が、その後、期待されることになる。

【引用・参考文献】
有賀夏紀・油井大三郎［編］（2000）．『アメリカの歴史—テーマで読む多文化社会の夢と現実』有斐閣
有賀夏紀・紀平英作・油井大三郎［編］（2009）．『アメリカ史研究入門』山川出版社
金子忠史（1994）．『変革期のアメリカ教育』東信堂
紀平英作［編］（1999）．『アメリカ史』山川出版社
中山　茂（1994）．『大学とアメリカ社会—日本人の視点から』朝日新聞社
野村達朗（1992）．『「民族」で読むアメリカ』講談社
バッツ, R. F.・クレメン, L. A.／渡部　晶・久保田正三・木下法也・池田　稔［共訳］（1977）．『アメリカ教育文化史』学芸図書
村田鈴子（1997）．『アメリカの教育』信山社出版
村田鈴子（2001）．『アメリカの女子高等教育—その成立と発展』春風社
安武秀岳（1988）．『大陸国家の夢』講談社
Arendale, D. R. (2010). *Access the crossroads: Learning assistance in higher education: ASHE higher education report, Volume 35, Number 6.* San Francisco, CA: Jossey-

Bass.

Bok, D. (2013). *Higher education in America*. Princeton, NJ: Princeton University Press.

Boylan, H. R. (1988). The historical roots of developmental education. Part III. *Research in Developmental Education*, **5**(3), 1-3.

Boylan, H. R., & White, W. G. (1987). Educating all the nation's people: The historical roots of developmental education. Part I. *Research in Developmental Education*, **4**(4), 3-6.

Brier, E. (1984). Bridging the academic preparation gap: An historical view. *Journal of Developmental Education*, **8**(1), 2-5.

Brubacher, J. S., & Rudy, W. (1997). *Higher education in transition: A history of American colleges and universities*. (4th ed.). New Brunswick, NJ: Transaction Publishers.

Casazza, M. E., & Silverman, S. L. (1996). *Learning assistance and developmental education: A guide for effective practice*. San Francisco, CA: Jossey-Bass.

Gordon, E. E., & Gordon, E. H. (1990). *Centuries of tutoring: A history of alternative education in America and Western Europe*. Lanham, MD: University Press of America.

Rudolph, F. (1968). *The American college and university: A history*. New York, NY: Alfred A. Knopf.

Rudolph, F. (1977). *Curriculum: A history of the American undergraduate course of study since 1636*. San Francisco, CA: Jossey-Bass.

5 教授法・学習方略の変革初期
1830年代-1860年代

谷川裕稔

 時代背景

　アメリカ南北戦争（1861年-1865年）後になると，大学・カレッジで学ぶには「学力的に十分ではない学生」（underprepared students：以下，準備不足の学生）が，高等教育機関では積極的に募集された時期でもあった。というのも，南北戦争のために，男子学生の大半がカレッジ入学をあきらめたり，軍隊に入るなどの理由でカレッジを退学したからである。そのため，この時期学生数が激減した。対応策として，南北戦争時代の多くのカレッジは，軍に入隊する年齢に達していない青年のために，「カレッジ予科」（academic preparatory department/ department of preparatory studies/ preparatory departments 他）を設置することにより，彼らの入学を認める（促進する）ことを通して学費を補填することになった（Arendale, 2010）。

　実際，インディアナ州のバルパレイソ大学（Valparaiso University）を含む北部の大学の例では，急速に広がったカレッジ予科の学生数で授業料を補うこととした。例えば，バックネル大学（Bucknell Univetsity）の教養学部や神学部は，1865年に一時的に閉校となったが，同大学のカレッジ予科（補習コース）は，受講者（入学者）数を劇的に増やした。このように，入学者数の減少を同科・コースで埋め合わせることは，多くのカレッジを閉校から守る手段となったのである（Arendale, 2010）。

　南部の大学・カレッジも同様の動きをおこなった。カレッジ予科の入学（登録）者枠を広げ，以前は入学を許可しなかった志願者を受け入れることで経営を安定させようとしたのである。例えば，アラバマ大学（University of Alabama）では1861年に12歳以上の男子学生のためのカレッジ予科が設立された。ジョージア大学（University of Georgia）では，1863年に中等教育機関と高等教育機関の機能を併せも

つ大学ハイスクール（University High School）が設立された。14歳以下の男子の囲い込みを大学・カレッジ側がはじめたのである。加えて，1862年，サウスカロライナカレッジ（South Carolina College）は，南部連合軍に参加するためにカレッジを離れてしまった学生たちによって失った収益を，若い学生の入学によって置き換えることの是非についての学内選挙をおこなった（Arendale, 2010）。

ところで，植民地期から1820年代までと比較して，この時期ではカレッジの教育内容が，①アリストテレス式の論理学，説得術（レトリック），修辞学，倫理学，形而上学，天文学，物理学，数学から，②科学とテクノロジー，つまりは実務的な内容の取り込みへと変わっていった。対象学生も，構成（学生母体）に人種民族的または階層的多様性がみられる時期であった。大学・カレッジは，植民地期から引き続き当該学生に何らかの対応（学習支援）をする必要があった。

宗教の大覚醒運動（Great Awakening）を背景としたキリスト教宗派による私立カレッジの設立運動の結果，南北戦争までに約500のリベラルアーツ系カレッジが創設された。また，女子大学の開設とオバーリンカレッジ（Oberlin College）の男女共学化をみることになった。オバーリンカレッジは1835年頃には，アフリカ系アメリカ人をはじめとする有色人種の学生も受け入れていた。加えて，既設の高等教育機関に理工系の学部増設，また工科大学や専門学校，師範学校に加えて，連邦政府による陸軍士官学校，海軍兵学校，軍事アカデミーの創設がみられる時期となった（金子, 1994）。

南北戦争中の1862年6月に制定された第1次モリル法（Morrill Land-Grant Colleges Act）[1]により，従来の専門的，古典的な学問に加えて，農学や工学などの実学を教える高等教育機関が設置されることになった。同法は，連邦政府所有の土地を州政府に供与することなどを定めるものである。この法の下各州は，連邦議会上院下院の議員1人あたり3万エーカーの公有地が与えられ，その売却収入をもとに大学・カレッジを設立していった。これらの大学は，農業・工学系カレッジ（Agricultural and Mechanical College：A&M）あるいは，土地付与カレッジ（Land-grant College）と呼ばれ，その多くは後に州立大学へと発展していった。このような助成カレッジの設立は，連邦政府にとっては高等教育との最初の経済的関わりであ

1）この法律により，連邦政府が各州政府に特別助成金を与えるようになり，その結果まったく新しい形の大衆向けかつ実務的な感覚の強い大学・カレッジが誕生した。政府による無償土地払い下げを得た土地付与カレッジは，1955年までに，アメリカの高等教育機関における学生総数の約20％を受け入れるまでに成長した（Rudolph, 1968）。

ったといえる（Arendale, 2010）。

2 対象学生

　エズラ・コーネル（Ezra Cornell：コーネル大学（Cornell University）の創始者）が，入試担当教授（admissions professor）に「どうして受験者の多くが入試を合格しないのか？」と質問した。すると教授は「受験生に十分な知識がない」と答えた。コーネルは「では，なぜ「大学で学ぶには十分な知識がないと判断された受験生」に（カレッジに入学してから）彼らがわからない内容を教えることができないのか？」と尋ねた。教授は「教職員にはアルファベットを教える準備ができていない」と答えた。「彼らは読むことはできるのか？」とコーネルが尋ねると，教授の返事は「もしコーネル大学が教職員にスペリングを教えてほしいのであれば，コーネルは小学校であって，大学とは言えない」（Brier, 1984）。

　これは1860年代の実話といわれている。コーネル大学は，入学の要件に合う学力を有する学生のみの入学を認める旨を大学案内などで周知していたが，現実的にはコーネルと教職員（入試部局代表）との議論の結果，入学試験が不合格になった学生は，入学試験に再度挑戦できるというシステムを導入することになった。加えて1864年からコーネル大学ではマージナルな学生（同カレッジの入学要件に資するか否か判断に苦しむ学生）にみられる「疑いのあるケース」に関する入学許可の判断をおこなう委員会が立ち上げられた。この事実から，コーネル大学において「準備された」（prepared），つまりは，同カレッジが設定する入学要件を満たしている学生についての見極めが困難であったことが看取できる（Casazza & Silverman, 1996）。他には，1828年のイェール大学のイェール・レポートには，低学力学生（students with defective preparation）の入学許可の終結を要求する内容の報告が掲載されている。またタッパン（Tappan, H. P.）は，ミシガン大学の学長就任の挨拶で，高等教育機関が初等・中等教育レベルの教育内容に関わりすぎていることに対して苦言を呈した（Brubacher & Rudy, 1997）。

　例えば1869年にハーバード大学のエリオット（Eliot, C. W.）は，学長就任挨拶で当時の状況について以下のように語った。

　　「アメリカの大学は，中等教育以前の学校教育を補完する義務を負っている。小学校からハイスクールまでの教育機関が与えることのできなかった初歩の教

育を，大学が提供しなければならない…（中略）…。これは大学教育に対する明確な挑戦である」。(Brier, 1984；谷川他, 2005)

　これらは，高等教育機関がこの時期（1830年代–1860年代），初等・中等教育の教育内容を提供し続けなければならない，という現状を嘆いたものである（Brier, 1984；谷川他, 2005）。ブライアー（Brier, 1984）によれば，学生記録簿（recordkeeping）は19世紀には存在していなかったが，例えば「機関記録誌や公文書」（institutional records and archives），学生出版物（student publications），同窓会誌（alumni collections），機関史（institutional histories），紀要論文（faculty papers）などから，管理職や教員がカレッジレベルをはるかに下回る学生が大半であったという可能性（事実）を引き出すことができるという（Brier, 1984；谷川, 2001）。

　ちなみに，この時期の学生構成には植民地初期・中期のそれとほとんど変化はみられなかった。学生の大半は上流階層の白人男子学生であった。学習支援に関わる学生のほとんどは上流階層（富裕層）であったために，学習支援を受けるのは教育課程をフォローする（についていく，あるいはこなしていく）上で，当然の営為として受けとめられていた。大学・カレッジに学ぶ学生はこの当時でも少数派のエリート層だっただけに，いわゆるチュータリングやリメディアル教育（の原型）を受講することに対する不名誉さや，学外内から受ける偏見などに起因して生ずるネガティブな感情が，学生に芽生えることは少なかった（Arendale, 2010）。

　ところで，ジャクソン民主主義（Jacksonian Democracy）[2]は，1800年代中頃のアメリカ社会に強い影響を及ぼした。例えば，白人層は議決権の拡大で社会経済的恩恵を受けた。中流層の労働者や小規模会社の経営者も経済的支援を受けることになった。その結果「教育」は多くの階層の人々へ広げられることになった。また，公立学校にみられる公的な教育の場の拡大がなされたことは，ジャクソン民主主義の大きな功績である。結果として，上流階層だけではなく，中流層の人々にも門戸が開かれることになった。この流れは，高等教育にも影響を与えることになった（Arendale, 2010）。

　この時期の高等教育の拡張は，発展する国家のニーズを満たすために必要とされる中流層の商業従事者や熟練工，エンジニアや農業従事者，科学者の増加に加えて，経済成長のためには不可欠であった。しかし実際には，高等教育で学ぶには十分な経済状況にない学生層の存在，加えて中等教育機関の数的欠如，十分な教育課程を備えていない初等教育機関が大半であったため，大学・カレッジ入学を熱望し

た人々の大半が識字力に問題があった。このことは，高等教育における学習支援の広域な関わりの根拠となった（Brier, 1984）。この時期でも，入学を許可された学生のニーズをどのように満たすかについての議論が継続的になされた。チュータリングのみの学習支援では，学生のニーズを満たすには十分ではないことに大学・カレッジは気づかされた。さらなる支援サービスが必要になることが予測された（Arendale, 2010）。

3 カリキュラム上の位置づけ

1851 年にミシガン大学（University of Michigan）の学長に就任したタッパンは，カレッジカリキュラムの修正を始めた（Casazza & Silverman, 1996）。というのも，ベルリン大学の留学を終えたタッパンは，アメリカの大学・カレッジを，ドイツのギムナジウムやフランスのリセ（ともに中等教育機関）にも劣る教育内容レベルであるという認識をもっていたからである（金子, 1994）。タッパンには，アメリカの大学・カレッジは長い間中等教育レベルの内容を教えてきた結果，入学基準を下げることになってしまったという考えがあった（Casazza & Silverman, 1996）。彼は，大学・カレッジの重要な部分として（integral part）科学的カリキュラムの立ち上げを模索し

---

2) 第 7 代大統領ジャクソン（在任：1829 年 –1837 年）と第 8 代大統領バンビューレン（Van Buren, M.；在任：1837 年 –1841 年）の執政期は「ジャクソン民主主義」と呼ばれることが多い。この時期は，アメリカ合衆国の政治的経済的（産業革命・資本主義）な民主化の端緒となった時代であった。主な政策は①普通選挙制度の導入，②先住民の強制移住政策，③第二合衆国銀行に関わる特許状更新の拒否，④ 37%の関税法成立などがある（紀平, 1999）。なかでも①は「人民の機会均等」をうたったものであるが，人民とは「白人」のことであり女性や有色系人種，先住民は含まれておらず，白人男性以外の政治参加の道は閉ざされていた。②では，先住アメリカ人を先住地から強制移住させ，その土地は白人のための綿作地とした。このようにジャクソン民主主義は決してすべての国民に対して平等（あるいは公平，民主的）なものではなかった（紀平, 1999）。この時期に対する評価は大きく分かれるが，主なものとして「政治の大衆化を憂うる議論」とするもの，一方で，「コモンマン（庶民）の政治的台頭の時代」とするものがある。また，ジャクソン民主主義期を，草の根からの転機というよりもブルジョワ文化の確立過程と捉える「エスノカルチャリスト」もいる。彼らはジャクソン民主主義を，特定の社会経済的集団（中産階級）に特権を与えたものと認識していた（有賀他, 2009）。しかし，この時期の改革運動は後に，公教育制度の整備といった，高等教育（中等後教育）を含む教育改革へとつながることになる（Maxwell, 1997；Arendale, 2010）。

た。さらに，伝統的研究を拡張するために，美術（fine arts），工作（industrial arts），土木工学（civil engineering）のような分野をカリキュラム上に織り込むことを提案した。

植民地カレッジ時代と異なるところは，学習支援にチュータリングのみならず，カレッジ準備アカデミー（academic preparatory academy）が創設されたことである。そこでは，補習・補完系の学習支援であるリメディアル科目の原型が提供されることになる。しかも，それらはしばしばカレッジカリキュラム（正規の教育課程）のなかに組み込まれ，しばしば同科目が単位認定科目とみなされることもあった（Arendale, 2010）[3]。

しかしながら，高等教育機関の大半はそのような現実から目をそらした。学生の学習方略や専門科目の単位取得に必要とされる基本的な学習スキルの習得などは無視して，古典的なカリキュラムに執着したのであった。この文脈が，カレッジ準備アカデミーやリメディアル系科目が存続する要因となったといえなくもない（Arendale, 2010）。

ところで，キャンパス内に最初にカレッジ準備アカデミーを創設したのはニューヨーク大学（New York University）といわれる。1830年に設置された同アカデミーは他カレッジの初期モデル（an early prototype）となった。そこでは，数学，物理化学，哲学と英文学に関する基本的な学術知識を提供した（Dempsey, 1985）。いわゆる中等教育と高等教育の間のかけ橋的な役割を担う機関であった。同アカデミーは，中等教育機関の数的欠如の結果として発展した（Arendale, 2010）。カレッジ準備アカデミーは，結果的に高等教育場面における学術面でのレベルを引き上げることになった。同アカデミーは，短期間の間に驚くべきスピードにて高等教育場面で広がっていった。1894年までは，全大学・カレッジの1年生の約40％が同アカデミーを履修してきた者たちで占められていたという（Ignash, 1997；Arendale, 2010）。しかし同アカデミーを履修してからカレッジの内容に進むため，学位取得に6年かそれ以上の時間がかかるのはあたりまえのこととなった（Casazza & Silverman, 1996；

---

[3] しかし，高等教育機関のなかには，学部や経営者・管理者，その他の教職員の継続的な政治的な争いが，学内に設置されたカレッジ準備アカデミーの廃止促進のきっかけになるところもあった。というのも，争いに関与していない他学部の教職員は同アカデミーを不名誉な産物と考え，その廃止を求めるようになっていたからである。ある大学・カレッジの経営者は，同アカデミーの名称を変更するなどして，その危機を乗り越えようとした（Arendale, 2010）。

Arendale, 2010)。

1849年にウィスコンシン大学（University of Wisconsin）にて，初めての洗練された学習支援プログラムが構築された。後に紹介するが学外（民間）のカレッジ準備アカデミー他を通してリメディアル科目を提供する代わりに，リメディアル科目をカリキュラムに組み込んだ「予科」を創設したのである。そして，同大学はリメディアル科目を専門に教える教員を雇用することになった。同大学のカレッジ予科（Department of Preparatory Studies）は，リーディング，ライティング，数学のリメディアル科目を提供した。同予科はチューター不足を解消するものであった。入学を許可された331名の学生のうち290名の学生が，同予科の1つかそれ以上のリメディアル系科目を履修していた。これらのコースの内容は，中等教育機関で開講されていたそれらと類似しているものであった（Brubacher & Rudy, 1997）。

以後，アメリカの多くの高等教育機関がウィスコンシン大学の学習支援モデル（カレッジ予科）を採り入れることとなった（Brier, 1984）。同予科は同大学の教職員から非難を浴び続けたにもかかわらず1880年まで存続した（Curti & Carstensen, 1949 ; Arendale, 2010）[4]。同予科を有する高等教育機関は80％以上にまで拡張した（Arendale, 2010）。ちなみに，ハイスクール（中等教育機関）設置が北西部から南や西に広がり充実するにつれて，カレッジの入学基準が上昇していく傾向にあった。半世紀後，単位化されたリメディアル科目が，高等教育機関の大半で定着していくことになる（Arendale, 2010）[5]。

---

4) 当時，大学・カレッジは，運営のために学費が必要であったこともあり，カレッジカリキュラムをフォローできない者も学生として受け入れる必要があった。そこで，カレッジ予科が学内に設置されるようになってきた。多くの大学・カレッジで，同予科に登録する者が正規のカレッジ入学者数と同程度かそれを上回る数となった。この背景には中等教育の整備不足がある。同機関で学ぶ機会をもたない学生は，スペリング・ライティング・地理学・数学などの学習基礎スキルが欠けたまま大学・カレッジにやってきた。高等教育機関のなかに中等教育機関を有する形のカレッジ準備プログラム（preparatory programs）を学生が履修し，学士課程を修了するには，しばしば大学・カレッジに約6年間在籍する必要があった。最ももちこたえたカレッジ予科はウィスコンシンのそれであった。同大学のカレッジ予科は，中等教育機関と高等教育機関の教育内容の陥穽を橋渡しする（bridge the gap）ものとして1849年にデザインされた（Casazza & Silverman, 1996）。

4 教授法・学習戦略

　もともとチュータープログラムは，ハーバードやイエールのような入学が比較的困難である高等教育機関による学生の学力強化と支援が最も一般的な形であった。多くの大学・カレッジ経営者は，必要な学力を学生に身につけさせるためのカレッジ予科を設置することによって，かなりの割合で存在する準備不足の学生たちへの対応をおこなった。大学・カレッジでは，準備不足の学生数は，支援を必要としないそれを上回っていた。例えば，1865年のウィスコンシン大学の入学者331人の学生のうち，正規のカレッジカリキュラムのコースに入学を許可されたものは，わずか41人だった。入学を許可された新入生の大多数は，カレッジ予科のリメディアル系科目の履修に科目登録が制限されていた（Shedd, 1932；Arendale, 2010）。

　教授・学習法の主な形式は，植民地時期以来の伝統を受け継ぎ，個人指導教授と，学生との間での引用と復誦を中心とする暗記法であったが，次第にソクラテス的対話法や古典の講釈なども併用されるようになった。19世紀後半には，ヨーロッパ，特にドイツで教育を受けた若手の研究者や学者たちによって，新しいカレッジの理念が導入されたことから，ドイツの大学において実施されていた指導法である講義型教授法（the lecture method）が普及していった。それにともない，暗記法は衰退していくことになった。この潮流の端緒をつくったタッパンは，ベルリン大学の留学をもとにアメリカの高等教育場面における教授・学習法のあり方についての批判を展開した。ちなみに，19世紀の大学・カレッジの教授法の最大の革新は実験室法（the laboratory method）の導入であった。講義後に，教授の指導・助言のもとで学生自身が実験がおこなうというものであり（Brubacher & Rudy, 1997），理工系の学部の増設や工科大学の新設という流れに呼応して広がっていった。

　カレッジ予科をもたない高等教育機関は，支援が必要な学生に対して，入学後に

5）中等教育機関の整備がみられる19世紀後半には，カレッジ準備アカデミー（preparatory academy）は衰退することになる（Casazza & Silverman, 1996）。ちなみに，ここでの「アカデミー」とは，フランクリン（Franklin, B.）が移行的教育機関としてフィラデルフィアに設置した中等教育発展の嚆矢としての「アカデミー」とは異なる。また17世紀からの伝統的な中等教育機関であったラテングラマースクール（Ratin Grammar School：古典的カレッジ準備の教育課程を有する）は商工業の新しい要求に応えることができなかった。しかし，独立戦争後，私立アカデミー（中等教育機関）の急速な発展により，ラテングラマースクールは同アカデミーに吸収されることになった。なお，その多くは後に大学・カレッジに昇格した（バッツ・クレメン，1977）。

しばしばプレカレッジ科目やチュータリングサービスを提供した。条件付きで入学を許可された学生は，特別授業（extra or special classes）や個別チュータリングを受けることによって，各大学・カレッジが設定する基準を満たすことが要求された（Casazza & Silverman, 1996）。

ちなみにこの時期，大学・カレッジが有する学習資源に加えて，民間のチュータリングスクール（proprietary tutoring schools）も存在していた。このような民間の個人企業は，大学・カレッジにチュータリングサービスを提供することを業務とした。そして，入学試験を合格するための十分な学力を有する学生（prepared students）のみならず，カレッジの履修準備課程（preparatory coursework）に学ぶ準備不足の学生に対しても，大学・カレッジの入学試験のためにチュータリングをおこなった（Casazza & Silverman, 1996）[6]。

5 問題点と課題

この時期における問題と課題は，その前の時期（第4章）とさほど変わることがない。例えば，①中等教育機関の整備，②チューター形式のみの教授法に代わる新しい方法の開発，③学習支援科目のカリキュラム上への組み込みなどは引き続き解決すべき課題であった。ただし②についていえば，「チュータリング」以外の新しい教授・学習法の開発が緒につくなど，少しずつではあるが進歩がみられるようになった。

この時期，初等・中等教育機関の数的欠如，あるいは教育内容の不適切さなどによって「読み書きができない大学・カレッジ志願者」が量産された（Arendale, 2010）。一方，高等教育機関は，学生数確保のために富裕層家庭の子息以外にも手を広げたため，数多くの準備不足の学生を受け入れることになった。このことは，チュータ

---

[6] カレッジ準備アカデミーは，1800年代中頃から出現しはじめた。これらの新しい高等教育の附属施設・機関は，当時アメリカであまり数的拡大がみられなかった中等教育の教育内容を補い，公立ハイスクールと同等の教育を提供した。当時はジュニアカレッジ（junior college）が中等教育レベルの内容をチュータリングにて提供していたが，大学・カレッジの設置増に関わる入学希望者のニーズに対して十分に応ずることができなかった。ちなみに，カレッジ準備アカデミーは，大学・カレッジではなく，周辺のコミュニティが運営することもあった。同アカデミーにおいて，学生はチュータリングに加えて，読み，書き，数学のリメディアルクラスを受講した（Casazza & Silverman, 1996）。

リングが主であったこれまでの学習支援の形態の見直し，すなわち新しい教授・学習法を検討する機会となった。その議論は，学内で中等教育レベルの教育内容を提供するカレッジ準備アカデミーやカレッジ予科の創設につながっていった。チュートリアル支援を受けられる学生数は教員数に比例しており，教員数が絶対的に足りなかったという理由もその背景にはあった（Brier, 1984）。いずれにしても，大学・カレッジ志願者の増加によって，学生へのチュータリングだけでは十分な学習支援がおこなえなくなってきたのである（Arendale, 2010）。

ちなみに，カレッジ準備アカデミーやカレッジ予科の出現により，チュータリング以外に，ドイツの大学を参考にした講義型教授法が導入されることになったが，同教授・学習法は，あくまで基本的な学術的知識（basic academic content knowledge）の獲得のためであり，「学生が学ぶプロセス」を科学的観点からアプローチするという認知的学習戦略（cognitive learning strategies）が意識されたものではなかった。

とはいえ，この時期の高等教育場面は，一部の特権階級の子息のみが学ぶ場ではなく，広く多様な社会的属性を有する学生の環境となりつつあった。とくに，植民地住民の実学志向に対応するために1862年に施行された第1次モリル法が，学生の多様性に拍車をかけることになった。同法によって設立された土地付与カレッジに学ぶ学生の大半は読み書きに不自由を覚える者たちであった。富裕層の子息がラテン語・ギリシャ語・ヘブライ語を学ぶためのチュータリングとは異なる学習支援が必要となった。つまり，識字（3R's）の教授である。そのため，それまで学習支援を受けてきたエリート層たちになかったネガティブな感情が，土地付与カレッジで学習支援を受ける学生に生じてくることになった。

これ以降，先の①から④にみられる問題・課題の解決に加えて，より組織的な学習支援に関わる機関・部門の整備と学習支援分野を専門とする教職員の養成が急がれる時期に入ったといえる。

【引用・参考文献】
有賀夏紀・紀平英作・油井大三郎［編］（2009）．『アメリカ史研究入門』山川出版社
金子忠史（1994）．『変革期のアメリカ教育』東信堂
紀平英作［編］（1999）．『アメリカ史』山川出版社
谷川裕稔（2001）．『アメリカコミュニティカレッジの補習教育』大学教育出版
谷川裕稔・山口昌澄・下坂 剛（2005）．『学習支援を「トータルプロデュース」する―ユニバーサル化時代の大学教育』明治図書出版

バッツ, R. F.・クレメン, L. A.／渡部　晶・久保田正三・木下法也・池田　稔［共訳］（1977）.『アメリカ教育文化史』学芸図書
村田鈴子（1997）.『アメリカの教育』信山社出版
村田鈴子（2001）.『アメリカの女子高等教育―その成立と発展』春風社
和田光弘［編著］（2014）.『大学で学ぶアメリカ史』ミネルヴァ書房
Arendale, D. R. (2010). *Access the crossroads: Learning assistance in higher education: ASHE higher education report, Volume 35, Number 6*. San Francisco, CA: Jossey-Bass.
Brier, E. (1984). Bridging the academic preparation gap: An historical view. *Journal of Developmental Education*, **8**(1), 2–5.
Brubacher, J. S., & Rudy, W. (1997). *Higher education in transition: A history of American colleges and universities*. (4th ed.). New Brunswick, NJ: Transaction Publishers.
Casazza, M. E., & Silverman, S. L. (1996). *Learning assistance and developmental education: A guide for effective practice*. San Francisco, CA: Jossey-Bass.
Curti, M. E., & Carstensen V. R. (1949). *The university of Wisconsin: A history, 1848–1925*. Madison, WI: University of Wisconsin Press.
Dempsey, B. J. L. (1985). *An update on the organization and administration of learning assistance programs in U.S. senior institutions of higher education*. ERIC Document Reproduction Service (ED 257334).
Ignash, J. M. (ed.) (1997). *Implementing effective policies for remedial and developmental education*. San Francisco, CA: Jossey-Bass.
Maxwell. M. (1997). *Improving student learning skills*. Clearwater, FL: H&H Publishing Company.
Rudolph, F. (1968). *The American college and university: A history*. New York, NY: Alfred A. Knopf.
Shedd, C. (1932). Higher education in the Unitede States. In W. M. Kotschnig, & E. Prys (eds.), *The university in a changing world: A symposium*. London, United Kingdom: Oxford University Press, pp.125–162.

組織的な学習支援部局の設置期

1870年代–1940年代

奥村玲香

 時代背景

　この時期に入ると，アメリカの連邦政府による，高等教育に対する直接的な助成金付与という名の関与が活発におこなわれるようになった。例えば，第5章でもふれたが，第1次モリル法（1862年）が連邦政府による高等教育機関への介入の嚆矢となった。1887年には，新たにハッチ法（Hatch Experiment Station Act of 1887）による連邦政府の助成金によって，主に農業従事者を対象としたコースが始まった。これを機に，多くの大学に農場試験場が設立されることになった。土地付与カレッジ（land-grant colleges），特にはA&M系カレッジ（Agricultural and Mechanical Colleges）の誕生である。このことは「農学」「工学」という新しい学問が高等教育場面で認知されたことを意味する（Brubacher & Rudy, 1997）[1]。さらに1890年の第2次モリル法（the second Morrill Act）により，応用化学や機械工学のプログラムを実施している大学・カレッジへの政府からの資金援助が増加した（Rudolph, 1968）。

　1900年にはアメリカ大学協会（Association of American Universities）の創設により，学位付与規定の統一が図られた。その後，大学基準協会（University Accreditation）が発足し，大学に関わるさまざまな規定が整備されていった（Speicher, n.d.）。なかでも1911年に創設されたカーネギー財団（Carnegie Foundation）と1913年に創設されたロックフェラー財団（Rockefeller Foundation）は，学生の奨学金や研究者に対す

---

[1] 1862年の第1次モリル法の成立により，農業や機械学を専門とする土地付与カレッジが設置されるなどして，アメリカの高等教育機関は多様なものとなっていったが，同大学・カレッジの学生数は当時の人口比からするとほんのわずかであったという（Witt et al., 1994）。

る研究費の資金援助など，さまざまな事業を展開し，研究と教育を支えていくことになる（Brubacher & Rudy, 1997）。

1916年には，現在ではSAT（Scholastic Aptitude/Assessment Test）と呼ばれる共通テストが入学要件として採用されることになった。同テストは，入学してくる学生を点数にて選別するための根拠となった。その流れにより，各大学・カレッジが独自におこなっていた学力試験は廃止され，共通テストへと切り替えていく高等教育機関が増加していくことになった（中山，1994）。このテストのスコアにより，自らの大学・カレッジの入学基準を設けることになったのである。準備不足の学生（underprepared students）は，基礎学力の向上を目指した教育プログラムを受講することになった。低学力の学生には，ジュニア（コミュニティ）カレッジ[2]に進学するシステムが確立されつつあった。

1929年に始まった大恐慌は，アメリカの大学・カレッジ経営にも大きな影響を与えることになった。連邦政府の高等教育機関運営に関わる予算が削減され始めたのである。例えば，1930年から1936年の間に，高等教育への支出は35％も削減された（中山，1994）。このような時代背景が，ジュニア（コミュニティ）カレッジへの入学者の急速な増加へとつながる要因にもなった。大恐慌の影響により，ハイスクール卒業生の就職が困難となり，学生たちは授業料の廉価なコミュニティカレッジに進学することを余儀なくされたのである（谷川，2001a）。

第2次世界大戦中の1944年，ルーズベルト大統領のもと，GIビル（GI Bill）が制定された。GIビルのGIとは，官給品（Government Issue）のことで，アメリカでは軍人を意味し，ビル（Bill）は法律を指す。GIビルは，「復員兵援護法」などとも訳される。この法律の目的は，第2次世界大戦後にアメリカに帰国した退役軍人たち

---

[2] Junior collegeという名称は，シカゴ大学初代学長のハーパー（Harper, W. R.）が命名したといわれる。ハーパーはシカゴ大学を1892年に「下部学年」と「上部学年」に分け，前者をアカデミックカレッジ（academic college），後者を「大学・カレッジおよび後期課程カレッジ」（university colleges & senior colleges）と命名した。1895年にハーパーは前者をジュニアカレッジ（junior college）と名づけ，1899年に準学士（associate degrees）制度を立ち上げた（Ratcliff, 1986；Witt et al., 1994）。1947年に発表された『高等教育に関する大統領審議会報告書（Report on the President's Commission on Higher Education）』は，ジュニアカレッジの新しい方向性である「学習コミュニティセンター」機能を打ち出した。その結果，1947年の秋までにジュニアカレッジの内4分の3が公立カレッジで占められるようになった（Witt et al., 1994）。この流れのなかで「コミュニティカレッジ」という呼称が高等教育場面で市民権を得ることになる（谷川，2001b）。

に対して，金銭支給などの生活支援をすることにあった。退役軍人の多くは，政府から支給された助成金を教育に援用し，大半が大学・カレッジへと進学した。その結果，高等教育における新しいタイプの学生がさらに増加することとなった。

いずれにしても，大恐慌と第 2 次大戦によって一般のアメリカ人が大学・カレッジに進学することが経済的に困難であったこの時代に，授業料の低廉な高等教育機関であるジュニア（コミュニティ）カレッジは魅力的なものであった。多くの退役軍人がジュニア（コミュニティ）カレッジで学んだことにより，1946 年までにジュニア（コミュニティ）カレッジの全登録学生のうち約 43％が彼らで占められることになった（Witt et al., 1994）。

2 対象学生

1862 年のモリル法によって，アメリカ国民はすべて，希望をすれば高等教育への進学が保証される可能性が高くなり，その結果，準備不足の学生たちが大学・カレッジで学ぶことになった。彼らの大半は，ハイスクールに通うことができなかった（通わなかった）者たちであったため，農学や機械工学などの実学を学ぶために必要とされる知識と基本的な学習スキルが習得できていなかった。一般市民に高等教育へのアクセス[3]を広げたその一方で，各高等教育機関の入学要件に到達する学生を輩出するための中等教育制度が十分に整備されていなかったのである。この流れのなかで，「14 歳以上から入学できる。読み，書き，計算の能力が求められたが，彼らにそれが十分に備わっていないと判断された場合には，学生は大学・カレッジ内にあるカレッジ予科（academic preparatory department）に所属する」（Maxwell, 1997）ことを要件とする大学・カレッジ（例えば，アイオワ州立カレッジ：Iowa State College）も現れた。大学・カレッジの入学者は増えたが，これらの新入生の多くは補習的な学習支援であるリメディアル系科目を履修することになった。

1932 年のミネソタ州議会では，ミネソタ大学（University of Minnesota）が，「州のすべてのハイスクール卒業生で進学を希望する者全ての入学を認める」という方針を明らかにしたことにより，同大学は低学力の学生を受け入れるため，別のカレッ

---

[3] 江原武一は「アクセス」の意味を，その使用される文脈によってその意味が異なるとしながら，「制度化された教育機会，つまり人間関係がパターン化していく比較的安定した仕組みをもつ，意図的な社会化としての教育を受ける機会へ接近して利用すること」と定義づけた（江原，1994）。

ジ（ジェネラルカレッジ：General College）の併設という形でもって対応することになった（Maxwell, 1997）。このことは，従前の一般的な「大学生」（白人の富裕層）とは異なる属性を有する学生が入学するようになってきたことを意味する。結果として，これらの学生を対象としたリメディアル教育も必要になってきた。

1890 年の第 2 次モリル法[4]によって，人種による入学拒否をおこなう大学・カレッジには助成金を支出しないという決定を連邦政府が下すことになる[5]。その結果，アフリカ系アメリカ人の受け入れを主とするカレッジが加速的に増加していったが，これらの大学・カレッジは，概して教育水準が低く，十分に教育設備が整備されていなかった。有色人種の学生や女子学生は，このような背景のもとに新しく設立された（彼らのための）カレッジへ通うことになった。マイノリティ[6]学生の入学に特化したカレッジもリメディアルコースを導入することとなった。

このような退役軍人の学生やマイノリティを背景とする学生の増加に対し，のちにクロス（Cross, K. P.）は彼らのことを「新しい学生（the new students）」と呼んだ。マイノリティを中心とした文化的，経済的に困難を抱えてきた低所得層出身の学生や退役軍人の受け入れが進むなかで，彼らの多くが低学力であったことから，彼らを対象とした学習支援（リメディアル系科目の提供）が進化・深化することになった。

また，準備不足の学生たちが社会・経済的弱者や中等教育を受けてこなかった学生たちだけではなかったことに高等教育機関の経営者・管理者は驚いた。リメディアル科目を受講しなけなければならない学生のなかには，社会・経済的に恵まれた環境で育った「選ばれし（白人）男子たち」（Goodwin, 1895）やアメリカ社会の上流階級層の学生たち（Hill, 1885）が多く存在したからである（Arendale, 2010）。ハーバード大学では，高等教育機関入学のためにしっかりと準備をおこなってきたエリート学生でさえ，その多くが大学の入学基準に届いていないと判断され，学習支援を受講する必要に迫られた（Brier, 1984）。

---

4) 第 2 次モリル法により，連邦政府は応用科学（applied science）と機械工学（mechanical arts）の設置に関わる助成金（federal aid）を高等教育機関に積極的に供給した（Maxwell, 1997）。
5) ただし例外として，同じ設備をもつ大学・カレッジを他につくるのであれば，その限りではないとされていた（中山，1994）。
6) ここでのマイノリティとは，白色人種（Caucasian）以外を指している。

3 カリキュラム上の位置づけ

　このように，高等教育へのアクセスの劇的な拡大が，新しいタイプの学生（非伝統的学生）に不可欠とされるリメディアルコースやチュータリングを提供する学科・部局の設置を加速させた。この時期になると，高等教育機関にとっては学習支援の充実が喫緊の課題となり，大学・カレッジにおけるチュータリングとリメディアル系科目をどのようにカレッジカリキュラムに組み込むかに焦点があてられるようになった。また，彼らに各高等教育機関の学術レベルに対応できる力を身につけさせるための部局であるカレッジ予科のニーズはますます高まり，大学・カレッジ側はその設置に取り組むことになる。1880年代の後半までに，土地付与カレッジ（land-grant colleges）の84％がリメディアルコースを提供していた（Craig, 1997；Arendale, 2010）。また1913年には，全米教育委員会（U.S. Commissioners for Education）が，高等教育機関の約80％がチュータリングやリメディアル系科目を含んだ幅広い支援をおこなうカレッジ準備プログラムを提供していると報告した（Maxwell, 1997）。多くの高等教育機関は，リメディアル活動を学生や経営者に受け入れられやすいものとするために，同実践の再定義・再検討を模索し始めた（Arendale, 2010）。

　繰り返すがこの時期，「リメディアル教育」（remedial education (activities) / courses/ programs）の本格的なカレッジカリキュラムへの組み込みが実現することになる。リメディアル教育は，カレッジレベルの科目を履修するための基礎必須プログラム（prerequisite programs）とみなされ，カレッジレベルの授業をフォローする上で必要とされる学習スキルと知識の修得に焦点があてられた。大学・カレッジは，この時期には州と政府から資金援助を受けていたために，リメディアル教育を提供する経済的な余裕があった。補習的な学習支援が必要な学生を多く入学させることにより，結果として，学費収入は増加することになった（Richardson, 1981）。

　しかし，1900年代の初めには大学・カレッジの大半がカレッジ準備プログラムをジュニアカレッジへと移行させていくようになった。ジュニアカレッジに同プログラムを完全に委ねる大学・カレッジも現れてきた。1920年代からはジュニアカレッジがリメディアルプログラムの主な役割を担うための準備をするようになってきた。1920年以降の高等教育機関の大半は，高等教育機関への準備・治療（remediation）の役割をジュニアカレッジに託したのである（Spann & McCrimmon, 1994）。後にコミュニティカレッジと名称変更されたジュニアカレッジは，準備不足の学生たちへの支援に焦点を絞ったこの方略により，1900年代初頭における新し

い中等教育の動きを拡大し,その役割を定着させていった。当時のジュニアカレッジの主な使命は,4 年制大学・カレッジへの進学(3 年次編入)のための準備教育であった (Rudolph, 1968 ; Casazza & Silverman, 1996)。

ところで,1930 年代まで,多くの公立の大学・カレッジでは,新入生はカレッジ予科(入学準備コース)で少なくとも平均で B の成績を修めなければならなかった。そのため,多くの学生が,2 年生になる前に退学することが予測されていた。1930 年代になって,ミネソタ州政府は,ミネソタ大学(University of Minesota)が州内に居住するすべての進学希望の高校生を受け入れるように要請した。この施策目標は 1940 年代中頃には達成された。そのなかでミネソタ州は,通常の入学基準に満たない高校卒業生を受け入れるゼネラルカレッジ(General College)[7] を設立し資金援助をおこなった (Rudolph, 1968 ; Brubacher & Rudy, 1997)。ゼネラルカレッジは,学生が高い成績を修めれば,通常の大学・カレッジへ編入できるチャンスを与え,また,ゼネラルカレッジに在籍しながらの高等教育機関の学位(学士号)取得も可能にした。

4 教授法・学習方略

1894 年から 1930 年代にかけて,ウェレズリーカレッジ(Wellesley College)が初めて現代的な支援・教育形態のリメディアル科目を提供したといわれている[8]。ちなみに当時,学生の低学力(poor performance)の原因は学習習慣の欠如と捉えられていた。

この頃のリメディアル系科目は,リーディング科目,クリニック,ワークショップの形式で,単位不認定科目として提供されてきた。その後 1930 年代から 1940 年

---

7) ミネソタ州のゼネラルカレッジでは,元来はミネソタ大学のジュニアカレッジレベルの一般教育(general education)が想定されていた。ミネソタ大学の学長のコフマン(Coffman, L. D.)は当初,「社会的知性のための教育機関(Institute for Social Intelligence)」いう名称を用いていたが,後にゼネラルカレッジに変更した。同カレッジの目的は,伝統的・慣習的な「リベラルアーツ(liberal arts)」プログラムの授業をフォローすることを保証できない学生のために,より実利的内容である「一般教育」を提供することにあった (Brubacher& Rudy, 1997)。

8) クロス(Cross, K. P.)によれば,補習系科目であるリメディアル教育は,1894 年に入学前教育(数学コース)がウェレズリーカレッジで提供されたことにさかのぼるという。ちなみにクロスは,同コースは 1970 年代まで続いたという認識をもつ (Cross, 1976)。

代初期にかけてスタディスキルズ系科目（how-to-study courses）が加えられるようになった。学生は，プレイスメントテストの点数の結果で，カレッジ予科にて補習系科目を履修するのか，正規のカレッジカリキュラム上の科目を履修するのかに振り分けられた。テスト結果は，各高等教育機関が求める入学基準に到達していない者（underachievers）と能力的（生得的）にカレッジワークをフォローするのが困難な学生（low-ability students）に区分されることになる。前者の登録は受け入れることが多かったが，後者に該当する学生は高等教育にて学ぶには不適性という理由で，入学（科目登録）を拒否されるようになった（Maxwell, 1997）。拒否された学生の多くは，コミュニティカレッジやテクニカルインスティチュート（technical institutions）に入学することになる。

1945年以後からは，退役軍人の数が数百万人に膨れ上がったこともあり，リメディアル教育の教授内容や教授・学習法の枠組みをさらに拡張する必要があった。1つの例としてはカウンセリングの強調がある（Spann & McCrimmon, 1994）。また，1965年の高等教育法によって，マイノリティ学生やハンディキャップのある学生の入学も促進された。これらの学生に対するアメリカ政府の支援プログラムとして，アップワードバウンド（Upward Bound）[9] などが施行された。この種のサービスは，ハイスクール卒の保護者をもつ子どもをキャンパスに送り込むには効果的であった。

この時期，リメディアル系科目のなかで最も多く実施されていたのは「リーディング」と「スタディスキルズ」であった。また，1930年代には，リーディングインプルーブメント（reading improvement）科目が，大学・カレッジの「学習の方法」科目の一部となった。1940年の後半までに，リメディアルリーディングとスタディスキルズ系科目が急速に広まっていった（Maxwell, 1997）。

ちなみに，1929年の調査では，アメリカの高等教育機関の（調査に参加した機関の）4分の1が入学試験でリーディングを課し，さらに入学後，全学生のほぼ半分がリメディアルコースを履修していることがわかった（Parr, 1930）。これらのコースは，たいていの場合リーディング技能に重点が置かれていたといわれている（Arendale, 2010）。1930年代，リメディアルのリーディングプログラムが公立のハイスクールで注目されるようになり，大学・カレッジにおいても，リメディアルの

---

[9] Upward Bound は低所得者所帯やマイノリティ（非白人）など，高等教育を受ける機会に恵まれない環境に育った，主として高校生を対象としたアウトリーチプログラム。プログラムの内容は高等教育での学びのための基礎学力の涵養，キャリアカウンセリング，メンタリングなどがある。

リーディングクリニック（Reading Clinic）などが設置されるようになった。1936年にニューヨーク大学のリーディングラボ（New York University's Reading Laboratory）がスタートし、1938年にはハーバード大学がリメディアルリーディングクラス（Remedial Reading Class/ Course）を開講した。同年にミネソタ大学にもリーディングクリニック（Reading Clinic）が設置された（Maxwell, 1997）。

ところで、ハーバード大学では、1879年から、志願者の50％が入学試験で点数が足りず不合格となったために、条件付きで不合格者に入学を許可するシステムを採ってきた。もともと、同大学の入学試験に合格するために実施されていたチュータープログラムは、条件付きで入学を許可された学生たちの同大学の履修科目における成功を支援するためのものへとその役割が代わっていた（Weidner, 1990）[10]。

ハーバード大学は、1900年代の初めにリメディアルのリーディング科目を選択科目として導入する「選択科目」制度を採り入れた最初の高等教育機関となった。リメディアル系科目は、選択科目システムという柔軟性なくして機能しなかった。高等教育入学者の半分が入学試験で最低基準点に届かなかったというこのような時代でさえ、ハーバード、イエール、プリンストン、コロンビアの各大学は、1907年まで入学要件を下げることがなかった（Brubacher & Rudy, 1997）。

ハーバード大学の例に倣い、全米の多くの高等教育機関で新入生を対象とした英語のリメディアルクラスを開設することとなった。その目的は、ハイスクールで「英語の学びに失敗をした」学生を高等教育レベルに「届かせる」ためのものであった。そのため、新入生の英語のクラスは、長期に渡りリメディアルのコースであると（少なくともハーバード大学内では）認識されてきた（Maxwell, 1997）。

ハーバードにて1938年に試験的に開講されたリメディアルリーディングコース（Remedial Reading Course）は、入学後の試験で低い点数をとった学生が、任意で履修できるクラスであった。後に、ハーバード大学の学習相談局（Bureau of Study Counsel）が、同リメディアルクラスでテストを実施したが、当時の全米高等教育機関の新入生の85％よりも高いスコアを記録する結果となった。その後、そのクラスの名称は、リメディアルリーディング科目からremedialを取り、リーディングクラス（Reading Class）へと変更された。名称変更により、1938年には1年間に30人だった履修者は後に800人へと飛躍的に増加することになる（Wyatt, 1992）[11]。単位

---

[10] ハーバードレポート（Harvard Report：1892年、1895年、1897年）には、入学を許可された学生の学力不足についての記録が残されている（Arendale, 2010）。

にならない科目に対するネガティブな感情を除去するために，remedialというタームを科目名から外したのである。

「スタディスキルズ」については，1909年に低学力の学生を対象に実施されるようになった（Arendale, 2010）。1915年までには，ハイスクールにおける学習内容や大学・カレッジへの進学準備と実際の両者の学習環境のギャップを埋めるために，全米の350の大学がカレッジ予科を開設するようになった（Maxwell, 1997）。1916年以降，スタディスキルズのハンドブックも出版され，1926年には，バファロー大学（University of Baffaro）においてスタディスキルズ系科目が成績不振者の必修科目となるまでになった（Maxwell, 1997）。

最後に「ライティング」についても触れておく。高等教育機関のなかでも入学が困難とされつつあったハーバード大学では，カレッジ科目をフォローする上でライティング活動をおこなうための準備不足の学生が数多く存在するという教員の不満に応えるために，1874年に新入生を対象にしたリメディアル英語のライティング科目が開設された（Maxwell, 1997）。他には，カリフォルニア大学バークレー校（University of California at Berkeley）での最初のリメディアルのライティングコースが「科目A（Subject A：新入生英語コース）」として1898年に始まった。当時，入学志願者は口語と文章表現（oral and written expression）力を証明することが義務づけられていた。準備不足と判断された学生は，単位不認定の作文科目である「科目A」を履修しなければならなかった。その科目と効果については議論が重ねられ，1922年から1976年までの間にそのコースを履修した学生のなかには，そのコースの科目を履修するために別途費用が発生することに対して不満の声を上げる者もいた。バークレー校の学生たちの間ではこのコースは「愚者の英語（bonehead English）」として認知されるようになっていった。1990年代には，そのクラス名称はカレッジライティング（College Writing）へと代わり，プレイスメントテストに合格した学生は1セメスターのみで履修は終了となったが，合格しなかった学生はそのコースを継続して履修しなければならなかった（Maxwell, 1997）。

11）このように，大学におけるリメディアルクラスとそれを提供する部局・組織の名称変更が，リメディアル科目の不名誉さを取り除くことになった。その結果，リメディアル系科目の受講をやめてしまう学生や，同クラスへの再履修者は減少していった。リメディアルクラスの名称の変更により，担当教師と受講する学生のやる気が高まった結果であろう。

5 問題点と課題

　この時期，土地付与カレッジの台頭，大恐慌による不況，世界大戦などによる非伝統的な新しいタイプの学生に対して，高等教育機関はリメディアル教育を提供する環境を整えていった。例えば，キャンパス内でのカレッジ予科あるいはカレッジ準備アカデミーの設置などである。リメディアル教育のなかでも特に大学・カレッジが力をいれたのが，リーディングスキルとスタディスキルズであった。

　しかし，この時期のリメディアル教育は，学ぶ上での認知的観点（知識の記憶など）に力点がおかれ，学生の学習への不安や緊張など情意面での発達が意識されたものではなかった。読み書きや数学，スタディスキルズだけではなく，学習に対する不安やストレスなどの情意面での支援を充実させる方略は開発されてはなかったのである。スパック（Spache, G. D.）が指摘するように，この時期以後，大学・カレッジのリーディングプログラムには心理学的な観点，例えばカウンセリングサービスなどに期待が寄せられることになろう（Spache et al., 1959；Maxwell, 1997）。

　1915年以降，カレッジ予科あるいはカレッジ準備アカデミーの準備プログラムの登録学生数は減少していった。しかし，これは大学・カレッジの入学要件をクリアできずにリメディアル系科目の学びを必要とする学生の減少を意味するものではなかった（Losak & Miles, 1991）。実際は，準備プログラムの科目番号とタイトルを変更し，それらをカレッジコースに移行させただけの大学・カレッジ（例えば，ワバッシュカレッジ（Wabash College））もあったからである（Maxwell, 1997）。つまり，リメディアル系科目のカレッジカリキュラム上への織り込みである。これにより，同科目の一部は単位認定科目として位置づけらることになった。

　しかし，リメディアル科目とその他の学習支援サービスを高等教育機関のカレッジ予科のような学内の一部門レベルで提供するには，①精緻にコーディネートされたカリキュラム，②教育施設，③適切な大学管理，そして④学習支援分野の専門性などが必要となる。この時期，カレッジ予科やカレッジ準備アカデミーが全米の高等教育場面に広がっていったが，①から④が充実している大学・カレッジは多くはなかった。ここで④に注目しなければならない理由は，学習支援系科目の履修をする学生への不名誉というラベリングを逓減するためには有効であると考えられるからである。

　ちなみに，準備不足や社会的，経済的に低い背景をもつ学生への門戸を広げたこの時期，新しく設立された農業や機械工学を専門に教える土地付与カレッジの使命

は，農業や機械工学などに応用される新しい学位プログラムを発展させることにあった。しかし，これらの新しいプログラムのためのカリキュラム作成や教材研究は教職員に求められたため，学生たちだけではなく，教職員の準備不足や不満も目立つことになった（Maxwell, 1997）。

最後に，この時期に多くの大学でリメディアル科目が開講されるようになったが，1929年におこなわれた全米の学校教育機関の調査では，回答者の90％近くが自らの大学・カレッジにおける学習支援プログラムの有効性に関する調査研究およびその評価を実施したことがないと答えている（Parr, 1930；Arendale, 2010）。学習支援プログラムが学生たちの大学での学びにどのような影響を与え，学力の向上につながっているのかを明らかにするには，実践の成果を真摯に評価することが重要になってこよう。

【引用・参考文献】
江原武一（1994）.『現代アメリカの大学―ポスト大衆化をめざして』玉川大学出版部
谷川裕稔（2001a）.『アメリカコミュニティカレッジの補習教育』大学教育出版
谷川裕稔（2001b）.「米国コミュニティ・カレッジの「大学機能」についての研究―「補習教育」との係わりを中心に」神戸大学，博士論文
中山　茂（1994）.『大学とアメリカ社会―日本人の視点から』朝日新聞社
Arendale, D. R. (2010). *Access the crossroads: Learning assistance in higher education: ASHE higher education report, Volume 35, Number 6*. San Francisco, CA: Jossey-Bass.
Brier, E. (1984). Bridging the academic preparation gap: An historical view. *Journal of Developmental Education*, **8**(1), 2-5.
Brubacher, J. S., & Rudy, W. (1997). *Higher education in transition: A history of American colleges and universities*. (4th ed.). New Brunswick, NJ: Transaction Publishers.
Casazza, M. E., & Silverman, S. L. (1996). *Learning assistance and developmental education: A guide for effective practice*. San Francisco, CA: Jossey-Bass.
Craig, C. M. (1997). *Developmental Education: A Historical Perspective*. Paper presented at the National Association for Developmental Education Annual Conference, Atlanta, GA.
Cross, K. P. (1976). *Accent on learning: Improving instruction and reshaping the curriculum*. San Francisco, CA: Jossey-Bass.
Goodwin, W. W. (1895). School english. *Nation*, **61**, 291-293.
Hill, A. S. (1885). English in our schools. *Harper's Magazine*, 123-133.

Losak, J., & Miles, C. (1991). A History of Developmental Education. [Unpublished paper.] Piedmont Technical College (SC) and Nova University (FL).

Maxwell, M. (1997). *Improving student learning skills.* Clearwater, FL: H&H Publishing Company, p.11.

Parr, F. W. (1930). The extent of remedial reading work in state universities in the United States. *School and Society,* **31**(799), 547-548.

Ratcliff, J. L. (1986). Should we forget William Rainey Harper? *Community College Review,* **13**(4), 12-19.

Richardson, R. C. (1981). *Functional literacy in the college setting.* Washington, DC: American Association for Higher Education.

Rudolph, F. (1968). *The American college and university: A history.* New York, NY: Alfred A. Knopf.

Spache, G., McDonald, A. S., Gallacher, D., Smith, D. E. P., & May, M. M. (1959). College reading programs. *Journal of Developmental Reading,* **2**(5), 35-46.

Spann, Jr., M. G., & McCrimmon, S. (1994). Remedial/developmental education: Past, present, and future. In G. A. Baker, III (Ed.); J. Dudziak and P. Tyler (Technical Eds.), *A handbook on the community college in America: Its history, mission, and management.* Westport, CT: Greenwood Press, pp. 161-175.

Speicher, A. L. (n.d.). *The association of American universities: A century of service to higher education 1900-2000.* Association of American Universities. 〈https://www.aau.edu/WorkArea/DownloadAsset.aspx?id=1090（最終アクセス日：2017 年 2 月 8 日）〉

Weidner, H. Z. (1990). *Back to the future.* Paper presented at the annual meeting of the conference on college composition and communication, Chicago, IL.

Witt, A. A., Wattenbarger, J. L., Gollattscheck, J. F., & Suppiger, J. E. (1994). *America's community colleges: The first century.* Washington, DC: Community College Press.

Wyatt, M. (1992). The past, present, and future need for college reading courses in the U.S.. *Journal of Reading,* **36**(1), 10-20.

7 学習支援の爆発的拡大期
1940年代–1970年代

谷川裕稔

1 時代背景

　本章で対象とする時期は，高等教育機関の機能に関するパラダイム変換が生じた時期といっても過言ではない。背景には連邦政府によるさまざまな施策がある。例えば主には，①1944年の復員兵援護法（G. I. Bill of Right），②1947年のトルーマン（Truman, H. S.）大統領による報告書「高等教育に関する大統領報告（A Report of the President's Commission on Higher Education）」，加えてジョンソン（Johnson, L. B.）大統領が提唱した「貧困への戦い（War on Poverty）」を具現するための③1964年の公民権法（Civil Rights Act of 1964）および経済機会均等法（Economic Opportunity Act of 1964），④1965年の高等教育法（Higher Education Act of 1965），などが制定された。

　これらの法の制定・施行により，アメリカ高等教育機関に学ぶ学生の構成が大きく変化することになった。まず①の復員兵援護法による第2次世界大戦後の退役軍人に対する再教育という流れが，高等教育機関に学ぶ学生の年齢層を多様なものにした。この法律によりこれまで特権階級で大半が占められていた高等教育機関に，中等教育内容レベルの学力を有していない成人学生[1]が急増することになった。その際，連邦政府は数百万人といわれた退役軍人の学費を負担し，主にジュニアカレッジとコミュニティカレッジが学生の受け皿となった。また，②の報告書にともなう施策により，一部の限定された国民にのみ開かれていた高等教育のあり方の見直

---

[1] 本章では，アメリカの高等教育場面での成人学生を25歳以上に設定している。というのも，アメリカの教育統計では，18歳～24歳層を高等教育の進学該当年齢人口と位置づけているからである（江原，1994）。ちなみにクロス（Cross, K. P.）も「新しい学生」を定義づけるなかで成人学生を25歳以上に設定した（Cross, 1971）。

しと,高等教育機関の「学習のコミュニティセンター」としての機能が期待された(谷川, 2001)。さらに,③の公民権法により,多様な人種や民族に加え,成人女性の高等教育における学びへの機運が高まることになった。また,同じく経済機会均等法により,貧困層に対する補償教育（compensatory education）が提供されることになった。特に成人学生に対しては,成人基礎教育（Adult Basic Education）にみられる識字教育が導入されるようになった。他には④の高等教育法の学生奨学金プログラムによって連邦政府から従来の4倍の教育費が支出されるようになり（Costa, 1988）,学生が低金利の奨学金を受けながら高等教育機関で学ぶというシステムが確立した。そしてTRIOプログラム[2]による低所得者への修学アドバイスおよび奨学金が提供されるようになった。1968年の修正高等教育法（Higher Education Amendments of 1968）により,社会的に恵まれない（socially disadvantaged）層に対する学生サポートサービス（Student Support Service）として連邦プログラムのTRIOプログラムが位置づけられることになった。これらの文脈により,クロスがいうところの「新しい学生」の高等教育機関への大量入学が実現した。

一方この時期には,教育の機会均等がうたわれ,マイノリティの高等教育への参加が増え,結果として学力的に高等教育レベルを下回る学生（underprepared students：以下,準備不足の学生）への救済措置が急がれた。ちなみに,門戸開放された高等教育機関（open access institutions）としてのコミュニティカレッジの機能も見逃すことはできない。オープンアクセス（open access）の理念は,先の①から④の施策のなかでの産物といえなくもない。いずれにしても,高等教育場面では,マイノリティのみならず成人学生の参加も促されるようになったのである（谷川, 2001）。

この時期から,学習支援のニーズは急増し多様化することになる。特には補習系科目のリメディアル・ディベロップメンタル（remedial/ developmental）科目のカリキュラム上への組み入れが本格的なものになってくる（Arenlade, 2010）[3]。

しかしながら,同プログラムが一般化,つまりは正式な教育課程としてカレッジ内にとどまらず,広く高等教育場面でコンセンサスを得ることになった大きなきっ

---

[2] TRIOプログラムとは,すべてのアメリカ人が教育の機会を与えられるべきだという理念に基づいた,連邦政府による高等教育の機会均等を目的とするアウトリーチおよび学生サポートプログラムを指す。TRIOプログラムを受ける要件は,以下のうち1つ以上を満たすことであった。①両親のどちらもが大学・カレッジ卒業者ではない,②経済的に不利な背景を有している,③何らかの障害をもっている,などである（Kerstiens, 1997）。

かけとしては，1970年代初期からのニューヨーク市立大学（City University of New York；以下，CUNY）における実践をあげることができる（Donovan, 1985）。同カレッジは，8つのコミュニティカレッジ（公立の2年制短期大学）と，9つの4年制大学を有するマンモス校であるが，同コミュニティカレッジにおいて，入学審査の際に高等学校卒業者などの基本条件を満たせば成績に関係なく入学できる制度である「オープンアドミッション（open admissions：無試験入学制度）」を採用し，多くの非伝統的な学生[4]の入学を許可した（Lavin et al., 1981）。その結果として，リメディアル教育プログラムの再構築を果たすことになるのである[5]。成人学生の増加により，修学形態も同プログラムのみならず，他においてもパートタイム学生[6]が大半を占めるようになってきた。ドノバン（Donovan, R. A.）の言葉を借りれば，同プログラムは1970年代を境にリメディアル教育に加えてディベロップメンタル教育（developmental education）概念の出現とともに両概念の「突然の成長（the sudden growth of developmental education）」をみる，ということになる（Donovan, 1985）。

3）第7章の注8に述べたように，クロスはリメディアル教育のルーツを1894年のウェズリーカレッジに求めているが，デンプシー（Dempsey, B. J. L.）が指摘するように，ニューヨーク大学（New York University）が1830年に設置したカレッジ準備アカデミー（academic preparatory academy）にて提供された数学，物理化学，哲学，英文学に関する基礎的な学術知識の提供をもって，リメディアル・ディベロップメンタル教育のルーツ（原型）と捉えることが常識的判断であろう（Dempsey, 1985）。
4）ここでの「非伝統的学生（non-traditional studens）」は，クロスが名づけた「新しい学生」とほぼ同様の意味で用いている。
5）Developmental education とうタームが高等教育場面で市民権を得，remedial education に代わってあるいは並行して用いられるようになったのは1970年代といわれている（谷川，2001；Arendale, 2010）。
6）通常パートタイム学生（part-time enrollment students）とは，1セメスター，1クォーター共に12単位未満の科目登録者を指す。一方フルタイム（正規のカレッジ）学生（regular students, or full-time enrollment students）は，1セメスター，1クオーターともに12単位以上の科目を履修登録している者をいう。なお大学院課程では，1セメスターあるいは1クォーターで9単位未満の科目登録学生がパートタイム学生（part-time enrollment students, or postbaccalaureate enrollment students）とされる。ちなみにFTEs（Fulltime Equivalent (enrollment) Students）とは，州政府からの補助（助成）金，予算配分の基準からなる学生数を指す。例えば，7単位，8単位を履修登録したパートタイム学生2人は，FTEの1名（15単位となり，12単位以上を登録しているとみなされる）として換算される（Kena et al., 2015）。

ところで，歴史的にリメディアル教育は，主にアカデミックスキルの欠如を補うことが主な目的であった。しかし，1970年代のディベロップメンタル教育概念の登場とともに，危機的状況にある学生（at-risk college students）のみならず，その枠組みを高等教育機関で学ぶすべての学生を対象とすることになった（Spann & McCrimmon, 1994）。

2 対象学生

1970年代中頃には，2年制カレッジの約95％が，また4年制大学・カレッジの約41％が自らをオープンアクセスの高等教育機関であると位置づけていた（Roueche & Snow, 1977）。1970年代からのオープンアドミッション制により，1970年には，CUNYの新入生のクラスは約35,000人となり，前年度よりも75％増加した。新入生の大半はCUNYの入学要件に届く者たちではなかった。CUNY同様，全米の高等教育機関もカリキュラムの改訂，学習支援サービスの再編成あるいは開始，わずかではあるが教育ミッションの見直しを検討することになる（Donovan, 1985）。

この時期，富裕層の白人学生以外に，アフリカ系アメリカ人を含めた有色系の人種的属性を有する学生が増加した。それに加えて，多くの白人女性が高等教育機関で学ぶようになってきた（Brubacher & Rudy, 1997）。このような，クロスが指摘するところの「新しい学生」の大量の入学（科目登録）は，学習支援の必然性が強調される端緒となった。クロスが指摘するところの，「新しい学生」の大量入学である。高等教育修学が特権というよりも権利として捉えられ，高等教育機会へのアクセスの障害をなくすのは連邦政府だという考え方が社会に浸透してきたことが背景にあった（江原, 1994）。

ところで，クロス（Cross, 1971）によると「新しい学生」とは，①高等教育の進学該当年齢層とされる18歳から24歳以外の特に25歳以上の成人学生，②少数の科目のみ受講（登録）するパートタイムの勤労学生，③中年で家族をもつ女性（正規のカレッジ学生），④一般成人のための公開講座・通信教育などを受講する学生，⑤夜間や週末のみの授業に参加する学生，⑥継続教育として勉強する勤労学生，⑦キャリアアップのために実技的・実践的なプログラムを受講する学生などである。彼らは「非伝統的学生（non-traditional students）」と呼ばれることもある。

第6章でも触れたが，1940年代から1960年代の連邦政府によるさまざまな施策によって，大学は多様な学生を受け入れざるを得なくなった。それにともない，フ

ルタイム科目登録のみの学生から，学びたい科目のみを履修するパートタイム学生への増加へと学生母体が変容していった。そのなかで，授業実施形態についても，中間・夜間・週末の講座の実施など，多様な学習環境の整備がなされるようになった。学生の年齢構成も18歳から24歳という伝統的学生から，その年齢枠組みを超えた非伝統学生（non-traditional students：adult students）が増加した。特に，1964年に制定された経済機会均等法や1966年の成人教育法（Adult Education Act）により，「成人基礎教育（Adult Basic Education）」プログラム[7]が非識字の成人学生に対する救済プログラムとして高等教育機関，特にはコミュニティカレッジにて実施されることになった。このことは，同プログラムは後にESL（English as a Second Language：基礎学習技能）プログラム[8]導入のきっかけとなった。同プログラムは，英語を母語としない成人（意味学生）を対象としたプログラムである（Costa, 1988）。成人基礎教育とESLプログラムは，高等教育場面では主としてコミュニティカレッジが提供した（谷川, 2001）。

ところで，1950年代に大学進学率は大きく上昇した。18歳から24歳という高等教育の進学当該年齢構成のうち，大学・カレッジに進学している者の割合は，1940年代–1950年代で15%から24%へと増加した。1960年代には，35%へと上昇し，1970年代には45%にまで到達した。この背景には，復員兵士（退役軍人）に加えて，低所得者層の学生，有色人種の学生，女性などの進学率の増加がある（Nabeel et al., 1993）。成人学生の大半は学習支援を必要とした。ちなみに，当時の有色人系学生のリメディアルコースの受講（履修）率は，白人系学生のそれに比して，2年制カレッジで2倍，4年制大学・カレッジで3倍であった（Boylan et al, 1994）。

---

[7] コミュニティカレッジで実施される成人基礎教育（基礎学習技能）プログラムは，18歳以上を対象として，識字力（読み・書き・算の3R's）の修得を目的としている。つまり，高等教育（中等後教育）機関にて中等教育レベル以下の教育内容を提供するものである。筆者は，このプログラムをコミュニティカレッジが実施するリメディアル教育概念の枠組みのなかに組み入れた（谷川, 1999；2001）。

[8] このESLは基礎的な英語修得（生活対応）レベルをイメージしている。対象は25歳以上の成人学生である。ちなみに，現在のアメリカの高等教育機関の大半がESLプログラムを提供しているが，このESLプログラムは，上述の基礎技能のESL（Basic ESLと呼ぶカレッジもある）とは異なり，高等教育教育進学当該年齢の18歳から24歳までを対象として大学・カレッジの入学要件をクリアするための英語力修得を目的として設けられたプログラムである。主にTOEFLテストのスコア向上を目的としている。成人基礎教育プログラム同様，コミュティカレッジが実施するリメディアル（ディベロップメンタル）教育概念の枠組みに入る活動である（谷川, 1999；2001）。

この時期には，新入生（新規に科目登録をする者含む）の間で，高等教育機関で学ぶことへの準備ができているか否かに関わる階層化が生じてきた。それにともない，学習支援を受講する学生に対する不名誉なラベリング（ネガティブな感情のレッテル貼り）がされるようになってきた。この時期，リメディアル（ディベロップメンタル）クラスを入学前に受講しておくことは大学生にとっては当たり前のことであったにもかかわらず，である（Brubacher & Rudy, 1997；Maxwell, 1997）。加えて，単位認定（credit-bearing）のリメディアル（ディベロップメンタル）系科目が4年制大学・カレッジからコミュニティカレッジにおいて提供されるようになってから，さらなるネガティブなレッテルが同科目に貼られるようになった（Arendale, 2010）。

というのも実は，富裕層の家庭背景を有する新入生は，入学前にプライベートレッスン型の学習支援を受ける機会に恵まれていたため，入学時にはカレッジの授業に対応するための十分な準備ができていることが多かったからである[9]。そのため彼らはチュータリングやリメディアル（ディベロップメンタル）教育などの学習支援プログラムを入学後に受ける必要があまりなかった。一方，経済的に必ずしも裕福ではない層に属する学生は，そのような入学前支援を十分に利用できる状況にはなかった（Arendale, 2010）。

学力的に高等教育レベルに到達していない危機的状況にある学生（at-risk studens）に対して，underprepared students，あるいは low achieving students というタームが文献ではよく使用される。マックスウエル（Maxwell, M.）は underprepared students を，「学習技能，知識そして学力（academic ability）面で，学習支援が必要ないと判断された正規の学生（regular students）に比べてよりもはるかに劣る学生」と定義づけた。一方「達成度の低い学生（low-achieving students/ low- achievers）」は「先天的（生得的）に高等教育レベルの学びフォローするのが困難な学生」と捉え，彼らは苦痛とか脅威（心的痛み）や不適応という感情を避ける傾向にあるという特徴を指摘した。例えば，リーディング，ライティング，数学を理解するのが困難な学生は，基礎技能系科目の履修を延期する傾向がある，あるいはそれらを回避し，正規のカレッジレベル科目登録を希望する傾向にあるという（Maxwell, 1994）。ピッチャード（Picthard, R. W.）によると達成度の低い学生の性格

---

[9] もちろん，白人系の学生でも，入学後学習支援を必要とする者はいた。例えば，アイビーリーグ系大学などの入学要件の高い大学においてスポーツ推薦や親族が卒業生の子息（legacy）であることにより入学した学生，経済的に豊かではないプアホワイト（poor white）と呼ばれる家庭出身の学生（成人学生含む）などである。

は，アカデミックなポテンシャルの欠如，カレッジサクセスのために必要なワークの不適切な理解，学習の優先順位をつけることの困難さ，心理的問題という干渉（妨害），学習や成功に責任をもつことを想定することの失敗，コミュニケーション技能の欠如，そして自分が成功するための大学・カレッジ選びの失敗，などであるという（Picthard & Blaushild, 1970）。これらは，①心的物の障害，②学習障害を有する学生，③ESL を受講する学生，④アスリート入学生，⑤成人学生，⑥第一世代学生（the first-generation college student）なども含まれる（Spann & McCrimmon, 1994）。スパン（Spann, M. G.）らは，自らの見解を踏まえて，達成度の低い学生が学習基礎技能（basic skills）プログラムに登録することによって彼らの自己（尊厳）が損なわれるという心理的側面に対し，担当教職員はセンシティブであるべきことを強調する（Spann & McCrimmon, 1994）。

3 カリキュラム上の位置づけ

この時期には，入学前プログラム・科目（precollege programs/ precollege courses）が整備され，高等教育場面においてその設置は一般的なものになってきた。学習支援の手法も植民地期からの教授・学習法であるチュータリングに加えて，カレッジカリキュラム上に補習系科目（リメディアル・ディベロップメンタル科目）が組み入れられてくる。同科目を単位認定科目として認めるカレッジが増加してきた時期でもあった（Arendale, 2010）。

例えば，1926 年，バファロー大学（University of Buffalo）では，新入生のうちハイスクール時代に低い成績だった学生のすべてを 3 週間のスタディコースに登録させた。大学入学前に，である。ほとんどの学生が同コースからドロップアウトをすることはなかったという。その学生のなかで，準備不足と判断された者に対しては，正規のカレッジ科目（単位認定科目）の履修数を制限されるなどの措置がとられた（Casazza & Silverman, 1997）。

南部のアフリカ系アメリカ人系大学では，初等教育や中等教育時代に高等教育機関で学ぶための適切な準備を受けてこなかった学生のために，中等教育レベルのプログラムを入学前に提供した（McGrath, 1965；Casazza & Silverman, 1997）。この革新的なプログラムには，学習基礎技能の演習科目のみならず「科学」も含まれていた。タッキジーインスティチュート（Tuskegee Institute）の入学前プログラムでは，準備不足の学生が入学後にリメディアル系科目を履修する必要がないように 8

週間（1日1時間-14時間）のプログラムが組まれた。また、サザンティーチングプログラム（Southern Teaching Program）では、夏季にイエール大学のロースクールの学生を13のアフリカ系アメリカ人大学に送り込んで教えさせた（McGrath, 1965；Casazza & Silverman, 1997）。当時アフリカ系アメリカ人系大学のうち、入学後のカレッジカリキュラム上にリメディアル教育を組み込んでいたのはわずか4大学であった。そのプログラムのリメディアル系科目は、単位が付与されることが多かった（McGrath, 1965；Casazza & Silverman, 1997）[10]。

繰り返すが、1960年代は急増する多様な属性（学習歴の背景）を有する学生を受け入れた時期となった。高等教育機関のなかでも、ニューヨーク市立大学など、必ずしも競争的な入学基準を求めない地域大学（regional universities：地域州立総合4年制大学）[11]に加えて、いち早く「（先着順の）無選抜入学方式（オープンアドミッション制：open admissions）」を採り入れたコミュニティカレッジは多様な学生を受け入れた。特にコミュニティカレッジは1990年代以降、4年制大学で実施されるリメディアル（ディベロップメンタル）教育の受け皿としての役割を本格的に担うようになっていく（Arendale, 2010）[12]。しかし、これらの高等教育機関では、いかに高等教育レベルのカリキュラム内容を維持するのかが喫緊の課題となった（Arendale, 2010）。それに伴い学習支援の開発・改善が活発なものとなった。

ちなみにこの時期、研究者たちは、リメディアルプログラムが「学生の定着（retention）」に寄与していると捉える傾向にあった。巨大なマルチキャンパス

---

10) 単位付与については、①学位付与単位として認めている、②各教育機関の独自単位として認めている（入寮条件、奨学金の申請要件、他大学・カレッジの単位の読み替えには用いられない単位）、③単位そのものとして認めていない、などの3型がある（Lewis & Farris, 1996）。

11) ここでいうregional universitiesとは、同大学が設置されている地域（学区：district）の住民であり、住民税および不動産税（固定資産税）を納めていれば、同地域のコミュニティカレッジの次に入学が優先的となる公立（州立・市立）の総合4年制大学を指す。大学院は修士課程のみを有する。カーネギーの大学分類によれば、総合大学I・IIと区分されている（Iはフルタイムの学生数が2,500人以上、IIは1,500人-2,500人）。博士課程をもつ公立の総合4年制大学は、（州にもよるが）研究大学と称されるのが一般的である。同大学は、入学要件を高く設定している。ちなみに江原は、regional universitiesがアメリカの高等教育機関の平均的な姿を代表するという見解を示した（江原, 1994）。

12) しかし、スパンやマクリモン（McCrimmon, S.）によれば、1920年代にはすでに4年制大学・カレッジが2年制カレッジ（junior college）に補習系科目を委嘱する傾向がみられたという（Spann & McCrimmon, 1994）（第6章参照）。

のCUNYでのリメディアルプログラムの成功が，学生の学びの継続（subsequent persistence in college：以下，継続修学）に関連しているという評価が示されたことが背景にある。また，コミュニティカレッジには，リメディアルプログラムがドロップアウト率の逓減に寄与するという認識があった（Cohen & Brawer, 2003）。

4 教授法・学習方略

教授・学習法については特にコミュニティカレッジが先駆的な試みをおこなっていた。というのも，同カレッジは4年制大学・カレッジからの学習支援の受け皿となりつつあったからである。教育（教授）機関（teaching institutions）を標榜する同カレッジは「教えること」に関わる工夫を常に強いられてきたのである。カリフォルニア州の4年制大学・カレッジでは，コミュニティカレッジの教授・学習法の発展（開発）から影響を受けているという認識もあった（Smith, 1994）[13]。

この時期の教授・学習法の進歩は，チュータリング，リメディアル教育，ディベロップメンタル教育，スタディスキルズに加えて，新しくカウンセリングが支援法（教授法）として採り入れられるようになってきたことである（Kulik & Kulik, 1991）。カウンセリングの主な役割は，学生の学習に関わる不安への対処，および不安を抱いている学生についての学科教員とカウンセラーの間の認識の共有である。前者では，学生の自信（self-confidence）と自己評価（self-evaluation）が必要となり，そのためには学習支援のなかで教員とカウンセラーがともに学生に関わるという協働の風土を構築することが必要となる[14]。両者による協働の最初は，入学前と第1セメスターのオリエンテーションである（Donovan, 1985）。また，学習支援の活動場面で

---

[13] コミュニティカレッジはその創設時期から，教授機関と捉えられていた（Smith, 1994）。カリフォルニア大学バークレー校学長のランゲ（Lange, A.）によればコミュニティカレッジの一部前身であるジュニアカレッジは，カリフォルニア州に限っていえば教授機関とみなされてきたという。またイールズ（Eells, W. C.）もジュニアカレッジについてエクセレンスを目指す教授機関と位置づけた。ソーントン（Thornton, J. W. Jr.）は，4年制大学・カレッジに学ぶ学生（1・2年生）よりも，学生の学力の観点からよい教授をおこなう必要があったがゆえに，「教授」は主な機能とみなされたと主張する。加えて，「コミュニティカレッジの将来に関わる委員会（Commission on the Future of Community Colleges：1988年）」は，アメリカの最も重要な教授機関（premier teaching institution）と位置づけた。事実，コミュニティカレッジは，過去より教授・学習法の刷新と変化を繰り返してきた（Smith, 1994）。

は学生の情緒的（affective）・認知的要求（cognitive needs）が意識されるようになった。次に後者は，カウンセラーが学部・学科をまたぐ形でカウンセリングに取り組んだり，両者が教授チーム（instructional team）をつくって活動をおこなう形態である。カウンセラーの役割は，学生の学習上の失敗や欠席がちな学生に関してのデータ化した情報を学部学科の教職員に伝え，共有することにあった（Donovan, 1985）。

ところで，1950年代から1970年代にかけて全米に広がりをみせるようになる7つのアプローチがあった[15]。例えば，①テレビ（television），②コンピュータ（computers），③認知型マッピング（cognitive style mapping），④カリキュラムを横断するライティング（writing across curriculum），⑤補助教授法（supplemental instruction），⑥学習資源センター（learning resource centers），⑦教授法のテクノロジー化（technology of instruction）である[16]。

ジョンソン（Johnson, B. L.）は，全米のコミュニティカレッジの教授・学習方略について調査をおこない，1960年以降の教授アプローチは11に分類できるという結論を導いた。彼によれば，①視聴覚チュートリアル教授法（audiotutorial teaching），②電話指導（instruction by telephone），③ゲームとシミュレーション（gaming and simulation），④コンピュータ補助教授法（computer-assisted instruction），⑤ダイアルアクセス視聴覚システム（dial-access audio systems），⑥テレビ（television），⑦プログラム教授法（programmed instruction），⑧協調ワークスタディ（cooperative-work-study），⑨双方向対応システム（multistudent response system），⑩映画とラジオの活用（use of film and radio），⑪他の多種多様な教授技術（a multitude of other techniques），などが開発・改善されたという（Johnson, 1969；Smith, 1994）。

---

14) 高等教育機関は学業上の学生の不安に応えるために，洗練されたオリエンテーションプログラムを開発し始めた。この流れを受け，教授プログラムのなかに情緒的・認知的方略を統合させるようになった（Donovan, 1985）。

15) ワトソン（Watson, G.）は，1963年に教授・学習理論を学習支援系科目に織り込むことの重要性を訴えた（Smith, 1994）。

16) 他には，①講義（lecturing），②討論（discussion），③学生中心型教授法（student-centered instruction），④チュータリング（tutoring），⑤ラボティーチング（laboratory teaching），⑥ケースメソッド（case method），⑦シミュレーション（simulations），⑧教授ゲーム（instructional games），⑨ロール・プレイング（role playing），⑩パーソナルシステム教授法（personalized systems of instruction），⑪視聴覚チュートリアル教授法（audiotutorial instruction），⑫プログラム化された教授・学習法（programmed instruction），⑬ピアチュータリング（peer tutoring）などである。教授法刷新の背景には，多様な学生構成（diverse student population）がある（Smith, 1994）。

1970年代において教授・学習法とプログラムが力を注いできた点は，準備不足の学生に対して，適切な教授方略（instructional strategies）をおこなうことであった。画一的な「講義‐聞き手」関係（lecture-listener model）の否定である。クラスルーム教授（classroom instruction）における授業担当者の分散化（decentralization）がひとつの例である。例えばエルボー（Elbow, P.）は，ライティング授業の実践として，教員（授業担当者：classroom instructor）の役割の矮小化（柔軟性）を提唱し，教員はクラス活動のなかでは「参加者」という立ち位置であることを強調した（Elbow, 1973）。ドノバン（Donovan, R. A.）は，エルボー理論が1970年代に取り組まれ，1980年代に一般的となった教授・学習法である協同学習（collaborative learning）[17]は，ひとつの異形（valiant）であるとの見解を示した（Donovan, 1985）。ピアチューターやピアカウンセラーの活用は，教員の役割の逓減という意味での協同学習が拡大された例である（Donovan, 1985）。この時期，チュータリングやラボ（laboratory）の要素をリーディング，ライティング，数学の授業に組み込むことが重視されたのは，（学生の）積極的学習環境（positive learning environment）の実現のためであったといえる（Donovan, 1985）[18]。

カリフォルニア大学バークレー校（University of California at Berkeley）は，中等教育機関とライティング分野での連携をはかった。ベイエリア・ライティングプロジェクト（BAWP：the Bay Area Writing Project）は，ハイスクール（中等教育機関）の英語教員が優れたライティング教師になるために，大学側が訓練・養成をするというものである。このプロジェクトは全米の高等教育機関と中等教育機関に大きな影響を与えた。1984年までに，全米で90以上の協働ライティングプロジェクト（collaborative writing project）が立ちあがった（Donovan, 1985）。

一方この時期，TRIO program にみられる補償教育（compensatory education）が，これまでの学習支援の内容・方法などに影響を与えることになった。高等教育

---

17) 協同学習（collaborative learning）と協調学習（cooperative learning）の確たる区分はなされていないが，授業を進めていく上において，前者では授業担当者（facilitators）の学生に対する関与（時間設定，タイム・マネジメント，役割分担他）が後者よりも強い傾向になる。後者はどちらかといえば，教育工学系で好まれるICT教育を用いた方法論などと捉えることが可能である（谷川，2012）。

18) クロスによれば，1970年代に学習支援で進歩した分野は，①教授とカウンセリング（instruction and counseling），②プログラム管理（program administration），③研修プログラム（in-service programs），④教育的協同（educational collaboration），⑤評価（assessment）であるという。クロスはこれを教授革命と称した（Cross, 1976）。

場面における補償教育は，リメディアル教育に加えて，それまで学習支援の範囲ではなかった家庭環境の改善にまでコミットするプログラムを併せ持つものであった（Ntuk-Iden, 1978；Clowes, 1980；Maxwell, 1997；Arendale, 2010）。学生の学力向上に向け，学生個人への支援から，学生たちを取りまく家庭の学習支援環境とコミュニティが有する弱点（人種差別・経済的貧困）の改善へのパラダイム変換が，従前とは異なる学習支援の導入を促すことになった。それは，チュートリアルプログラムとリメディアル系科目を超えた方法論的介入であった。彼らは，補償教育を，歴史的に差別に苦しみ，これまでの教育で支援されてこなかった学生たちのための新しい教授・学習法であると位置づけた（Clowes, 1980）。

学生にリメディアル支援を提供し，さらに学生の背景にある広い意味での学習環境を補填するための強化活動をおこなうことは，補償教育には不可欠な要素であると考えられた。例えば，準備不足の学生は概して初等・中等教育時代に受けた教授法・教材・戦略を拒否する傾向にあった。そこで彼らに対しては，アカデミックスキルの向上（改善）のみならず，効果的なカウンセリング，アドバイジング，メンタリングなどの総合的なサービスが必要であった（Maxwell, 1996）。ひとつには，学生自身のペースで進めていく教授法・学習法（self-paced learning）が有効であると考えられた（Smith, 1994）。これはブルーム（Bloom, B. S.）の理論である完全習得学習法（mastery learning）あるいは，コンピュータテクノロジー使用を基盤とする教育（computer-based education）[19] を援用した手法である（Smith, 1994）。

評価（assessment）については，1970 年代の高等教育機関において，入学してくる学生の学力をはかるためのツールとしてさかんに用いられた（Cross, 1976；Roueche & Snow, 1977）[20]。ACT（American College Testing）や SAT が入学基準として活用されていたが，大学・カレッジ自らが開発したテストを好んで使用するところも増

---

19) スミス（Smith, A. B.）によれば，コンピュータを活用した教授・学習法には，①コンピュータ基盤教授法（computer-based instruction），②コンピュータ管理教授法（computer-managed instruction），③コンピュータ補助教授法（computer-assisted instruction）があるという。①はモデルやシミュレータのような特別なプログラムを用いた教授法で主にビジネス，経済，エンジニアリング技能系科目で活用される。②はテストの管理や学生の成績を保持することによって教授を支援する。③はプレゼンテーションや仕分けされた（branching）教授プログラムで，主として数学，ビジネス，ディベロップメンタル教育の教授法として用いられる。
20) マックスウェルによると，授業改善のために学習支援場面において本格的に評価法が活用されるようになったのは 1990 年代であるという（Maxwell, 1997）。

えていった。コミュニティカレッジに限ると，地域で開発されたプレイスメントテストを使用するカレッジは95％に及んだ（Roueche & Snow, 1977）。リメディアルプレイスメントの主な指標を，地域のテストに頼っているカレッジは75％という調査結果もある（Roellig et al., 1982）。

　他に特筆すべきものとして，1970年代から担当スタッフの学習基礎技能を高める努力を高等教育機関側がおこなうようになってきたことがある（Donovan, 1985）。具体的には，カレッジレベル科目のなかの学習基礎技能の教授のあり方を検討する学内研修がおこなわれるようになってきた。最初の画期的な進歩はライティング分野であった。ビーバーカレッジ（Beaver College）やミシガン大学（University of Michigan）などが開発した「カリキュラムを横断するライティングプロジェクト（writing-across-the-curriculum project）」がその代表例である。このプロジェクトは，学生のライティングニーズに注意を払うために教職員を訓練・養成するものである。ジョンソン州立大学（Johnson State College）などは，学部学科の英語以外のすべての教員が，学生のライティング力をライティング科目のなかで評価するための研修を受けた（Donovan, 1985）。

5 問題点と課題

　キャンパス内における準備不足の学生の席巻は，教職員にそのような学生のための抜本的な対策を強いることになった。教職員はそれから10年をかけて，革新的な教室戦略，教材の開発，適切な学習環境の整備など，広い範囲の教授法・学習方略の発展に寄与することになった（Donovan, 1985）。なかでも，オープンアドミッションを導入したCUNYの取り組みは，教育カレッジ・研究カレッジの枠組みを超え高等教育場面で広がっていった。その流れのなかで，ディベロップメンタル教育が浸透していくことになる（Donovan, 1985）。1970年代のディベロップメンタル教育は，まだモデルとなる方法も確立されておらず，またそれに関する先行研究もあまりなく，まるで海図のない未知の海原へ漕ぎだすようなものであった。しかし，担当教職員の努力と熱意により，1975年頃から，ディベロップメンタル教育を含めた学習支援系の全米レベルの教育会議が数多く開かれるようになってきた（Donovan, 1985）。その結果として，第4節で整理したようにさまざまな教育実践が展開されることになった。

　また，準備不足の学生に対して学習に関わる支援をすることも，教職員の重要な

責務であるということを大学・カレッジ側が認識し始めた時期でもあった。それまで，新しいタイプの学生が高等教育機関に大量に流入したことによる学生構成の急速な拡大（多様化）に対して，学生のニーズを満たすための学習支援に関わる物的・人的資源整備が十分になされているわけではなかった。例えば，高等教育機関の大半が，学習支援に関わる専門性を有する専任スタッフの雇用，あるいは専門性を修得するためのスタッフへの研修（養成・訓練）費を捻出するだけの財政的余裕を持ち合わせていなかった。もちろん，大学・カレッジの経営陣の学習支援に対する理解の程度によって，学習支援系プログラム・コース・科目にどれだけの予算が計上されるのかが決まっていた。つまりこの時期の課題は，学習支援スタッフの専門性の担保と人件費も含めたプログラム・コースの充実であったといえる。予算の充実をもって，実践の蓄積，教授法のさらなる開発が可能となる。幸運にも学習支援に関する専門知識を有するスタッフ養成のための団体（学会，協会，研究機関他）の設立は1970年代後半から活発なものとなってきた（第3章）。

【引用・参考文献】

江原武一（1994）．『現代アメリカの大学──ポスト大衆化を目指して』玉川大学出版部
谷川裕稔（1999）．「アメリカ・コミュニティ・カレッジの「補習教育」──概念的把握と基本的枠組み」『アメリカ教育学会紀要』**10**, 57-64．
谷川裕稔（2001）．『アメリカコミュニティカレッジの補習教育』大学教育出版．
谷川裕稔（2012）．「わが国の教育・支援プログラムおよびサービス」谷川裕稔［代表編者］『学士力を支える学習支援の方法論』ナカニシヤ出版, pp.40-52．
Arendale, D. R.（2010）. *Access the crossroads: Learning assistance in higher education: ASHE higher education report, Volume 35, Number 6*. San Francisco, CA: Jossey-Bass.
Barbe, W.（1951）. Reading-improvement services in colleges and universities. *School and Society*, **74**(1907), 6-7.
Boylan, H. R., Bonham, B. S., & Bliss, L. B.（1994）. Who are the developmental students? *Research in Developmental Education*, **11**(2), 1-4.
Brubacher, J. S., & Rudy, W.（1997）. *Higher education in transition: A history of American colleges and universities*. (4th ed.). New Brunswick, NJ: Transaction Publishers.
Casazza, M. E., & Silverman, S. L.（1996）. *Learning assistance and developmental education: A guide for effective practice*. San Francisco, CA: Jossey-Bass.
Clowes, D. A.（1980）. More than a definitional problem: Remedial, compensatory and developmental education. *Journal of Developmental & Remedial Education*, **4**(1), 8

-10.
Cohen, A. M., & Brawer, F. B. (2003). *The American community college*. San Francisco, CA: Jossey-Bass.
Commission on the Future of Community Colleges (1988). *Building communities: A vision for a new century*. Washington, DC: American Association of Community and Junior Colleges.
Costa, M. (1988). *Adult literacy/ illiteracy in the United States: A handbook for reference and research (Contemporary World Issues)*. Santa Barbara, CA: ABC-CLIO.
Cross, K. P. (1971). *Beyond the open door: New students to higher education*. San Francisco, CA: Jossey-Bass.
Cross, K. P. (1976). *Accent on learning: Improving instruction and reshaping the curriculum*. San Francisco, CA: Jossey-Bass.
Darkenwald, G. G., & Merriam, S. B. (1982). *Adult education: Foundations of practice*. New York, NY: Harper & Row.
Deegan, W. L., & Tillery, D. (eds.) (1985). *Renewing the American Community College: Priorities and strategies for effective leadership*. San Francisco: Jossey-Bass.
Dempsey, B. J. L. (1985). *An update on the organization and administration of learning assistance programs in U.S. senior institutions of higher education*. ERIC Document Reproduction Service (ED 257334).
Donovan, R. A. (1976). The Southwest institutions of National project II. *Alternatives to the Revolving Door* (newsletter no.2), **2**, 1-6.
Donovan, R. A. (1985). Creating effective programs for developmental education. In W. L. Deegan, & D. Tillery (eds.), *Renewing the American Community College: Priorities and strategies for effective leadership*. San Francisco, CA: Jossey-Bass, pp.103-128.
Eelles, W. C. (1931). *The junior college*. Boston, MA: Houghton Mifflin Company.
Elbow, P. (1973). *Writing without teachers*. New York, NY: Oxford University Press.
Johnson, B. L. (1969). *Islands of innovation expanding: Changes in the community college*. Beverly Hills, CA: Glencoe Press.
Kena, G., Musu-Gillette, L., Robinson, J., Wang, X., Rathbun, A., Zhang, J., Wilkinson-Flicker, S., Barmer, A., & Dunlop V. E. (2015). *The condition of education 2015*. Washington, DC: U.S. Department of Education, National Center for Educational Statistics.
Kerstiens, G. (1997). A taxonomy of learning support services. In S. Mioduski, & G. Enright (eds.), *Proceedings of the 15th and 16th annual institutes for learning assistance professionals: 1994 and 1995*, Tucson, AZ: University Learning Center, University of Arizona, 48-51.
Kulik, J. A., & Kulik, C.-L. C. (1991). *Developmental instruction: An analysis of the research*. Boone, NC: National Center for Developmental Education, Appalachian

State University.

Lavin, D. E., Alba, R. D., & Silberstein, R. A. (1981). *Right versus privilege: The open-admissions experiment at the City University of New York*. New York, NY: Free Press.

Lewis, L., & Farris, E. (1996). *Remedial education at higher education institutions in fall 1995*. Washington, DC: U.S. Department of Education, National Center for Educational Statistics, p.18.

Maxwell, M. (1997). *Improving student learning skills*. Clearwater, FL: H&H Publishing Company.

McGrath, E. J. (1965). *The predominantly Negro colleges and universities in transition*. New York, NY: Bureau of Publications, Teachers College, Columbia University.

Nabeel, A., Fischer, G. E., Ogle, L. T., Rogers, G. T., & Smith, T. M. (1993). *The condition of education 1993*. Washington, DC: U.S. Department of Education, National Center for Educational Statistics.

Ntuk-Iden, M. (1978). *Compensatory education*. Westmead, United Kingdom: Teakfield Limited.

Picthard, R. W., & Blaushild, B. (1970). *Why college students fail*. New York, NY: Funk & Wagnalls.

Roellig, L. O., Lederman, M. J., & Ribaudo, M. (1982). *Basic skills assessment and instruction at the City University of New York*. New York, NY: Office of Academic Affairs, City University of New York.

Roueche, J. E., & Snow, J. J. (1977). *Overcoming learning problems: A guide to developmental education in college*. San Francisco, CA: Jossey-Bass.

Smith, A. S. (1994). Teaching for learning: Instructional development and change in two-year colleges. In G. A. Baker III (ed.), *A handbook on the community college in America: Its history, mission, and management*. Wesport, CT: Greenwood Press, pp.205–217.

Spann, M. G. Jr., & McCrimmon, S. (1994). Remedial/developmental education: Past, present, and future. In G. A. Baker III (ed.), *A handbook on the community college in America: Its history, mission, and management*. Wesport, CT: Greenwood Press, pp.161–175.

Thornton, J. W. Jr. (1972). *The community junior college* (3rd ed.). New York, NY: Wiley.

Wyatt, M. (1992). The past, present, and future need for college reading courses in the U.S.. *Journal of Reading*, **36**(1), 10–20.

8 教授法・学習方略の開花期

1970年代中期–1990年代中期

奥村玲香・谷川裕稔

1 時代背景

　1970年代，連邦政府の助成を受けていた高等教育機関は，当時の政策にともなう圧力を大きく受け，所得の低い学生，特にアフリカ系アメリカ人を中心とするマイノリティや，学問や職業においては表に出ることのなかった女性に門戸を開いた。ハイスクール（中等教育機関）の卒業生の半分が高等教育機関に進学するようになった。1970年までには，アメリカの大学・カレッジに入学した学生の7分の1である50万人の学生が，貧困層からの学生であったといわれている（Maxwell, 1997）。また，1972年には，高等教育法を修正した「教育修正法（Education Amendments）」によって，連邦政府の助成金を得ている教育機関において男女の差別的扱いが禁止がされたことなどにより，学生層に大きな変化が現れることになった。こうしたなかで，オープンアドミッション制は2年制と4年制のどちらの大学・カレッジにも広がり，伝統的高等教育機関も，教育を受ける上において社会的・経済的に不利な状況にあるマイノリティの学生を受け入れるための特別入学プログラムを拡大していくことになっていった（Maxwell, 1997）。

　オープンアドミッション制は，1970年代に導入したとされるニューヨーク市立大学（City University of New York：以下，CUNY）において本格的に運用され，その後CUNYはオープンアドミッション制の象徴とみなされることになった（Donovan, 1985）[1]。同制度はアメリカ全土にまたたく間に広がった。高等教育機関において学力的に高等教育のレベルに達していないとされる「新しい学生」たちを支援するために「学習（支援）センター（learning (assistance) center）」が設置されはじめたのもこの時期である（Maxwell, 1997）。このCUNYの「非選抜入学（登録）制」は，リ

メディアル教育への取り組みのあり方について，教職員に再考を促す大きな契機となった。

1980年代は，各州の医療・社会福祉支援（ヘルスケア）や交通システムの整備，刑務所施設，公立の幼稚園から初等教育機関の設置・維持に関わる経費の上昇により，以前は公立の高等教育機関に充てられていた州の歳入が損なわれ始めた時期でもあった。全米規模でも，予算の配分・支出についての優先順位が大きく変化した。このようなレーガン政権による高等教育への連邦政府の助成金の削減により，高等教育における奨学金も大幅に削られ，社会的に不利な層は経済的理由により大学・カレッジ入学が困難になっていった（中山，1994；喜多村，1994）。

第2次大戦後のベビーブームがアメリカ高等教育機関の学生数に与えた影響は大きかった。ベビーブーム世代学生の大学・カレッジ入学により1970年代まで学生数は増加し続けたが，1981年をピークに大学生数は減少を始めた（中山，1994）。その後，1985年に学生数の減少は止まり，大学・カレッジの回復期といわれる1980年代末には，女性と25歳以上の成人をターゲットにした学生募集がおこなわれるようになった。その結果，パートタイムの学生が増加し，同時に1980年代において女子の学生数は25％も増加した。25歳以下の学生は，男女合わせても2％の増加に過ぎないが，25歳以上の学生は32％も増すという結果になった（中山，1994）。

1980年代から1990年代にかけては，入学した学生の学びの継続（persistence in colleges and universities：以下，継続修学）を実現することと学生の学習能力を保障することが大学・カレッジの大きな関心ごとのひとつとなった。経済的理由や学習習慣の欠如など，高等教育機関のユニバーサル化による学生の多様化を背景に，学生を定着（あるいは継続修学）させ，学力を保障するという両面からの学習支援が期待されはじめたのである。にもかかわらず，州政府の方針は，学習支援プログラム・サービスの予算カットへと向かっていった（谷川他，2005）。大学・カレッジの運営は主として学生の授業料と州政府の支出によって賄われ，連邦政府は，貧困学生にごくわずかな奨学金などの経済的援助をおこなう以外は，まったく関与しないという状況にあった（中山，1994）。第6章・第7章でも触れたが，1960年代以降，リメディアル教育に関わる教員が，教育の専門家として少しずつ認められていくにつれ

---

1) オープンアドミッション制は，1959年にフレズノ市立カレッジ（Fresno City College）がハイスクールの学生（4年生で選抜された者）にカレッジの授業を受講することを認められたことを嚆矢とする（Gleazer, 1994）。当時のCUNYは，8つの2年制短期大学と9つの4年制大学を有する総合大学であった。

て，大学・カレッジで学ぶには学力的に準備不足とされる学生（以下，準備不足の学生）の特徴や，それに対する教育機関としての方略に関する研究が増えていった（Clowes, 1994）。ディベロップメンタル（リメディアル）教育が，カレッジワークをフォローする（ついていく，あるいは，こなす）上において準備不足の学生，条件付き入学の学生（conditional offer/ acceptance）や仮入学（probation）学生らへの学習支援サービスであるという不名誉さが広がる一方，学習支援の取り組みがマイノリティの学生の定着率と卒業率を上げていった。ディベロップメンタル（リメディアル）プログラムに参加した学生たちが高等教育機関で成功できることを実証した研究報告が，学習支援分野の学術誌にて蓄積されていった[2]。1980年代は学習支援に関わる教職員の専門的技術（理論・実践）の進化・深化とともに，専門性の認識が高等教育場面で広がった時期でもあった（Arendale, 2010）。

　例えば，入学者数の爆発的な増加と公立の高等教育機関，特にコミュニティカレッジの数的拡大にともない，学習支援分野に従事するスタッフのための研究団体（学会・協会・研究機関など）が誕生した（第3章）。大学・カレッジは，学習支援（リメディアル／ディベロップメンタル科目）を担当する教育スタッフの人事枠を広げた。彼らは学習支援の専門性を高め，正規カレッジ科目を担当する同僚や経験のあるリーダーたちとの協働を模索した。というのも，学習支援を提供することを主とする新しい部局は，学習支援プログラム（リメディアル／ディベロップメンタル系科目）[3]と関わっていることが理由で（ネガティブなレッテルを貼られるなどして）キャンパス内で孤立する傾向にあったからである。上述の研究団体は，彼らを守るために支援的なコミュニティを提供することを目的とした。また学習（支援）センターの急激な成長は，大学・カレッジの教職員の新しい部門（教育実践）の教授・学習法の開発を求めることになった（Arendale, 2010）。

　このように，この時期は，多くの学習支援に関する学会やその他の連邦政府の機関や，大学院教育プログラムや出版物など，学習支援コミュニティ，そしてリーダーや実践者の支援システムが生み出されるなど，教職員の専門能力の開発期でもあった。

2）学習支援系専門分野の学術誌として，主に *Journal of College Reading and Learning*，*Journal of Developmental Education* がある。前者はカレッジリーディング＆ラーニング学会（協会），後者は全米ディベロップメンタル教育学会（協会）の公式な学術誌である。

2 対象学生

オープンアドミッション制により，社会的・経済的理由によって学問上で不利な状況にあったマイノリティへの教育の機会均等が，これまで以上に促進されたため，さらに多様な学生が高等教育機関で学ぶことになった。1960年にはハイスクール卒業生の4分の1であった大学・カレッジへの進学率は，1970年代には2分の1になり，なかでも，所得の低いアフリカ系アメリカ人学生の大学・カレッジへの進学が最も増加した。加えて，中等教育機関における必要卒業要件の緩和，自動的進級，宿題や課題の量の削減など，ハイスクール（中等教育機関）における授業内容の緩和がさらに低学力の学生を生む要因となり，大学生の学力低下に拍車をかけることになった（谷川他，2005）。

SAT（Scholastic Aptitude/Assessment Test）スコアの低下は，高等教育場面で生じている変化の象徴といわれる。例えば，SATスコアは1960年代から下がり始め，それ以降上昇することはなかった。大学入学試験協会（College Entrance Examination Board）によって設立された「学力低下に係る顧問会議（Advisory Panel on the Scholastics Aptitude Test Score Decline）」は，低下の主な要因がテストを受けた学生人口構成の変化によるものとみなされた1960年代と，多様なコースによる複雑さが主因と考えられていた1970年代の2つの時期を対象として，平均スコアの低下

---

3) Remedialというタームは，元来医療分野において「治療する」という意味をもつ。クロウズ（Clowes, D. A.）によると「欠陥のある学習習慣の矯正」，すなわち，学習における欠陥，欠損を適切な治療をもって処置をするという観点から，学力が各高等教育機関の要求する基準に達していない学生に対して不足を補うために施すという形で用いられることになったという（Clowes, 1980）。学内外にマイナスのイメージを与えてきたため，同プログラム・サービス従事者はremedialからdevelopmentalへの名称の変更を企図することになる。ディベロップメンタルの含意する「発展，発達」への期待である。段階を踏んで成長・発達していくというタームへと変更することにより，学習支援科目を活用する学生および担当の教職員に対する汚名を逓減しようと考えたのである。ちなみに，1976年に発足した全米ディベロップメンタル学会（National Association for Developmental Education：NADE）は，中等後（高等）教育におけるリメディアル・ディベロップメンタル研究に取り組む全米学会（National Association for Remedial/Developmental Studies in Postsecondary Studies：NAR/DSP）が，1984年に名称変更をおこなったものである。その手続きの中でRemedialというタームを削除した。それにともないNADEの公式誌の名称も*Journal of Remedial/ Developmental Education*から*Journal of Developmental Education*に変更された（谷川，2001）。

の正確な原因を調べるための分析をおこなった。その結果，①マイノリティ学生と低所得家庭出身の学生のSATスコアは，白人や高所得者家庭出身の学生に比べて低い，②長短期欠席者が授業の進展を妨げ，授業の繰り返しを引き起こし，（継続して出席している）学生が退屈になる，③ハイスクールの教科書のリーディング（読解）のレベルが低下した，といった要因が浮き彫りになった（Maxwell, 1997）。

連邦政府は，社会的・経済的理由から教育を受ける上において不利な状況にある学生，および女子学生への高等教育へのアクセスを増加させることや，身体に障害をもつ学生への教育の機会を提供することなどを命じた。コミュニティカレッジの学生募集に関わる者たちは，さらに，比較的高齢の成人学生の数を増やすなどし，学生確保に関して新たな供給源を確保しようとした（Maxwell, 1997）。その結果，大学生の学習に関わる基礎能力の低下が統計的に目立つようになった。強制的にリメディアルコースへ参加させることになるなどの対策を講じることにしたことが背景にある。大学・カレッジ側は，経営的観点からの学生確保のために，教室を埋めるための方策として「新しい学生」を大量に募集するより他に妙案がなかったからである。出生率の低下からくる大学生人口の減少により，大学・カレッジにとって学生確保が死活問題として捉えられていた。この間，学生の平均年齢は大きく変化し，1980年には全体の25％が25歳またはそれ以上であったのに対し，1990年にはその割合が40％を超えるまでになっていた（Maxwell, 1997）。

この事実は，学生の定着（retention）あるいは継続修学を深刻な問題として高等教育機関に突きつけることになった。学生の定着率を上げるための学習支援システムの開発が喫緊の課題であることに経営陣（大学管理者）が気づいた時期でもあった。入学を許可した学生の学力を保障するという経営陣の使命感も一方においてあった（Maxwell, 1997）。

また，アルコール中毒や薬物使用，精神疾患を有する学生が1990年代から特に問題になってきた。つまり学術的技能の開発（academic skills development）のみならず，総合的なサービス，例えばカウンセリング，アドバイジング，メンターリングも併せておこなうことが，学習支援場面においては求められるようになっていった（Maxwell, 1997）。

3 カリキュラム上の位置づけ

全米教育統計センター（National Center for Educational Statistics：NCES）の調査

(Mansfield & Farris, 1991) と，1970年代初期にクロスとNCES (1989) が共同で収集したデータから，学位取得に向けて提供されるリメディアル教育科目が減り，同科目を教育機関の単位（他の高等教育機関では認定されない単位）とみなす高等教育機関が増加したことが明らかになった（Spann & McCrimmon, 1994）。

前者の調査結果によると，ディベロップメンタル・リーディングプログラムの28％，ライティングの23％，数学の25％が，学習基礎技能およびディベロップメンタルユニットにおいて，学部学科とは独立した形で提供されていた。一方，リーディングの55％，ライティングの63％，数学の64％が伝統的な学部学科に組み入れられていた。リーディングの16％，ライティングの14％，数学の10％が学習（支援）センターによるものであった。1970年代からは，リメディアル・ディベロップメンタルプログラムの主体を伝統的な学部学科へ戻そうとする動きが大学・カレッジに生じてきた（Spann & McCrimmon, 1994）。

NCESは，公立の大学・カレッジ（コミュニティカレッジ含む）は周辺のハイスクールとのコミュニケーションを密にして，中等教育レベルの補習系科目をハイスクールに委譲する流れをつくろうとした。1989年には，補習教育系科目に関わるコミュニケーションをハイスクールととれている公立大学・カレッジは71％であった。またNCESは，「いかに進学希望の高校生をカレッジレベルにするのか」について検討する組織化されたワークショップから得る恩恵の重要性を指摘した。このタイプのワークショップにハイスクールの教師とともに参加した公立の高等教育機関関係者（college and university personell）はわずか24％であった。NCESが指摘する高等教育レベルでのremediationの削減という提案に加えて，南部地域教育委員会（Southern Regional Education Board：SREB）は，質を担保した学士課程教育（quality undergraduate education）を保障するために，また不適性なカレッジ学生の数を減らすために，11の提言をおこなった。それらは，①各州の高等教育機関は学士号や準学士号の学位を取得するための単位に対して共通の最低基準や評価をもつべき，②中等教育機関と中等後教育機関は，カレッジレベルの学習に必要な学習基礎技能を確認するために協同すべき，③最低基準に届かない学生にはさらなる準備のための単位不認定科目（補習系科目）を受講することを要求すべき，④公立高等教育機関は，プレイスメントや評価は州全体の最低基準と手続きを共有すべき，⑤リメディアル・ディベロップメンタル教育はすべての公立大学・カレッジの重要な要素であることを自覚すべき，⑥学位付与単位科目を履修する資格のない学生が「資格あるもの」にするために，彼らの通学の範囲内で学習支援の実施を保障すべき，⑦質の

ある学士課程教育のための高等教育機関の高潔さと基準を守るために効果的なリメディアル・ディベロップメンタルプログラムを始めるか維持すべき，⑧適切な予算をリメディアル・ディベロップメンタルプログラムにつけるべき，⑨カレッジレベルの履修科目（coursework）を追求するには学習基礎技能が必要であることをハイスクールの生徒や保護者に明確に伝えておくべき，⑩リメディアル・ディベロップメンタルプログラムを教える教職員に対して，十分に訓練されることによって得る資格を有する必要があることを自覚させるべき，⑪アカデミックな高潔さを維持するためにリメディアル・ディベロップメンタルプログラムの振り返りと評価が毎年なされるべき，といったものであった（Abraham, 1987；1988）。

4年制高等教育機関においては，新しい形の学習支援（科目形態ではないプログラム・サービス）が広まった。中等教育内容のレベルのリメディアル教育（remedial instruction）は削減される傾向にあったが，カレッジレベルの科目をフォローする上で必要とされる学習基礎技能の向上に焦点をあてたディベロップメンタル科目（developmental courses）の実践は急速に増加していった。従前より高等教育場面で提供されていたチュータリングや単位認定のリメディアル科目（credit-bearing remedial courses）などの学習支援形態は，学力的に問題のある学生のみに特化するものではなく，すべての在学生を対象とした営みとなった。そしてその提供の主体としての役割を学習（支援）センター（learning (assistance) centers）が担うことになっていく（Arendale, 2010）。

4 教授法・学習戦略

1980年代は，協同学習・協調学習，相互教授法（reciprocal teaching），自然学習プロセス（the Natural Learning Process）などの非伝統的な教授・学習法（特殊な教授手法：Specific Teaching Techniques）を教員が試みた時期であった。また，ペア科目（paired courses/ team taught courses），補助学習支援（Supplemental Instruction（またはAdjunct Skills classes）：SI）などのアプローチが危機的な状況にある学生（at-risk students）には有益なものであるとして活用された（Maxwell, 1997）。カリフォルニア大学ロサンゼルス校（University of California, Los Angeles：UCLA）の高等教育研究機構（UCLA Higher Education Research Institute）は調査のなかで，教職員はこれらの革新的な教授・学習法を用いていたが，広範囲に及ぶ講義（extensive lecture）やクラスディスカッションを授業で用いる教員が大半であった事実を紹介した。ちな

みに教職員の35%が協同学習を用いていた。興味深いことに，男性教職員より女性教職員の方が，講義よりも革新的テクニックを好む傾向にあった（Maxwell, 1997）。

この時期は「学生の学び（student learning）」が意識されるようにもなった。特にコミュニティカレッジの教職員は，①変化しつつある学生の特性，②新しい学習理論，③学生の動機づけのための新しい方略などについての必要性を従前以上に意識することが求められるようになった。そして1990年代以降は，「教授（teaching）」よりも「学習成果（learning outcomes）」に重点が置かれるようになる（Smith, 1994）。例えば，コミュニティカレッジの教員は，「学習はプロセス」と捉えるコルブ（Kolb, D. A.）の経験学習理論（experiential learning）モデルを意識した教授方法を採っていたことがベイカー（Baker, G. A., III）らの調査により明らかになった（Baker et al., 1990）。教員の立ち位置として，①支援者（supporter），②理論家（theorist），③達成者（achiver），そして④影響者（influencer）などが支配的な教授・学習スタイルと考えられていた（Smith, 1994）。他の学習理論としては，①社会的学習（social learning），②個人成長理論（personal growth theory），③認知発達理論（cognitive development theory），④自己効力理論（self-efficacy theory），⑤期待値理論（expectancy-value theory）などが用いられた。協同学習，クラスルーム評価（classroom assessment）にみられる新しい教授・学習法は，学生を動機づけたり，学習成果を向上させるための強力な新しいアプローチとなった（Svinicki, 1990）。

ところで，学習支援を受ける多くの学生は，初等教育や中等教育で受けてきた教授法，教材や戦略を拒絶する傾向にあった。学習支援従事者（以下，実践者）は，学生がネガティブな態度や情緒に陥らないためのカウンセリングによる援助をする必要があった（Maxwell, 1997）。例えば，ディベロップメンタル学生[4]には動機づけのためのテクニック（motivational techniques）が必要とされる。学生に目標を設定させ（goal setting），自信（self-confidence）をつけさせることがその前提となる。学習に対する否定的な態度（negative attitudes）を修正するためには，①学生同士で自らの能力，情緒，信念の認識について語りあわせる[5]，②（彼らの学びに対して）成功に向けた特質を発展させる手助けをする，③言語でほめる，④「十分できていない」などの否定的な言葉かけはしない，⑤自分の苦労した経験を学生に話す，⑥学

---

[4] リメディアルあるいはディベロップメンタル教育科目を受講する学生を「ディベロップメンタル学生」と呼ぶことが多い。
[5] 自分の気持ちを前もって吐露する学生は，しない学生より良い結果をもたらすという研究がある（Maxwell, 1997）。

生個人の学習スタイルを考慮しながら個々の学生のニーズに対する学習経験に合わせる，といったことが重要となる[6]（Maxwell, 1997）。

1990年代に入ると，不十分な学力の原因は，社会・経済的背景に加えて，多面的で多次元的な要因，つまりは文化的要因と個人的要因の結合として考えられるようになった。また学習の情緒的・認知的側面，性格の類型，学習スタイルや他の非認知的要因が意識されるようになってきた。その結果，「（学生の）学習計画の個人化」という学習方略が開発されることになった（Spann & McCrimmon, 1994）。

ここで，この時期活用されていた教授方略を若干ではあるが紹介する。

まずはパリンクサー（Palincsar, A. S.）とブラウン（Brown, A. L.）によって考案された相互教授法である。これは主にリーディング技能の向上を目的としたもので，教員と学生の対話（dialog）を重視し，4つのリーディング戦略（Questioning, Clarifying, Summarizing, Predicting）をもって展開される。いわゆる小グループの形態で，「教員の役割」を学生と教員がシェアするものである。学生は与えられた読み物の意味を上記の4つの方略を用いてグループに説明する。教員は徐々に授業への関わりを減らしていき，学生主導で授業が展開できるように援助する。学生はテキストを「読む」という作業のみに終始するのではなく，それを学び理解し，他の学生に教えるという責任を負うことになる。つまり学生が小グループのリーディングセッションで「先生になる」という教授モデルである（Palincsar & Brown, 1986）。

次に，ディベロップメンタル系科目（リーディング，ライティング，学習基礎技能）における一般的な手法とされ，よく用いられるのが「ジャーナルキーピング（journal keeping）」である。ジャーナルキーピングとは，学生にリーディング，ライティング，数学，チュータリング，そしてスタディスキルズなどの授業での経験を日記として書き留めさせる手法である。この教授・学習法は，学習上での学生の不安を緩和するために効果的であると考えられている。教員は，学生が書き留めたジャーナルに目を通し，随時学生にフィードバックする（Maxwell, 1997）。ちなみに，ディベロップメンタル系科目における最も重要な変化は，教授・学習の責任を学生とシェアするというピア学習の重要性が認識されたことであった。ピア学習を活用した手法で最も一般的なものは，ピアチュータリングである（Maxwell, 1997）。

構造化された集団のチュータリングに補助学習支援のSI（Supplemental

---

[6] 小グループでの学習が望ましい。教員が学生に目配りしやすく，多様な教授手法を用いることができ，また，学生が好む学習スタイルに取り組ませることができるからである。この手法の意義は，学びに対する主な責任を学生に与えることにある（Maxwell, 1997）。

Instruction) がある。SI は単位取得が困難なカレッジ科目を対象とし，カレッジの 3・4 年生から教師などによって選ばれる SI リーダーによって進められる。リーダーは当該科目の教師と綿密な打ち合わせをしながら支援をおこなっていく。具体的には，リーダーが授業の理解を深めようとする学生のために 30 分 – 40 分程度のセッションを計画・実施し，共に授業に参加してノートをとり，読書課題をおこなっていく（Maxwell, 1997；谷川他, 2005）。

　加えてペア科目が，特に地域州立総合大学やコミュニティカレッジなどにおいて有効な方略として用いられている。ペア科目とは，「数学／物理」「数学／化学」「英語／生物」にみられるカレッジ科目同士のペアリングに加えて，「数学／ライティング」「英語／リーディング」といったリメディアル系科目とカレッジ科目の融合のことをいう。リメディアル系科目同士の結合もある。教員がチームとなって取り組むのが一般的であるため，教員間のスケジュール調整が課題となる。このように，ペア科目は単位不認定科目とカレッジ科目との連続性・統合と，教授・学習上の合理性の実現を目指したものであるといえなくはない。学習基礎技能（リーディング，ライティングなど）をカレッジ科目のなかに織り込むことにより，学習基礎技能とカレッジ科目の専門的な内容を同時に修得させるという効率性を目指した手法といえる（Maxwell, 1997；谷川他, 2005）。

　この時期，高等教育場面において組織的な新しい形の学習支援アプローチが誕生することになる。それは，学習（支援）センターという新しい組織である。学習（支援）センターでは，多様な学習習慣・学力差を有する学生のための教授・学習法および，それに関わる理論が活発に開発された。学習基礎技能の修得に特化されていたそれまでの補習系学習支援（リメディアル教育）に，教授・学習法に認知心理学的アプローチを導入するなど，包括的な支援を目指すものであった（Christ, 1971；Calderwood, 2009）。この時期の学習（支援）センターにおける学習支援の急速な成長・発展の背景には①個別学習へのテクノロジーの応用，②各高等教育機関が入学基準を低めたことへの対応，③認知的学習方略への焦点化，④学生の定着率への関心，⑤すべての学生の学習強化のためであるとの認識，などがあったと考えられる（Enright, 1975）。ちなみに，4 年制公立大学・カレッジの学習（支援）センターは，①診断テスト（diagnostic testing），②個人ラボワーク（individualized laboratory work），③コンピュータ補助教授（computer-assisted instruction），④チュータリング（tutoring），⑤単位不認定のミニ科目である学習技能グループ（skills groups）などの提供を主としている（Maxwell, 1997）。

5 問題点と課題

　1970年代の学習支援においては，多様な学習習慣を有する学生を教授するための方法論が十分に確立していたとはいえない。しかし，その後，高等教育場面での学習（支援）センターの定着，全米レベルの研究学会設立などにみられる学習支援分野の専門性構築のための団体・組織・機関の台頭などにより，教授・学習法などの開発がみられることになった。多様な学習背景を有する学生への教授・学習法の実践とそれに関わる理論構築は，この時期に緒についたばかりであった。その背景から，学習支援分野の教授経験が十分ではない教職員が大半であった。また学習支援に従事する教職員と正規のカレッジ科目を担当する教員間にはコミュニケーション不足という問題もあった[7]。

　学習支援系科目を受講する（強制受講：登録含む）学生やそれを教授する教職員はネガティブな視線を，常に学内から受けることになった。背景には，① Title III,

---

7）ただ，カウンセリングセンターを統合して組織化された学習（支援）センターでは，カウンセラーがリーディングやスタディスキルズを教えることが多かった。多様な学習背景を有する学生にとっては，個人の問題や職業に関するカウンセリングを受けるよりも，学習支援系プログラムについての満足度が低かったといわれている（Maxwell, 1997）。

8）Title III はアメリカの教育発展のための連邦政府の助成金プログラムで，1965年の高等教育法の一部として始まった。法的に定められた助成金プログラムを通して，高等教育機関をさまざまな側面から強化・支援するために考案された。Title IV は，主に連邦政府による学生の財政支援に関するものである。TRIO は低所得者や第1世代大学生など，社会的・経済的に恵まれない環境にあった学生たちを積極的に支援するプログラムである。すべてのアメリカ人は人種や社会的，経済的な違いにかかわらず，教育の機会を与えられるべきだという理念に基づいている。

9）低学力の学生を，継続してリメディアルクラスに登録させ，レギュラークラス（正規のカレッジ科目）から効果的に引き離し，最終的に彼らが諦めることを意図的に目的とするプログラムをもつ高等教育機関もあった（Maxwell, 1997）。

10）例えば，ロサック（Losak, 1972）がコミュニティカレッジにおいてリメディアルの「リーディング－ライティング」科目と通常の高等教育レベルのカレッジ科目を対象におこなった調査では，リメディアル学生は容易なリメディアル系科目を履修していた最初の学期はよい成績を収めたが，リメディアル系科目を履修したことによる GPA やテストの成績には違いはみられなかったと報告されている（Maxwell, 1997）。このように1970年代は，投資されたお金と物的・人的資源にも関わらず，リメディアル教育の成果に関する評価は低いものであった。しかし，後にボイラン（Boylan, H. R.）らは，リメディアル・ディベロップメンタル教育が効果的であることを，全米的なデータの分析をもって示した（Goudas & Boylan, 2012）。

Title VI や TRIO [8] のような助成金プログラムを通して配分される競争の激しい予算を除いては，連邦政府は高等教育機関における学習支援に協力的ではなかったこと（Arendale, 2010），その結果，②高等教育機関では財政的にも厳しい状態にあるリメディアル教育への投資は躊躇されることになり，リメディアルプログラムのイメージが悪くなったこと[9]，③リメディアル教育にひきつけると，費用対効果が好ましくないこと，④低学力の学生のニーズを満たす機能を十分に果たしていないのではないかという批判があったこと，などが考えられる。特に④について，学習支援系プログラム・科目のなかでも，リメディアル系科目は大学・カレッジの資金とスタッフの無駄使いであるいう声が学内外から聞こえるようになった[10]。

しかしながら，この時期，危機的状況にある学業を進めていく上において準備不足の学生は高等教育機関の教室からいなくなることはなかった。このようななかで，多様な学習背景を有する学生に対する効果的な教授・学習方略および診断・評価法の開発が急務となった。

【引用・参考文献】

舘　昭（1997）．『大学改革日本とアメリカ』玉川大学出版部
喜多村和之（1994）．『現代アメリカ高等教育論―1960 年代から 1990 年代へ』東信堂
中山　茂（1994）．『大学とアメリカ社会―日本人の視点から』朝日新聞社
谷川裕稔（2001）．『アメリカコミュニティカレッジの補習教育』大学教育出版
谷川裕稔（2008）．「学習支援センターとは」『平成 20 年度四国大学教育実践報告書』, 3-7.
谷川裕稔・山口昌澄・下坂　剛（2005）．『学習支援を「トータル・プロデュース」する―ユニバーサル化時代の大学教育』明治図書出版
Abraham, A. A. Jr. (1987). *A report on college level remedial/developmental programs in SREB states.* Atlanta, GA: Southern Regional Education Board.
Abraham, A. A. Jr. (1988). Remedial education in college: how widespread is it? *Issues in Higher Education,* **24**.
Arendale, D. R. (2010). *Access at the crossroads: Learning assistance in higher education: ASHE higher eductaion report, Volume 35, Number 6.* San Francisco, CA: Jossey-Bass.
Baker, G. A., III, Roueche, J. E., & Gillett-Karam, R. (1990). *Teaching as leading: Profiles of excellence in the open-door college.* Washington, DC: Community College Press.
Blumenstyk, G. (2006). Businesses have remedies for sale, but a cure is not guaranteed. *The Chronicle of Higher Education,* **10**, B30.

Boylan, H. R. (1995). A review of national surveys on developmental education programs. *Research in Developmental Education*, **12**(2), 1-4.
Boylan, H. R. (2002). A Brief History of the American Council of Developmental Education Associations. In D. B. Lundell & J. L. Higbee (eds.), *Histories of developmental education*. Minneapolis, MN: Center for Research on Developmental Education and Urban Literacy, General College, University of Minnesota, pp.11-14.
Calderwood, B. J. (2009). Learning center issues, then and now: An interview with Frank Christ. *Journal of Developmental Education*, **32**(3), 24-27.
Casazza, M. E., & Silverman, S. L. (1996). *Learning assistance and developmental education: A guide for effective practice*. San Francisco, CA: Jossey-Bass.
Christ, F. L. (1971). Systems for learning assistance: Learners, learning facilitators and learning centers. *Proceedings of the Annual Conference of the Western College Reading Association*, **4**(1), 32-41.
Clowes, D. A. (1980). More than a definitional problem: Remedial, compensatory and developmental education. *Journal of Developmental & Remedial Education*, **4**(1), 8-10.
Clowes, D. A. (1994). Research, Respectability, and Legitimacy of Post-secondary Remedial Education. In Smart, J. (Ed.). Higher Education Handbook of Theory and Practice, vol.8, pp.464-468. Bronx, NY: Agatha Press.
Cross, K. P. (1971). *Beyond the open door: New students to higher education*. San Francisco, CA: Jossey-Bass, pp.12-16.
Cross, K. P. (1976). *Accent on learning: Improving instruction and reshaping the curriculum*. San Francisco, CA: Jossey-Bass.
Donovan, R. A. (1985). Creating effective programs for developmental education. In W. L. Deegan, & D. Tillery (eds.), *Renewing the American Community College: Priorities and strategies for effective leadership*. San Francisco, CA: Jossey-Bass, pp.103-128.
Enright, G. (1975). College learning skills: Frontierland origins of the learning assistance center. In R. Sugimoto (ed.), *College learning skills today and tomorrowland: Proceedings of the eighth annual conference of the Western College Reading Association*. Los Angeles, CA: Western College Reading Association.
Gleazer, E. J. Jr. (1994). *America's community colleges: The first century*. Washington, D. C.: American Association of Community Colleges.
Goudas, A. M., & Boylan, H. R. (2012). Addressing flawed research in developmental education. *Journal of Developmental Education*, **36**(1), 2-13.
Kolb, D. A. (1981). Learning styles and disciplinary differences. In A. W. Chickering, & Associates. *The modern American college: Responding to the new realities of diverse students and a changing society*. San Francisco, CA: Jossey-Bass.
Kolb, D. A. (1984). *Experiential learning: Experience as the source of learning and development*. Englewood Cliffs, NJ: Prentice-Hall.

Lyall, K. C. & Sell, K. R. (2006). The de facto privatization of American public higher education. *Change: The Magazine of Higher Learning*, **38**(1), 4–13.

Losak, J. (1972). Do remedial programs really work? *The Personnel and Guidance Journal*, **50**(5), 383–386.

Hashway, R. M. (1988). *Foundations of developmental education*. New York, NY: Praeger.

Higbee, J. L. (ed.) (2001). 2001: A developmental odyssey. Warrenburg, MO: National Association for Developmental Education.

Higbee, J. L. (2005). Developmental education. In M. L. Upcraft, J. N. Gardner, & B. O. Barefoot (eds.), *Challenging and supporting the first-year student: A handbook for improving the first year of college*. San Francisco, CA: Jossey-Bass, pp.292–307.

Higbee, J. L., & Dwinell, P. L. (eds.) (1998). *Developmental education: Preparing successful college students*. Columbia, SC: National Resource Center for the First-Year Experience & Students in Transition, University of South Carolina.

Higbee, J. L., & Dwinell, P. L. (eds.) (2000). The many faces of developmental education. Warrenburg, MO: National Association for Developmental Education.

Hultgren, D. D. (1970). The role of the individual learning center in effecting educational change. In G. B. Schick, & M. M. May (eds.), *Reading :Process and Pedagogy*. Milwaukee, WI: National Reading Conference.

Johnsrud, L. K. (2000). Higher education staff: Bearing the brunt of cost containment. In H. Wechsler (ed.), *The NEA 2000 almanac of higher education*. Washington, DC: National Education Association, pp.101–118.

Kerstiens, G. (1972). The ombudsman function of the college learning center. In F. P. Greene (ed.), *College reading: Problems and programs of junior and senior colleges*. Milwaukee, WI: National Reading Conference, pp.221–227.

Mansfield, W., & Farris, E. (1991). *College level remedial education in the fall of 1989*. Washington, DC: U.S. Department of Education.

Maxwell, M. (1997). *Improving student learning skills*. Clearwater, FL: H&H Publishing Company.

National Association for Developmental Education (2015). http://www.nade.net/site/documents/fact_sheet/2015_NADE_FactSheet_06-2015.pdf

Palincsar, A. S. (1986). *Reciprocal teaching. In teaching reading as thinking*. Oak Brook, IL: North Central Regional Educational Laboratory.

Palincsar, A. S., & Brown, A. L. (1986). Interactive teaching to promote independent learning from text. *The Reading Teacher*, **39**(8), 771–777.

Roueche, J.E., and Wheeler, C. L. (1973). Instructional procedures for the disadvantaged. *Improving College and University Teaching*, **21**(3), 222–225.

Smith, A. S. (1994). Teaching for learning: Instructional development and change in two-year colleges. In G. A. Baker III (ed.), *A handbook on the community college in America: Its history, mission, and management*. Wesport, CT: Greenwood Press,

pp.205-217.
Svinicki, M. D. (1990). Changing the face of your teaching. *New Directions for Teaching and Learning*, **42**, 5-15.
Spann, M. G. Jr.,& McCrimmon, S. (1994). Remedial/developmental education: Past, present, and future. In G. A. Baker III (ed.). *A Handbook on the community college in America: Its history, mission, and management.* CT: Greenwood Press.
Spann, M. G. Jr., & Thompson, C. G. (1986). *The national directory of exemplary programs in developmental education.* Boone, NC: The National Center for Developmental Education, Appalachian State University.

9 包括的な学習支援アプローチ期
1990年代中期 – 現在

壁谷一広

1 時代背景

　第1章においてオバマ大統領の「2020年カレッジ修了ゴール（2020 College Completion Goal）」を紹介した。この目標のなかには，大学・カレッジの学位取得者を2020年までに1,000万人増やすことが含まれている。これを契機に，高等教育場面では「修了課題（Completion Agenda）」という概念が大きな関心事のひとつとなった。「教育テストサービス（Educational Testing Service：ETS）」は「修了（completion）」というタームがここ10年来の重要な課題であるという見解を示した（ETS, 2014）。基本的には，修了課題というとき学位取得（degree completion）と学生の成功（student success）を指すことが多い。そして高等教育機関は学生の学位取得の戦略的計画をもって実現される必要があると捉えている（McPhail, 2011；Hughes, 2013）。これらを前提とすると，学習支援（learning assistance/developmental education）には，各高等教育機関の「修了課題」に関わる政策を下支えする営みが期待されてくる[1]。

　ところで，第6章から第8章で指摘した通り，1960年代中期から現在にかけてのアメリカにおける高等教育機関は，学生の多様性の拡大，高等教育への進学者の増加に加えて，主として連邦政府からの補助・助成金の減少・制限という大きな変化の影響を受けてきた（Arendale, 2010）。このような変化がもたらしたものは，学習支援の必要性が増す一方で，主として連邦政府からの助成・補助金の削減により，

---

[1] しかし，修了課題を具現するひとつの方略として，学位取得の短期化の観点から，ディベロップメンタル教育の削除を促す見解もある（McPhail, 2011）。

従来の方法・方略による学習支援の提供が困難になってきたという事実であった。そのため，1980年代から1990年代前半にかけて，ディベロップメンタル教育などの学習支援は外部の業者に委託される傾向にあったが，1990年代中期以降は，支援対象者の多様化および量的拡大に対応するために，学内に専門性を有する学習支援従事者（以下，実践者）の養成やピアチューターといった内部の人材を活用して学習支援を提供する取り組みが，主に学習・教育（支援）センターを中心に展開されるようになった。

他方，1995年には，オンラインによるチュータリングプログラム[2]や学習スキルコース[3]が初めて提供されるなど，学習支援のIT化も進んでいった。ITリテラシーを身につけた学習支援の専門家を学内に置くことの必要性から，2001年には，オンラインによる学習（支援）センターをテーマとする修士課程プログラム[4]も開講された。

ところが，1990年代後半になっても，学習支援に対する認識が特に肯定的なものになることはなく，「ディベロップメンタル教育」というタームを用いて表されるプログラムに対しては，批評家たちからの風当たりが特に厳しいという状況が続いていた。その理由として，アレンデール（Arendale, D. R.）は「ディベロップメンタル教育は，リメディアル教育の婉曲的な言い回しとして使われるようになり，リメディアル教育という表現がもつ悪いイメージがディベロップメンタル教育というタームにもついてしまった。……今日，ディベロップメンタル・コースを履修している学生たちは，不名誉な烙印を押されている」と述べている（Maxwell, 1997 ; Piper, 1998 ; Arendale, 2010）[5]。

このような状況に変化がみられるようになったきっかけが，第8章でも指摘した，高等教育機関は教育を提供するための機関であるという「教育パラダイム」から学

---

2) モーリス（Morris, M.）により開発され，カリフォルニア州のマウントセントメアリズカレッジ（Mount St. Mary's College）で実施された。
3) マクドナルド（McDonald, L.）により開発され，オレゴン州セイラムのケメケタコミュニティカレッジ（Chemeketa Community College）で実施された。
4) グランブリング州立大学（Grambling State University）で開講され，学習（支援）センターを長年研究してきたクライスト（Christ, F.）が講座のひとつを担当した。クライストは，学術誌（*Journal of Developmental Education*）のインタビューで学習（支援）センターの今後の課題について発言している（Calderwood, 2009）。
5) 初等教育や中等教育においては，ディベロップメンタル教育というタームが，知的障害者のためのプログラムに使用されることもあるという（Maxwell, 1997）。

習を生み出すための機関であるという「学習パラダイム」へのパラダイムシフトであった。例えばバーとタッグ（Barr & Tagg, 1995）や，アメリカの高等教育における教育改革の可能性に関する報告をまとめた ラザーソンら（Lazerson, et al., 2000）など，学習支援に関する研究成果が出版されたこともその要因のひとつとなった。また，それ以前にもカサーザとシルバーマン（Casazza & Silverman, 1996）が「問題は，準備不足の学生に対して学習支援を提供すべきかどうかではない。教育者たちは，どのようにして準備不足の学生に成功の可能性を最大限にできる学習支援を提供すべきかを模索している」と述べていたように，学生の実態を認識するにつれて，学習支援が中等後教育（postsecondary education）[6]に不可欠の要素であり何らかの対応が必要である，と考える教員が増えていたという状況が背景にあったと考えられる。このような流れにより，実践者の大半は，学習パラダイムに同調して自己改革をおこなうようになった。

この時期のアメリカの高等教育機関の学習支援の特徴を整理すると，3つにまとめることができる。①提供する学習支援の多様化（支援の提供者や支援の対象者が大きく変化している），②学内の部門間連携による学習支援体制の統合，そして③学習支援の専門育成の拡大である。もちろん，これらの特徴は冒頭にて指摘した「修了課題」が意識されるものである。

2 対象学生

アメリカの高等教育場面における学習支援の対象学生は，1970年以降，①伝統的白人男子学生だけでなく，②退役軍人（ベトナム戦争），③第一世代の学生（the first-generation students），④経済的に恵まれていない学生，④有色人種の学生などの法的に優遇されるべき非伝統的男子および女子学生，⑤社会人学生，といった「新しい学生（非伝統的学生）」に加え，進学該当年齢（18歳〜24歳）の⑥学びを深めたいと希望する一般学生や⑦障害をもつ学生，さらには⑧指導力を向上させたいと考える教員も含まれるようになってきた。特に⑦⑧は，1990年代中期以降の傾向である。

---

[6]「中等後教育」と「高等教育」概念は，（しばしば意図的に）混同して用いられることがある。スコット（Scott, P.）によれば，「高等教育」概念はエリート主義者のカテゴリー，一方「中等後教育」のそれはリベラル主義者が用いる概念という（Scott, 1975），高等教育概念を包摂する広がりある概念という見解を示している。学習支援に従事する研究者・実践者は中等後教育概念を使用する傾向にある（谷川，2001b）。

⑥の一般学生の場合，プレイスメントテストなどにより受講を義務づけられる学生，自発的に学習支援サービスを利用する学生，あるいは利用しない学生に分かれる。これは，大学・カレッジが受講の必要性を認めず，本人も受講の必要性を感じていない学生以外のすべての学生に対してサービスを提供できる体制を確立しなければならなくなったということを意味する。つまり，学習支援サービスはすべての学生を対象としうることもあり，また，大半の学生が何らかの支援を受けている可能性が高いということになる（Casazza & Silverman, 1996）。

　以下，リメディアル教育（補習教育）の参加状況に関わる全米データを紹介する。というのも，さまざまな形式（方法・方略）でおこなわれている学習支援であるが，すべての支援状況，利用状況を全米レベルで把握することは難しく，その資料もまた限られているからである。しかし，アメリカの高等教育場面においてほぼすべてのカレッジが何らかの学習支援を実施している可能性は限りなく高い。それを前提とすると，学生はそれらを自らの状況に応じて支援を受けていることは推察可能である（Casazza & Silverman, 1996）。

　ちなみに，上に挙げた支援のカリキュラム上での利用状況に関わる全米レベルのデータであるが，管見のおよぶ限り，「リメディアル教育（補習教育）」に関するものしか見当たらない。そこで，本節では，リメディアル教育に関するデータを紹介することにより，学習支援の対象となる学生を描写するにとどめる。

　アメリカの連邦教育省が，2000年に「補習教育（remedial education）」の実施状況を把握するために全米の大学・短期大学を対象におこなった調査（Parsad & Lewis, 2003）[7]によると（表9-1），高等教育機関の76%が，リーディング・ライティング・数学のいずれかの「補習教育」科目を提供していた。なかでも，公立の2年制短期大学（コミュニティカレッジ）では，98%の大学が上記のいずれか1つの科目を提供しており，ほとんどのカレッジで補習教育がおこなわれていたことがわかる。

---

7) 連邦教育省の教育統計センター（National Center for Education Statistics）は，1996年からリメディアル教育を調査した結果を統計分析報告書（Statistical Analysis Report）にまとめ，刊行していた。管見の及ぶ限りでは，2000年以降は調査・発行されていない。なお，連邦教育省はdevelopmentalではなくremedialのタームを用いている。特に入学要件があまり競争的ではない（less competition）高等教育機関は，補習系科目を単位化する傾向にあるが，その場合ディベロップメンタル科目（developmental courses）というタームを使用する傾向にある。教育統計センターではremedialを用いている。本書では，単位付与科目（科目番号100以上）にはdevelopmental courses，単位化されない補習系科目はremedialのタームを使用する。

表9-1 「補習教育」科目の提供状況（2000年）（Parsad & Lewis（2003：8）より作成）

教育機関	新入生を受け入れた教育機関の数	「補習教育」科目の提供率（％）			
		リーディングライティングまたは数学	リーディング	ライティング	数学
公立2年制短期大学（コミュニティ・カレッジ）	1080	98	96	96	97
私立2年制短期大学（ジュニア・カレッジ）	270	63	37	56	62
公立4年制大学	580	80	49	67	78
私立4年制大学	1300	59	30	46	49
全教育機関	3230	76	56	68	71

表9-2 新入生の登録状況（2000年）（Parsad & Lewis（2003：18）より作成）

教育機関	新入生の数（千人）	「補習教育」科目の提供率（％）			
		リーディングライティングまたは数学	リーディング	ライティング	数学
公立2年制短期大学（コミュニティ・カレッジ）	992	42	20	23	35
私立2年制短期大学（ジュニア・カレッジ）	58	24	9	17	18
公立4年制大学	849	20	6	9	16
私立4年制大学	497	12	5	7	8
全教育機関	2396	28	11	14	22

　提供されている「補習教育」科目のなかでは，数学が71％と最も多く，公立の2年制短期大学（コミュニティカレッジ）で97％，公立の4年制大学で78％となっていた。続いてライティングが68％と高く，公立の2年制短期大学では96％，公立の4年制大学では67％が提供していた。リーディングは，56％と低いが，2年制短期大学では96％と数学やライティングと変わらない提供率となっていた。

　新入生の登録状況（表9-2）では，高等教育機関に入学した新入生のなかで28％の学生がリーディング・ライティング・数学のいずれかの「補習教育」科目に登録していた。公立の2年制短期大学（コミュニティカレッジ）に限ると42％，私立の2年制短期大学（ジュニアカレッジ）[8)]では24％，公立の4年制大学では20％，私立の4

年制大学では12％となっていた。科目別の登録数は数学が22％と最も高く，続いてライティングが14％，リーディングが11％となっていた。

3 カリキュラム上の位置づけ

　リメディアル・ディベロップメンタル教育の拡大したカリキュラムは，最大の隠れたカリキュラム（hidden curriculum）と換言が可能である。というのも，それらの科目やサービスは，しばしば多様な管理ユニットをもつ部局を通して拡散しているからである（Spann & McCrimmon, 1994）。しかし，1990年代に入ると，多くの州でリメディアル科目履修（remedial coursework）を4年制大学から削減するようになった（Damachek, 1999）。コミュニティカレッジへの役割移譲と民間への外部委託を実施するようになったのである。補習系科目を高等教育機関が実施しなくなった理由は，①補習系科目自体必要がない，②補習が必要な学生は学外で履修している，③補習系科目を提供しないのが当該高等教育機関の政策となっている，④州の政策や法律が補習系科目の提供を認めていない，といったものであった（Parsad & Lewis, 2003）。

　ところで，谷川（2001）によれば，アメリカの補習教育の実施形態は，「独立した学科・部局の中で提供されるべき」分離学科型と「正規の科目領域の学科の中で施されるべき」学科統合型の2型に大別することができ，コミュニティカレッジでは前者が，4年制大学・カレッジでは後者が多く採用されている。近年では，4年制大学・カレッジでは学科統合型が採られることが多い。また，学習支援に関わる研究者・実践者は補習系科目（developmental/remedial courses）の短期履修が効果的であると認識している（Booth et al., 2014）。つまり，分離学科型ではコース終了するまで正規のカレッジ科目の履修ができない場合が多く，終了までの時間および履修費が増えるほど脱落者が増えるが，学科統合型でしかも履修期間を短期化することによって，学生の定着率が高くなるというのである。これを「加速（acceleration）」という（後述）。補習系科目の実施形態についての全米教育統計センターの調査によると，全高等教育機関において，リーディングの学科統合型での実施は57％，対して分離学科型での実施は28％，同様にライティングに関してはそれぞれ70％と21％，数学では72％と19％という結果が得られた（Parsad & Lewis, 2003）[9]。

8）主としてリベラル・アーツ系の私立の2年制短期大学である。

表9-3 補習科目の単位認定率 (Parsad & Lewis (2003：25) より作成)

教育機関	リーディング (%)				ライティング (%)				数学 (%)			
	学位取得単位（科目）	学位取得単位（選択）	学内単位	非認定	学位取得単位（科目）	学位取得単位（選択）	学内単位	非認定	学位取得単位（科目）	学位取得単位（選択）	学内単位	非認定
公立2年制短期大学（コミュニティ・カレッジ）	2	4	87	7	2	5	86	7	2	4	87	7
私立2年制短期大学（ジュニア・カレッジ）	‡	‡	‡	‡	‡	‡	81	9	9!	‡	81	8
公立4年制大学	2	8	78	12	3	7	82	8	2	4	83	11
私立4年制大学	3	30	51	17	5!	37	45	14	6	25	54	15
全教育機関	2	10	78	9	4	14	73	9	4	10	77	10

!：変動係数が50%以下であり解釈に注意を要する　‡：事例過少のため信頼できる推定が不可

1960年代中期から現在にかけて，対象となる学生の多様化および増加[10]に加えて学生の才能に対する認識が変化[11]したために，学習支援の形態だけでなくも学習支援科目の単位認定に関するカリキュラム上の位置づけも多様化している。そのため，学習支援（リメディアル科目／ディベロップメンタル科目）の提供方法も，学生，教育機関の実情，学習支援の目的に応じて多様であり，カリキュラム上で提供されることもあれば，カリキュラム外で単位不認定科目として提供されたりもしている。

以下，補習系科目（リメディアル教育系科目）の単位化の実施，また必修履修科目あるいは推奨履修科目なのかについて，全米教育統計センターのデータを用いて紹介する（表9-3）。全高等教育機関において，リーディングについては学位取得単位（科目）としたものが2%，学位取得単位（選択）が10%，学内単位が78%，非認定が9%であった。ライティングはそれぞれ4%，14%，73%，9%，数学については，4%，10%，77%，10%であった。各科目ともに大半が学内単位として活用されている。なお，学内単位とは，例えば奨学金援助や入寮，正規学生としての地位などに

---

9) ちなみに学習（支援）センターによる実施は，リーディング13%，ライティング8%，数学が7%であった (Parsad & Lewis, 2003)。
10) 全学生がディベロップメンタル教育の対象になり得る (Casazza & Silverman, 1996)。
11) 従来はディベロップメンタル教育の対象になる学生の弱点ばかりが注目されていたが，ディベロップメンタル教育においては，どの学生も何らかの分野において才能があると考えられている (Casazza & Silverman, 1996)。

換算されるが，学位取得には認定されない単位を指す（Parsad & Lewis, 2003）。また，各科目ともに，私立の4年制大学が学位取得のための選択科目として位置づける傾向にある。これらの結果は，全米統計センターが1995年に実施した調査と類似している。

4 教授法・学習戦略

● 4-1 新しい教授法・学習戦略

「教授」は孤立しておこなう活動ではない（Tinto, 2012）。成熟した学習環境が，特にディベロップメンタル学生にとっては学術面での向上を得るうえで本質的なものとなる。この学習環境とは人的・物的資源を意味し，人的資源とは実践者を指す。学生と高等教育機関（人的・物的資源）の強い繋がりを構築することが，定着（retention），継続修学（persistence），そして学生の成功（student success）を向上させる可能性が高い（Williamson et al., 2014；Stewart et al., 2015）。教授・学習法については，この時期も1970年代から1990年代（第8章）の実践を礎とし，それを進化・深化させる作業が命題となる。

ここでは，テキサス州の事例を紹介する。テキサス州では州立の高等教育機関が新しく革新的なディベロップメンタル・モデルを提唱し実践しており，他の州からも新しいモデルケースとして注目されている。

テキサス高等教育調整委員会（Texas Higher Education Coordinating Board：THECB）から研究資金を受けたテキサス州内の9つの高等教育機関（5つのコミュニティカレッジと4つの4年制大学）が，革新的なディベロップメンタル教育プログラムを実施し，テキサスA&M大学（Texas A&M University）の公共政策研究機関（the Public Policy Research Institute）がその成果の評価（cross-site program evaluation）をおこなった。このプログラム（DEプログラム：Developmental Education Program）の成功要因は次の4つに分類される。①カリキュラムとデザイン（curriculum and design）および教授方略（instructional strategies），②教員とスタッフ支援（faculty and staff supports），③学習支援の組織化（structures supporting learning），④政策論争（policy issues）である。

①では，「加速（acceleration）」が近年の学習支援実践のキーワードとなっていることを前提とする。補習系科目の履修期間の削減（8週-12週）に加えて，学生個人のペースで展開される科目（self-paced courses）や混合科目（blended courses）と

いう革新的なカリキュラムのアプローチが有効であるという。しかし，学生には動機づけと科目へのコミットの高さが必要で，自己学習（self-paced learning）をおこなうのが困難な学生は，補習系科目（単位不認定のリメディアル系科目を提供するコース）に立ち戻って学び直す必要性を指摘する。またオルタナティブな教授方略（alternative instructional strategies）が有効であると捉える。そのひとつには，学習コミュニティ（learning communities）がある。

②は，これまで以上に実践者にアドバイジングやカウンセリングの責任を負わせるということである。早期警告（early alert）や早期警告システム（early warning systems）にてそれらのスキルを発揮することが彼らに求められる。このPD（Professional Development）は，同プログラムを成功させる上で鍵になるという。

③には，学習支援（ここではdevelopmental education）が必要な学生には文化・社会・経済的な面に制限があり，それらが成功を阻害する要因になるという認識が前提としてある。それを踏まえ，学生の成功，コース開発（development course），学習指導コース（guided studies course）にみられるアカデミック技術構築プログラム（academic skill-building programs）は，積極的なインパクトを学生に与えるとしている[12]。

④では，ディベロップメンタル教育改善のために高等教育機関の政策の変革が望まれるという。各高等教育機関の経営陣は，ディベロップメンタル教育が行き届くために連携して検討していく必要があることを指摘した（Booth et al., 2014）。

● 4-2　学習支援プログラム・サービスの現状

オルソン（Olson, K.）は，谷川編著『学士力を支える学習支援の方法論』（ナカニシヤ出版，2012）にて，学習支援を学修年次別に整理した。そのなかで，高等教育場面における学習支援プログラム・サービスの学修年次ごとの傾向を一覧にした（オルソン他，2012：24-25）。ここでは，学修年次別ではなく，入学前プログラムと学修期間のほぼすべての年次で用いられている学習支援プログラム・サービスのなかで

---

[12] これらはスタディスキルズ，時間管理，コーホート構築にみられるように学生にトレーニングする機会を与えるという。また学生モニタリング（student monitoring）は，学生の継続修学と定着を向上させる。学生の進歩や早期警告や警告システムのようなリスク要因をモニターするシステムは，学生へのサービスの効果的な割り当てを改善する手助けとなる。サマーブリッジプログラムは，学生のモニタリング技術を前進させる。これらは，アカデミックギャップを埋める手助けをするという。

主なものを紹介する。これらは，1970年代に始まったものが多い。時代の流れとともに進化・深化してきたといえる。

● 4-3 入学前プログラム・サービス

高校生を対象としたプログラムには，ハイスクールに在籍しながらカレッジでの学びを体感できるものがある。例えば，①ハイスクールアウトリーチ（high school outreach），②特別クラス，③早期カレッジ（early college），④サマーブリッジプログラム（summer bridge program），などである。これらのプログラムを利用すると，カレッジレベル（科目番号100番台以上）の単位が取得できる。また，奨学金制度が付随してくるプログラムもあるため，高校生には人気がある。カレッジとしては，高校生がカレッジを知る（大学生活に馴染む）ためのよい機会と捉えている（Bir & Myrick, 2015）。

①のなかでもアップワードバウンド（Upward Bound）プログラムは，低所得世帯で育ったために高等教育を受けることが困難な高校生を主な対象とし，コミュニティカレッジから4年制大学への編入，そして学士課程の学位を取得するまでをサポートしている。②は成績が優秀な高校生のためのプログラムであり，オナーズクラス（honors class）や特進クラス（Advanced Placement class）などがある。③は，高等学校のカリキュラムのなかに準学士取得（コミュニティカレッジ他）のための科目が織り込まれている例である。必要とされる科目のすべてを修得すると，ハイスクール卒業時に準学士の学位を得ることができる。④は基礎学力向上に重点を置いたものである。高等教育機関への入学前の夏休みに実施される。学生によるピアや指導教職員による個別指導が中心である。カレッジ科目の講義を受けることができるプログラムもある（オルソン他, 2012）。

● 4-4 学修年次全体を網羅するプログラム・サービス

繰り返すが，アメリカの高等教育場面における学習支援プログラム・サービスは，学修年次別に実施されている。それぞれの年次に相応しいプログラム・サービスがあると考えられているからである。学修年次全体で使用される傾向のあるプログラム・サービスのなかのいくつかをピックアップすると，① TRIOプログラム（federal TRIO program），②学習（支援）センター（(Learning (Assistance) Center：ライティングセンター（Writing Center），数学センター（Math Center），ESLセンター（ESL Center/ International Student Center），障害学生室（Disabled Student Office 他を含

む),③カウンセリング(counseling),④早期警告(early alert),⑤構造的(組織的)学習支援(Structured Learning Assistance：SLA),⑥ピア・ファシリテートスタディグループ(FSG：Peer-Facilitated Study Group),⑦学生自治(student government),などがある。

①は，連邦政府による高等教育の機会均等を目的とするアウトリーチ(ここでは福祉活動)および学生サービスプログラムである。目標設定のサポートや履修指導に加えて奨学金の提供などもおこなっている。②は，組織的学習支援のなかでも最も学生から活用されている施設である。同施設の主な機能は，リメディアル教育，スタディスキルズ，学習相談，学習資源(物的・人的)の提供，プレイスメントテストの実施などであり，教職員に対しては研修セミナーなどを実施している。③では，専門のカウンセラーが学習面・学生生活面の両方に対応している。④は各学期の早い時期に学業が不振に陥りそうな学生をいち早く見出し，定着に向けて支援をおこなうサービスである。出席状況やテストの結果，授業参加の状況を判断基準として，教員が学生を学習上の支援やカウンセリングなどが受けられる場へと導くシステムを構築している。⑤は，授業以外の時間帯にワークショップ形式にて授業内容の復習，学習方略の習得，小テスト・課題の提供などを実施するプログラムであり，SLA担当のスタッフがいる。SLAは授業を登録した時点で組み込まれている点が特徴である。学期はじめから数週間の担当教員による観察・評価により，同ワークショップに参加するか否かが決められる。⑥は，学生がファシリテーターとなって科目の復習や活動の準備の手助けをピアの学生がおこなうサービスである。補助学習支援(Supplemental Instruction：SI)をベースとした活動であるが，SIとの違いは，決して教える(tutoring)のではなく，学習を促進させるための手助けをするというピアリーダーのスタンスである。⑦は学生が自発的に組織するもので，先輩の学生が後輩に大学生活を充実させるためのさまざまな学内の活動に関わる連絡や調整をおこなうものである。学習(支援)センターがコーディネートする場合が多い。類似の支援として「学生コーホート(student cohort)」がある(谷川他, 2005：オルソン他, 2012)。

5 問題点と課題

第1節にて指摘したが，高等教育場場面において「学生の成功」「定着」「修了課題(completion agenda)」がここ数年のキーワードといわれている[13]。

「学生の成功」とは，学生の卒業と将来の成功に向けての自分自身の道の共同クリエーターでありデザイナーという約束されたかつ有能な学習者を指し，そのための環境を醸成することが高等教育機関には求められる。そのためには，キャンパス内の資源を有効活用する力，問題解決をする力の修得が学生に期待される。主として1年次の学生を対象としている。教授・学習法として，個別チュータリング（individualized tutoring），ピア主導のチーム学習（peer-led team learning），補助学習支援（SI），調整されたグループ学習（coordinated group study）などがある。

「定着」率向上のために，高等教育機関では，自らの学習環境に学生を順応させることをターゲットとした多様なプログラムを活用する。例えば，学習方略，スキル系科目やワークショップなどである（Wernersbach et al., 2014）。多くのアメリカ高等教育機関は，ハイスクール時代のGPA，ACT/SATのスコアに基づいた仮及第期間（学業不振者に対する警告処分：academic probation）や警告地位（warning status）に位置づけられている危機的状況にある学生（at-risk students）の人口を常に注視している（Wernersbach et al., 2014）。スタディスキルズ科目が学生の定着に有効であることについては蓄積された研究がある。しかし，学生の定着を決定する有力な要因のひとつに，ハイスクール時代のGPAと連動するという研究もあり，ハイスクール時代のGPAが低い学生に特化したプログラムの研究・実践が求められてこよう。他には，自己調整学習（self-directed learning）という教授・学習法が，学生の自己効力感を促し，定着につながるという報告もある（Barnet, 2000；Jakubowski & Dembo, 2004；Young & Ley, 2005；Bail et al., 2008；Simpson, 2014；Hoops et al., 2015）。

「修了課題」を具現するためには，高等教育機関の政策と実践を戦略的に変化させることが求められる。例えば，①教授プログラムを高める，②学外との実践面での連携を高める，③学生との連携の改善させる，④学生サービスを高める，⑤テクノロジーとリサーチの基盤を強化させる，⑥修了課題と戦略的な計画を連結させる，⑦学生とのコミュニケーションを強化させる，⑧修了の文化を構築する（McPhail, 2011），といったことを本格的に進めていく必要があるだろう。

他に，この時期の特徴といえるのは，教育力を向上させるための教職員を対象とする研修プログラム・サービスについて特に重点が置かれるようになってきたことである。教員に対するサービスとしては，教育効果向上のためのワークショップの

13）ゲートウェイコミュニティカレッジ（Gateway Community College）学習センターのセンター長であるオルソン協子氏から示唆を得た（2016年2月9日）。

実施，教授・学習方略に関する助言，および革新的な教授方法についての指導などがある。

　今後にむけて，学習支援（ここでは developmental education）に対するこれまでの態度を学習支援実践者（ここでは developmental educators）は改める必要がある。伝統的にディベロップメンタル教育には，リメディアル・ディベロップメンタル教育，チュータリング，学習ラボ（learning laboratories），個人化されたさまざまな教授法などの活動が含まれていた。問題は，それらの活動が，「どんな場合にも通用する（汎用的な）アプローチ（one-size-fits all approach）」であるかのように実施されているところにある（Booth et al., 2014）。例えば，ひとつの基準がすべての高等教育機関に適用できるのかといった疑問・批判である。これらを意識し，多様で個別具体的な状況に即した教授・学習方略を開発していくことが求められてくるだろう。

【引用・参考文献】
ウッズ, D. R.／新道幸恵［訳］（2001）．『PBL 判断能力を高める主体的学習―Problem-based learning』医学書院
オルソン協子・奥村玲香・谷川裕稔（2012）．「アメリカに学ぶ学習支援の枠組み」谷川裕稔［代表編者］『学士力を支える学習支援の方法論』ナカニシヤ出版, pp.12-25.
杉谷祐美子（2004）．「大学管理職から見た初年次教育への期待と評価」『大学教育学会誌』**26**(1), 29-36.
谷川裕稔（2001a）．『アメリカコミュニティカレッジの補習教育』大学教育出版
谷川裕稔（2001b）．「米国コミュニティ・カレッジの「大学機能」についての研究―「補習教育」との係わりを中心に」神戸大学，博士論文
谷川裕稔・山口昌澄・下坂　剛（2005）．『学習支援を「トータル・プロデュース」する―ユニバーサル化時代の大学教育』明治図書出版
中央教育審議会（2012）．『新たな未来を築くための大学教育の質的転換に向けて―生涯学び続け，主体的に考える力を育成する大学へ（答申）』文部科学省
友野伸一郎（2010）．『対決！大学の教育力』朝日新聞出版
日本イーラーニングコンソシアム［編］（2006）．『e ラーニング白書 2006／2007 年度版』東京電機大学出版局
バークレイ, E. F.・クロス, K. P.・メジャー, C. H.／安永　悟［監訳］（2009）．『協同学習の技法―大学教育の手引き』ナカニシヤ出版
溝上慎一（2014）．『アクティブラーニングと教授学習パラダイムの転換』東信堂
宮地　功［編著］（2009）．『e ラーニングからブレンディッドラーニングへ』共立出版
文部科学省高等教育局大学振興課大学入試室（2013）．「平成 25 年度国公立私立大学・短期大学入学者選抜実施状況の概要」〈http://www.mext.go.jp/b_menu/

houdou/25/10/1340441.htm（最終アクセス日：2017年2月8日）〉

山田礼子（2005）.『一年次「導入」教育の日米比較』東信堂

ニューエル, R. J.／上杉賢士・市川洋子［監訳］（2004）.『学びの情熱を呼び覚ますプロジェクト・ベース学習』学事出版

Arendale, D. R.（2010）. *Access at the crossroads: Learning assistance in higher education: ASHE higher eductaion report, Volume 35, Number 6*. San Francisco, CA: Jossey-Bass.

Bail, F. T., Zhang, S., & Tachiyama, G. T.（2008）. Effects of a self-regulated learning course on the academic performance and graduation rate of college students in an academic support program. *Journal of College Reading and Learning*, **39**(1), 54-73.

Barnett, J. E.（2000）. Self-regulated reading and test preparation among college students. *Journal of College Reading and Learning*, **31**(1), 42-53.

Barr, R. B., & Tagg, J.（1995）. From teaching to learning: A new paradigm for undergraduate education. *Change: The Magazine of Higher Education*, **27**(6), 13-25.

Bir, B., & Myrick, M.（2015）. Summer bridge's effects on college student success. *Journal of Developmental Education*, **39**(1), 22-28, 30.

Booth, E. A., Capraro, M. M., Capraro, R. M., Chaudhuri, N., Dyer, J., & Marchbanks, M. P., III.（2014）. Innovative developmental education programs: A Texas model. *Journal of Developmental Education*, **38**(1), 2-10, 18.

Bruffee, K. A.（1995）. Peer tutoring and the "conversation of mankind". In C. Murphy, & J. Law (eds.), *Landmark esseys on writing centers*. Davis, CA: Hermagoras Press, 87-98.

Calderwood, B. J.（2009）. Learning center issues, then and now: An interview with Frank Christ. *Journal of Developmental Education*, **32**(3), 24-27.

Casazza, M. E., & Silverman, S. L.（1996）. *Learning assistance and developmental education: A guide for effective practice*. San Francisco, CA: Jossey-Bass.

Damashek, R.（1999）. Reflections on the future of developmental education, part I. *Journal of Developmental Education*, **23**(1), 18-22.

Educational Testing Service（2014）. *The completion agenda*. Inside Higher Ed. 〈https://www.ets.org/s/successnavigator/pdf/completion_agenda.pdf（最終アクセス日：2017年2月8日）〉

Gibbons, P.（2002）. *Scaffolding language, scaffolding learning: Teaching second language learners in the mainstream classroom*. Portsmouth, NH: Heinemann.

Hoops, L. D., Yu, S. L., Burridge, A. B., & Wolters, C. A.（2015）. Impact of a student success course on undergraduate academic outcomes. *Journal of College Reading and Learning*, **45**(2), 123-146.

Hughes, K.（2013）. *The college completion agenda 2012 progress report*. College Board. 〈http://media.collegeboard.com/digitalServices/pdf/advocacy/policycenter/college-completion-agenda-2012-progress-report.pdf（最終アクセス日：2017年2月

8日)〉
Jakubowski, T. G., & Dembo, M. H. (2004). The relationship of self-efficacy, identity style, and stage of change with academic self-regulation. *Journal of College Reading and Learning*, **35**(1), 7-24.

Korey-Smith, K. (2008). A brief history of developmental education in the United States. 『リメディアル教育研究』**3**(2), 129-134.

Lazerson, M., Wagener, U., & Shumanis, N. (2000). What makes a revolution? Teaching and learning in higher education, 1980-2000. *Change: The Magazine of Higher Education*, **32**(3), 12-19.

Lewis, L., & Farris, E. (1996). *Remedial education at higher education institutions in fall 1995*. Washington, DC: U.S. Department of Education, National Center for Educational Statistics.

Maxwell. M. (1997). *Improving student learning skills*. Clearwater, FL: H&H Publishing Company.

McPhail, C. J. (2011). *The completion agenda: A call to action*. American Association of Community Colleges. 〈http://www.aacc.nche.edu/Publications/Reports/Documents/CompletionAgenda_report.pdf (最終アクセス日：2017年2月8日)〉

Parsad, B., & Lewis, L. (2003). *Remedial education at degree-granting postsecondary institutions in fall 2000*. Washington, DC: U.S. Department of Education.

Piper, J. (1998). An interview with Martha Maxwell. *Learning Assistance Review*, **3**(1), 32-39.

Polansky, J., Holan, J. J., & Hanish, C. (1993). Experimental construct validity of the outcomes of study skills training and career counseling as treatments for the retention of at-risk students. *Journal of Counseling and Development*, **71**(5), 488-492.

Scott, P. (1975). *Strategies for postsecondary education*. London, United Kingdom: Croom Helm.

Simpson, M. L. (2014). Strategies and activities for enhancing students' self-regulatory processes. In J. L. Higbee (ed.), *The profession and practice of learning assistance and developmental education: Essays in memory of Dr. Martha Maxwell*. Boone, NC: DevEd Press.

Spann, M. G. Jr.,& McCrimmon, S. (1994). Remedial/developmental education: Past, present, and future. In G. A. Baker III (ed.). *A Handbook on the community college in America: Its history, mission, and management*. CT: Greenwood Press.

Stewart, S., Lim, D. H., & Kim, J. (2015). Factors influencing college persistence for first-time students. *Journal of Developmental Education*, **38**(3), 12-20.

Tinto, V. (2012). *Completing college: Rethinking institutional action*. Chicago, IL: University of Chicago Press.

Wernersbach, B. M., Crowley, S. L., Bates, S. C., & Rosenthal, C. (2014). Study skills course impact on academic self-efficacy. *Journal of Developmental Education*, **37**(2),

14-23.
Williamson, L. V., Goosen, R. A., & Gonzalez, G. F., Jr. (2014). Faculty advising to support student learning. *Journal of Developmental Education*, **38**(1), 20-24.
Wood, D., Bruner, J. S., & Ross, G. (1976). The role of tutoring in problem solving. *Journal of Child Psychology and Psychiatry*, **17**(2), 89-100.
Young, D., & Ley, K. (2005). Developmental college student self-reguration: Results from two measures. *Journal of College Reading and Learning*, **36**(1), 60-80.

第3部
展望：日本の学習支援の可能性を模索する

10 ターム使用上の混乱
リメディアル教育と初年次教育の概念区分

谷川裕稔

1 はじめに

　本章の目的は，「単位認定科目」に対象を絞り，リメディアル教育と初年次教育に関する新たな定義づけを提案することにある。具体的には，中教審の答申（2008）の定義を「限界」と捉え，中教審答申の定義（概念区分）から一歩踏み込んだ，両概念についての定義づけをおこなうことにある。

　リメディアル教育と初年次教育の概念枠組みの範囲については，中教審答申をもって明確なものになった。学習支援の先駆であるアメリカ合衆国（以下，アメリカ）の高等教育機関においても，ターム（用語）の概念領域の確とした定義づけは課題とされており，その意味において，同答申の「リメディアル教育（補習・補完教育）」[1]と「初年次教育」概念との基本的な枠組みの提言に影響を与えた大学教育学会の初年次教育・導入教育委員会の功績は大きい。

　しかし，両概念が学習支援担当者（以下，実践者）間で峻別されて用いられているわけではない。筆者（2009，2010ab，2012de，2013）は，両教育・支援プログラム（サ

---

1) 中教審答申の「用語解説」では「補習（リメディアル教育）」と記されている。したがって本章では，まずは「補習教育」と「リメディアル教育」を同義として進める。それを踏まえ，「補完教育」も「リメディアル教育」概念のなかに含まれるものとする。というのも，同答申のなかに単位認定科目を補う中等教育以下の営みが「補習・補完教育」として記載されており，ひとつの営みと位置づけられていると判断したからである。この場合の補完教育とは，「後期中等教育にて履修してこなかった科目を実施する場合」を指す。一方，補習教育とは，高等教育機関に入学する前に授業などで学んだが十分にその内容が修得できていない学生を対象におこなう教育・支援プログラム（サービス）である。

ービス）が主として1年次に実施され，しかもその研究内容・研究領域に重なりが多くみられ，特に教育方法・教授法に重きを置いていることを明らかにした[2]。ちなみに本章での「混乱」とは，現場でリメディアル教育と初年次教育の両概念の使用・運用が統一されたものになっていない（両概念の枠組みが明確に線引きされているわけではない）状態を指す[3]。これは「学習支援領域」の専門性確立を妨げる要因となる[4]。現場の「混乱」状況を逓減させることによる実践者間のコミュニケーションの円滑化を具現するためには，タームの定義の統一をはかることが重要であると考える。

2 アメリカ関連学会の動向

筆者が中教審答申による両概念の定義を援用する背景には，アメリカの高等教育機関の学習支援に関する2大学会（National Association for Developmental Education, College Reading and Learning Association：以下，NADE，CRLA とそれぞれ記す）の動きがある。両学会は，特に CRLA が中心となって1991年と2007年の2度にわたって用語集（Glossary）を編み，タームの定義づけをおこなった[5]。目的は学習支援に関わる専門用語の概念を整理し，定義づけられたものを関連学会が推奨すること

---

2) 筆者は，2010年からの3年間に日本リメディアル教育学会と初年次教育学会の発表予稿集・発表要旨にて発表された内容を分析した。その結果，両学会ともに学修対象年次を「1年次」とし，教育領域・内容は教育方法・教授法に重きをおいていることが明らかになった（谷川・下坂, 2013）。

3) 「初年次教育」というタームが確立するまでには，高等教育機関の第1学年に実施される学習支援を表すタームとして「補習（補正・補填・補修）教育」「リメディアル教育」「ガイダンス教育」「導入教育」「一年次教育」「フレッシュマンセミナー」「オリエンテーション」などが使用されてきた。そのなかでも主として「リメディアル教育」が使われてきたが，近年では「初年次教育」にほぼ収斂されつつある（「初年次教育」が他（「リメディアル教育」以外）の上位概念になりつつある）。この流れも，現場の混乱を招く大きな要因であると考えられる。

4) ペイン（Payne, E. M.）とライマン（Lyman, B. G.）は，タームの多様なネーミングが学習支援実践（者）のアイデンティティ・プロブレムを招いていると指摘した。クロウズ（Clowes, D. A.）は，「ターム」にはそれぞれが区別され得る根拠が明確にあるといい，名称を統一することの重要性を主張している。ルービン（Rubin, M.）は，実践者間のスムーズなコミュニケーションをはかると同時に専門性を構築する上でタームの統一が重要であるとする。アレンデール（Arendale, D.）によれば，正しい使い方をされたタームは，他のタームが含む意味との違いを浮き彫りにするという。

により，実践者間のコミュニケーションをスムーズなものにすることであった。こうして編まれた「学習支援関連用語集」にはいずれにおいても remedial education のタームがみられる[6]。

2007年の同用語集によると，remedial education program は「特定の科目領域における<u>中等教育レベル</u>の基礎技能の習得を達成させるために学習者を支援する科目や活動」（下線筆者）とされている。しかし，1991年の用語集の remedial education program には「中等教育レベル」の表記はみられない。つまり，2007年の改訂をもって remedial education が中等教育レベル[7]の教育内容の範囲に限定されたということである。これは，remedial education の代わりに使用されるようになった，中等後教育以降のすべての学習者を対象とする教育・支援概念であるディベロップメンタル教育（developmental education）[8]との棲み分け，および同概念の定着を意識した動きと推察できる。

日本における「リメディアル教育」概念の枠組みを検討するとき，CRLAとNADEの判断は看過できない。もちろん，アメリカの学習支援場面と日本のそれとを単純に比較できるものではない。加えて，アメリカの高等教育場面で使用されている（きた）remedial education と日本の「リメディアル教育」とは異なる概

---

5) 1987年にCRLAの理事が中心となって定義づけたものを1990年のCRLAとNADEの大会で検討し，両学会の大会で修正・加筆したうえでルービン＆タスクホース（Rubin, 1991）のメンバーが中心になってまとめた。15年後にアレンデールらが加筆・修正を試みた。1991年の用語集の発表後，5つの学習支援関連団体と10の全米学習支援関連委員会などから意見が届けられ，それをきっかけとして，2007年に同用語集が再編集されることになった。1991年用語集から5ターム削除され，新しく60のタームが加えられた（全153語）。
6) 1970年代後半からアメリカの高等機関の実践者らは，「治療する」というネガティブな意味を有する remedial education から developmental education への使用変更を積極的に目指してきた。しかし，現在でもアメリカの連邦教育省やメディア，伝統（威信）のある高等教育機関では，慣習的に remedial education を使用することが多い。
7) アメリカの場合，州によって異なるが，中等教育というときには第9学年から第12学年を指すことが多い。これは大部分の州が採用している中等教育段階である（日本では中学2年次から高校3年次にあたる）。日本における中等教育レベルとは，学習指導要領に定められている後期中等教育レベル以下の内容を指すものとする。
8) NADEは，developmental education に「中等後教育以降の学習者すべての認知的・情緒的成長を促進するもの」という意味をもたせている。個人は認知発達という連続性をもって成長するものであると彼らは捉えた。これは「学ぶ客体」ではなく，「学ぶ主体」としての学生への期待である。

念という考え方もある。しかし，CRLA と NADE 同様，日本の高等教育場面も remedial education（リメディアル教育）のカレッジ・カリキュラム上の位置づけに腐心していた（いる）ことから，CRLA と NADE の判断・決断は無視できないものと考える。

3 中教審答申による定義とその限界

　「リメディアル教育」と「初年次教育」概念に関する基本的な定義は中教審答申に求められることを前提とする必要がある。なぜなら，同答申で示された提案は，今後現場の指針となる，もしくはすでになっている可能性が高いからである。

　同答申は，初年次教育を「高等学校や他大学からの円滑な移行を図り，学習および人格的な成長に向け，大学での学問的・社会的な諸経験を成功させるべく，主に新入生を対象に総合的に作られた教育プログラム」，あるいは「初年次生が大学生になることを支援するプログラム」と定義づけた。そして，「リメディアル教育」を中等教育レベルの補習（補完）的役割に位置づけることにより，高等教育レベルの教育範囲から切り離した。実際，同答申は，リメディアル教育を「大学教育を受ける前提となる基礎的な知識等についての教育」とし，その内容を高等学校の補習・補完教育と位置づけている。さらに，「高等学校以下のレベルの教育を計画する場合，教育課程外活動として位置づけ，単位認定は行わない取り扱いとする」（下線筆者）とした。

　本章の目的である，リメディアル教育と初年次教育との「さらなる概念領域の差異を示す（本章の仮説を論証する）」際に鍵となるのは，当該科目が「単位認定科目か否か」である。というのも，同答申にてリメディアル教育（中等教育レベル以下の補習・補完教育）系の科目を設定する場合，単位不認定とすることが提言されたからである。となれば，「科目」に注目することが不可避となる。そこで，高等教育レベル以上，あるいは中等教育レベル以下の内容を有する主として 1 年次に実施される「科目」か否かを意識しつつさらなる区分を試みることにする。

　第 1 学年に実施される単位認定科目を対象とすることを前提として①授業内容が完全に中等教育以下レベルの科目，②授業内容に中等教育以下レベルの情報が一部含まれる科目，という 2 つの観点から中教審答申の定義の「限界」を浮き彫りにする。現在，高等教育機関では①②の科目が開講されていて，単位認定がなされている。これらは，ユニバーサル化した高等教育機関で必要な科目である。しかし中

教審答申の定義を当てはめると，単位認定ができないことになる。この現状との乖離に同答申の限界があるのではないかと考える。

● 3-1　観点①から導かれる限界

まずは，単位認定科目でありながら，①「授業が完全に中等教育以下のレベルの科目」について述べたい。具体的には，1年次に，中等教育レベル以下の内容であるにもかかわらず「○○概論」「××入門」「△△演習」（「教養科目」「専門基礎教育科目」）などと銘打ち，それらの科目に単位を付与している場合である。実際，「初年次教育」の枠組みに属する科目は，教養科目や専門基礎科目として正課のカリキュラムに位置づけられていることが多い。例えば，日本橋学館大学の「英語」，京都産業大学の「英語」「化学」「生物」，岡山理科大学の「数学」「物理」「化学」「生物」などはこれにあたる[9]。

これらの科目は，厳密にいえば高等教育レベルの教育内容ではない。むしろリメディアル教育（中等教育レベル以下の内容の教育・支援プログラム（サービス））の範疇に入るものである。したがって，中教審の定義では，これらの科目は単位認定ができないことになる。これが中教審答申の定義では十分に説明できない第1点目である（限界①）。

● 3-2　観点②から導かれる限界

次に②「授業内容に中等教育以下レベルの情報が一部含まれる科目」という観点から大学教育を概観する。

これは①とは異なり，（中等教育以下レベルの教育内容の含まれる割合にもよるが）基本的には高等教育レベルの教育内容であるが，必要に応じて中等教育レベル以下の内容を同科目の中に織り込んでいる場合である。例えば，広島修道大学の教養科目「日本語学」では，形態素という概念を教える際，高等学校までに習得しているはずの活用形の講義もおこなうことがある[10]。中教審答申では「<u>高等学校以下のレベルの教育を計画する場合，教育課程外活動として位置付け，単位認定は行わない取り扱いとする</u>」（下線筆者）と記載されている。したがって，中等教育レベルの教育内

---

9) また，大阪国際大学枚方キャンパスの2学部4学科では，リメディアル教育内容の科目が必修の単位認定科目（ベーシックセミナー科目）として開講されている。
10) このシラバス（中園篤典担当の「日本語学」）は，上山（1991）の内容に沿ったものである。なお，上山の著書は，大学1年生向けに書かれた言語学の入門書である。

容が含まれるのであれば，当該科目に単位認定ができない。しかし，それでは大学教育の現状と合わない。中等教育レベルの教育内容であれば当該科目に単位認定をおこなってはいけないという，限定された中教審の答申定義では，現在の大学教育を十分に説明できない。これが2点目である（限界②）。

4　2つの限界に対する提案

　中教審答申を踏襲して大学教育を整理すると，現在の大学でおこなわれている多くの科目が単位認定できないこととなる。これは，現状と合致しない。前節では，それを2つの限界として提示した。

　これを乗り越えるため，それぞれに2つの対案を示す。限界①に対しては「大学の判断」，限界②に対しては「高等教育の補完機能」という観点から論じる。

● 4-1　限界①への対案

　まずは，「単位認定科目」にも関わらず，その内容は中等教育レベル以下であるという①の場合について答えよう。この場合，それらの科目を，単位認定科目と位置づける中教審答申や初年次教育学会の見解から，ひとつの視角が明らかになってくる。それは，各高等教育機関の判断という指標である。中等教育レベル以下の内容を有する科目であっても，高等教育機関が単位認定と定めれば（あるいは正課の科目として認めれば）単位認定科目になり得るということである。つまり，各高等教育機関の裁量で決定されるということである。このことは，例えばある高等教育機関では，初年次教育科目群に属する主に1年次の単位認定科目として，他方では単位不認定の補習（リメディアル）的科目として，それぞれ実施されることを意味する。これは限界②への対案を示す際の基本的指標となる。

　したがってこの観点に立てば，前述の日本橋学館大学の「英語」，京都産業大学の「英語」「化学」「生物」に加えて，岡山理科大学の「数学」「物理」「化学」「生物」などは，当該学生の学力に鑑みた大学の判断ということで問題がなくなる。これらの科目は，「初年次（教育）科目」として，大学教育のなかに正当に位置づけられることになる。

　ちなみに表現方法（総称）であるが，単位認定科目とする場合は「初年次（教育）科目」，単位不認定科目と位置づけた場合は「リメディアル（教育）科目」と呼ぶことを提案する。

● 4-2 限界②への対案

次に②の場合である。単位認定科目のなかで実施される専門内容と中等教育レベル以下の補習・補完のそれとの割合は看過できないが,「補う情報」を, 高等教育レベルの専門科目に中等教育内容レベル以下の補習・補完的な営みが組み込まれたものと捉えることが可能である。したがって, 初年次教育枠内の単位認定科目ということで問題ないだろう。例えば「日本語学」という科目で前期中等教育レベルの活用形を教えたとしても, 高等教育の補完的機能をもつため問題がなくなる。これらの科目は,「初年次(教育)科目」として, 大学教育のなかに位置づけられる。

実際, 高等教育機関の教員が専門科目を進めていく上において必要に応じて中等教育レベル以下の情報を授業内に織り込むことはままある。それを前提とすると, 大学1年次に主として実施されるリメディアル教育の教育・支援範囲が, 入学前から大学院レベルに至るまで拡張されることになる。

というのも, 2年次以降であっても, 専門科目(単位認定科目)のなかにリメディアル(補習・補完)的な内容が組み込まれる可能性が生じるからである。もちろん, 大学院レベルも含まれる。例えば, 古代仏教を学ぶためにサンスクリット語の指導を並行して実施する, あるいはロシア研究のためにロシア語を補習するなど, まさに大学院に進学するまでに未履修科目の内容を補うという意味においてである[11]。つまり②の観点からすれば, リメディアル教育は1年次に限定される教育・支援的営みではないということなる。

表現方法としては, 単位認定科目ということから, 単位の付与がなされる「初年次(教育)科目」と位置づけることを提案したい。たとえ高等教育レベルの教育内容に中等教育レベルのそれが組み込まれていようとも, である。そして, この場合のリメディアル教育は,「単位認定科目を補う中等教育レベル以下の教育内容を施す営みの総体」と呼ぶことができよう。

補足しておくと, ①の内容が完全に中等教育レベル以下であっても, 高等教育機関が単位認定と判断した場合は, 初年次(教育)科目である。また, 高等教育機関が単位を認定しないと判断した場合は, リメディアル(教育)科目として区別する。

---

[11] もちろん, サンスクリット語が大学レベルの教育内容であるという議論も一方においてある。ロシア語についても同様である。サンスクリット語については, 長尾佳代子会員が, 日本リメディアル教育学会第8回大会のラウンドテーブル『リメディアル教育について語り合う』にて, フロアからこの件に言及した。

表10-1 2つの観点による科目名の総称

授業内容	観点	科目の総称
①内容が完全に中等教育以下レベル	大学の判断	初年次（教育）科目 リメディアル（教育）科目
②内容の一部が中等教育以下レベル	補完的機能	初年次（教育）科目

5 まとめ

　現在の高等教育機関では，その多くの科目で中等教育レベル以下の授業内容や教授法を用いた授業が展開されており，これに対し批判がなされることがある。本章で概観した通り，中教審の答申は，この批判を肯定するものとなっている。

　しかし本章では，2つの観点（①各大学の判断，②高等教育の補完的機能）から中教審答申の定義の限界を指摘し，それを踏まえて両概念の踏み込んだ区分を試みた。

　その結果，①では各高等教育機関の裁量で単位認定科目にも単位不認定科目にもなり得るということ，②は単位認定科目になること（他方，リメディアル教育は大学院課程も含めた学修年次全体までにおよぶ中等教育レベル以下の教育・支援プログラム（サービス）となり得ること），を示した。

　これらが中教審答申にみられる「リメディアル（教育）科目」を単に単位認定科目か否か，つまりは教育内容が中等教育あるいは高等教育レベルなのかについてのみ明確にした定義（概念区分）とは異なる点であり，両概念に関わる敷衍的区分と考える。

【付　記】
本章は，筆者著（2013）である「リメディアル教育と初年次教育の概念枠組みに関する研究（『リメディアル教育研究』8（1），55-66）」（初出）に加筆修正を行ったものである。

【引用・参考文献】
荒木克弘・羽田貴史（2011）．「大学におけるリメディアル教育」杉谷祐美子［編］『大学の学び─教育内容と方法』玉川大学出版部, pp.58-65.
上山あゆみ（1991）．『はじめての人の言語学─ことばの世界へ』くろしお出版
沖　隆義・蜂谷和明（2012）．「［複合事例］岡山理科大学」日本リメディアル教育学会［監修］『大学における学習支援への挑戦─リメディアル教育の現状と課題』ナカニシヤ

出版, pp.188-189.
オルソン協子・奥村玲香・谷川裕稔 (2012).「アメリカに学ぶ学習支援の枠組み」谷川裕稔［代表編者］『学士力を支える学習支援の方法論』ナカニシヤ出版, pp.12-25.
河合塾［編］(2010).『初年次教育でなぜ学生が成長するのか―全国大学調査からみえてきたこと』東信堂
黒坂　光 (2012).「［複合事例］京都産業大学」日本リメディアル教育学会［監修］『大学における学習支援への挑戦―リメディアル教育の現状と課題』ナカニシヤ出版, pp.192-193.
週刊ポスト (2011).「本当にあった「バカ田大学」!?―"偏差値測定不能"とまでコケにされて」『週刊ポスト』**43**(42), 156-157.
杉谷祐美子 (2006).「日本における初年次教育の動向―学部長調査から」濱名　篤・川嶋太津夫［編］『初年次教育―歴史・理論・実践と世界の動向』丸善, pp.69-79.
谷川裕稔 (1999).「アメリカ・コミュニティ・カレッジの「補習教育」―概念的把握と基本的枠組み」『アメリカ教育学会紀要』**10**, 57-64.
谷川裕稔 (2001).『アメリカコミュニティカレッジの補習教育』大学教育出版
谷川裕稔 (2005).「学習支援の授業／教授（支援）法―最近の動向」谷川裕稔・山口昌澄・下坂　剛［著］『学習支援を「トータル・プロデュース」する―ユニバーサル化時代の大学教育』明治図書出版, pp.31-43.
谷川裕稔 (2009).「学習支援の概念枠組みに関する一考察―「リメディアル教育」概念の整理を中心に」『日本リメディアル教育学会関西支部会第1回支部大会総合版』, p.21.
谷川裕稔 (2010a).「学習支援の概念枠組みに関する一考察 (2)―日本リメディアル教育学会のアイデンティティを意識して」『日本リメディアル教育学会第6回全国大会発表予稿集』, 258-259.
谷川裕稔 (2010b).「学習支援の概念枠組みに関する一考察 (3)―「ディベロップメンタル教育」概念の導入を中心に」『日本リメディアル教育学会九州・沖縄支部会第5回支部大会講演論文集』, 29-30.
谷川裕稔 (2012a).「学習支援関連用語集」谷川裕稔［代表編者］『学士力を支える学習支援の方法論』ナカニシヤ出版, p.323.
谷川裕稔 (2012b).「学習支援とは―基本的枠組み」谷川裕稔［代表編者］『学士力を支える学習支援の方法論』ナカニシヤ出版, pp.2-12.
谷川裕稔 (2012c).「「学習の動機づけ」および「自立学習支援」に関する概念的検討」『日本リメディアル教育学会第6回全国大会発表予稿集』, 198-199.
谷川裕稔 (2012d).「教養教育の枠組みのなかでの「補習教育」の位置づけ」『四国大学教育実践報告』**5**, 7-16.
谷川裕稔 (2012e).「「リメディアル教育」と「初年次教育」の概念使用上の混乱に関する一考察」『日本リメディアル教育学会第8回全国大会発表予稿集』, 236-237.
谷川裕稔 (2012f).「わが国の教育・支援プログラムおよびサービス」谷川裕稔［代表編者］『学士力を支える学習支援の方法論』ナカニシヤ出版, pp.40-52.
谷川裕稔・下坂　剛 (2013).「「リメディアル教育」と「初年次教育」概念の使用上の混

乱に関する実証的研究」『四国大学教育実践報告』, 32-37.
中央教育審議会（2008）.『学士課程教育の構築に向けて（答申）』文部科学省
濱名　篤（2006）.「初年次教育・導入教育・キャリア教育・リメディアル教育との関係―学士課程教育の観点から」『大学教育学会課題研究集会要旨集』, 26-29.
濱名　篤（2008）.「日本の初年次教育の課題―学士課程教育・入学前教育との関係」『初年次教育学会誌』**1**(1), 57-64.
藤田哲也（2007）.「初年次教育の目的と実際」『リメディアル教育研究』**1**(1), 1-9.
矢島　彰（2010）.「必修科目としてのリメディアル教育科目の役割―学生意識変化への貢献」『日本リメディアル教育学会第6回全国大会発表予稿集』, 106-107.
山田礼子（2010）.「初年次教育の現状と展望」大学教育学会30周年記念誌編集委員会［編］『大学教育―研究と改革の30年―大学教育学会の視点から』東信堂, pp.29-46.
Arendale, D. R. (2005). Terms of endearment: Words that define and guide developmental education. *Journal of College Reading and Learning*, **35**(2), 66-82.
Arendale, D. R. (2007). A glossary of developmental education and learning assistance terms. *Journal of College Reading and Learning*, **38**(1), 10-34.
Clowes, D. A. (1980). More than a definitional problem: Remedial, compensatory and developmental education. *Journal of Developmental & Remedial Education*, **4**(1), 8-10.
Clowes, D. A. (1979). Form and function. *Journal of Developmental & Remedial Education*, **3**(1), 2-3, 13.
Cohen, A. M. (1987). Responding to criticism of developmental education. In A. M. Ahrendt (ed.), *Teaching the developmental education student*. San Francisco, CA: Jossey-Bass, pp.3-10.
Maxwell. M. (1997). *Improving student learning skills*. Clearwater, FL: H&H Publishing Company.
Payne, E. M., & Lyman, B. G. (1996). Issues affecting the definition of developmental education. In J. L. Higbee, & P. L. Dwinell (eds.), *Defining developmental education: Theory, research, & pedagogy*. Cold Stream, IL: National Association for Developmental Education, pp.11-20.
Perin, D. (1999). Using academic-occupational integration to improve remedial instruction. *Community College Journal*, **69**(5), 26-33.
Roueche, J. E., & Kirk, R. W. (1973). *Catching up: Remedial education*. San Francisco, CA: Jossey-Bass.
Rubin, M. (1991). A glossary of developmental education terms: Compiled by the CRLA task force on professional language for college reading and learning. *Journal of College Reading and Learning*, **23**(2), 1-13.

11 教授法・学習方略の実践
アクティブラーニングという方法

壁谷一広

本章では、アメリカ高等教育機関で実施されている学習支援に関する教授・学習方略を、「アクティブラーニング」に特化して進めていきたい。

1 アクティブラーニングのアメリカの学習支援場面での位置づけ

アメリカ高等教育の学習支援場面における2大学会である「全米ディベロップメンタル教育協会（National Association for Developmental Education）」と「カレッジリーディング＆ラーニング協会（College Reading & Learning Association：以下，CRLA）」に関与する研究者・実践者たちによって編まれた学習支援関連用語集（Arendale, 2007）において，active learning のタームは「アイデアをどのように活用するのかについて考えることを奨励する活動に学生を従事させるプロセス」と定義された。1991年に CRLA のタスクフォースによって編集された用語集（Rubin, 1991）では，active learning というタームは採りあげられていない。1990年から2016年にかけて CRLA の学術誌 *Journal of College Reading and Learning* と NADE の学術誌 *Journal of Developmental Education* に掲載されたタイトルを眺めてみると，前者では1994年第18巻（第2号）での1編（Evans & Gibbson, 1994）が active learning をタイトルに使用しているにすぎず，後者では，1996年第27巻（第2号）での1編（Maker, 1996）において active というタームが用いられているのみである。

ところで，アメリカ高等教育の学習支援場面においては，「修了（completion agenda）」「学生の成功（student success）」「定着（retention）」が近年のキーワード（目標）となっていることは，第1章と第9章にて触れた。アクティブラーニングと

いう教授・学習法は，これらのキーワードを具現するためのひとつの方法論として学習支援場面において位置づけられている。というのも，アメリカ高等教育の学習支援場面では，アクティブラーニングを一括りにするのではなく，「アクティブラーニング」という手法を授業に取り入れるための方略・戦略の名称，つまりサブカテゴリーとして使用するという傾向にあるからである。先にも指摘した通り，用語集と学術誌における active learning というタームの扱いがその事実を語っている。ちなみにアメリカの高等教育場面においてアクティブラーニングが主流となってきたのは 1990 年代からである（溝上, 2014；松下, 2015）。

学習支援場面でのアクティブラーニングの主な実践例には，反転教室（flipped classroom），ディスカッション（discussions），シェア／ペア（share/pair）[1]，グループプロジェクト（group projects），プレゼンテーション（presentations），問題基盤型学習（problem-based learning），プロジェクト基盤型学習（project-based learning），サービスラーニング（service learning），ジャーナルライティング（journal writing），ワンミニッツペーパー（one-minute paper），マディエストポイント（muddiest point）[2]，概念マッピング（concept mapping）[3]，などがある[4]。ちなみに，近年「学生中心の教授・学習法（student-centered teaching and learning）」というタームがアクティブラーニングに代わってよく使用されている。

しかし，授業（型：講義・演習・実験・実習）を，active learning（能動的学習（学修））対 passive learning（受動的学習（学修））[5] という二分法で捉えようとするのはかなり無理があると学習支援場面では認識されている。いかにアクティブラーニングが有効でも，場合によっては講義が最適の教授法となると考える学習支援従事者

---

1) 与えられた問題に対して学生がペアになって意見を交わし合う方法のこと。最後にクラスのなかで自分たちの意見をプレゼンテーションする。学生に自信を与えることと授業参加を促すことをねらいとしている。
2) 最もシンプルなクラス評価技術（Classroom Assessment Techniques：CATs）のひとつ。効率的に（学生・教員ともに骨を折ることなく）高い情報が得られる。学生に「あなたが授業で最も理解が困難であったポイント（muddiest points）」「この講義でもっとも重要なポイント」といった問いに対して即座に回答（書き留め）させる。講義形式，演習形式他でも用いることができる。授業の終わりにおこなわれることが多く，教員は次の授業時，あるいはその前までに学生に回答する。
3) グラフ（図表）を用いて知識（概念）などを組織化して表示する手法。
4) 第 7 章から第 9 章で紹介した教授・学習方略の大半が，中教審でいうところのアクティブラーニング的手法である。

(以下，実践者)[6]が一定数存在する。そのような背景から，「講義のなかで授業内容に適したアクティブラーニングストラテジーをどのように組み込んでいくのか」というアプローチが，実践者の一般的な見解となっている[7]。

アメリカでは一方で自己管理的学習 (self-directed learning) という概念がある。タフ (Tough, A.) とノウルズ (Knowles, M.) によって確立されたもので，成人による自主学習（生涯教育，成人継続教育）を内包する概念である。生涯学習の中心的概念となっている。同概念は，学習を孤立化せず，教員や指導者，教材や教育機関などのリソースを用いておこなわれる。特徴は，学習者自身が自己の学習全体の計画，コントロールおよび監督の第一義的責任をもつことにある。①自己学習の目的や手段に対する他者のコントロールからの独立性，②他者の援助を受ける場合も受けない場合も自分がイニシアティブをとり，自己の学習ニーズを診断し，学習戦略を選択し実施し，学習成果を評価するという主導性，などの「自律性」をともなう。類似の概念には，self-instruction, independent learning, self-study, autonomous learning などがある。これらは，アクティブラーニング概念と一線を画している。いわゆる成人による自律学習である（池田，1990）。

ところで，学習習慣が確立していない学生に学習習慣を身につけさせるには，挫折させないことが重要となる。そのためのサポートやツールを提供する主なアプローチには，スキャフォールディング (scaffolding) がある。「アクティブラーニング」を考える上で看過できない観点である。

スキャフォールディング（スカッフォールディング，足場かけとも呼ばれる）とは，「学習者が新しい技能や概念や理解のレベルを身につけるのを助ける特別な支援のことである。つまり，学習者がいずれ一人で同様の課題を成し遂げられるように，学習者が何かの仕方を知るのを教師が助ける一時的な支援（Gibbons, 1998）」で，学習者の自主性・自律性を高めるのに有効だと考えられている。

---

5) 中央教育審議会（2012）にて「アクティブラーニング」を「能動的学修」と表記していることもあり，それに従うことにした。本章では，基本的に「学修」を単位認定科目の履修を意識した学び，「学習」は①「学修」の下支えとなる基礎的な営為と②基礎的学習＋学修を包摂する概念として表記している。
6) 学習支援には職員も関わっているため，「学習支援」プログラム・サービスに従事する教職員の総称を「学習支援従事者」とし，その略称を「実践者」とした。
7) ゲートウェイコミュニティカレッジ (Gateway Community College) のオルソン協子氏（同カレッジの学習センター長）より書簡にて示唆を得た（2016年2月9日）。

ウッドら（Wood et al., 1976）は，「学習成果が上がらず簡単に断念してしまう学習者は学力が不十分だと考えられがちだが，実際には取り組み方に対する理解が不十分である場合も多く，そのような場合，どうすれば現時点の能力で課題に取り組めるのか，あるいは自分の取り組み方のどこがおかしいかを気づかせることによって，自力で課題を達成することができるようになる」という見解を示す。

スキャフォールディングの提供者が意識しておかなければならないことは，教えたり答を与えるのではなく，支援の対象者が自分で答えにたどり着けるようサポートすることが目的だということである。また，どの時点でスキャフォールディングの提供をやめるかを見極めることも重要である。

スキャフォールディングは，主にスキル科目，学習（支援）センターおよびピアチュータリングにおける指導に採り入れられている。

2 「アクティブラーニング」が日本の大学教育を席巻する背景

独立大学法人大学評価（大学改革支援）・学位授与機構，公益法人大学基準協会などは，高等教育機関に認証評価対応・経営改善・教育改善力を求める状況にある。

例えば，国立法人大学対象の「基盤的経費・補助金等の配分を通じた改革サイクルの確立の支援，学修支援環境の整備」では，大学教育の質的転換に取り組んでいる大学・学部などに対する重点配分（国立大学法人運営費交付金）をおこなう制度がある。特に「ラーニング・ユニバーシティの形成」に関わる演習や実技などの双方向教育において先駆的な役割を果たし，かつ実績をあげている大学・学部などに対して重点的に配分がなされることになっている。一方私立大学には，「平成 27 年度私立大学等改革総合支援事業」などがあり，補助金の配分方法は①「私立大学等経常費補助」，②「私立大学等教育研究施設整備費補助」，③「私立大学等教育研究活化設備整備事業」の 3 プランで配分される。②③の場合，「私立大学等改革総合支援事業調査票」の点数により，申請した高等教育機関への補助金が決まる。その評価する取り組み（タイプ 1）のなかには，シラバスの改善（主体的な学修を促す教育課程の編成），学生の学習時間などの把握と充実があり，アクティブラーニングを採り入れた授業の展開は，ポイントを獲得する要因となる。選定されるとアクティブラーニング関連の設備費などが計上される。

それらを背景として，国からの補助金獲得を目指して，点数向上を目指して教育活動に採り入れようとしている高等教育機関も多くなっていることが推察される。

文部科学省は，アクティブラーニングを学校現場に広めるために補助金制度を導入しているともいえる[8]。

とはいえ，高等教育機関では，アクティブラーニングが能動的な学習・学修への取り組みとして教授・学習方略場面を席巻しているといっても過言ではない。学生は「常に能動的に」高等教育機関の授業（講義・演習・実験・実習）に取り組まねば（参加しなければ）ならない状況になっている。

2012（平成24）年8月28日の中央教育審議会（以下，中教審）の答申は，アクティブラーニングを次のように定義した。

> 「教員による一方的な講義形式の教育とは異なり，学修者の能動的な学修への参加を取り入れた教授・学習法の総称。学修者が能動的に学修することによって，認知的，倫理的，社会的能力，教養，知識，経験を含めた汎用能力の育成を図る。発見学習，問題解決学習，体験学習，調査学習等が含まれるが，教室内でのグループ・ディスカッション，ディベート，グループ・ワーク等によっても取り入れられる」。（中央教育審議会, 2012）

方法論として，協同・協調学習，eラーニング，サービスラーニング，学生サポート，反転授業などが学生の社会性・自律性を育むアプローチとして用いられている。中教審の定義の疑問点，例えば提示された方法論（型）でなければアクティブラーニングはできないのか，一方的な講義形式にて能動的学修は不可能なのか，などについてはここでは問わない。いずれにしても中教審，文部科学省の競争的補助金制度のもと，基本的に高等教育機関はそれを獲得すべく教員がアクティブラーニングをおこなう（あるいは「的要素」を授業のなかに組み入れる）ことを期待している。

しかし，多くの高等教育機関は，何らかの形で能動的学修を導入したり，教育改

---

8) 私立大学等改革総合支援事業（私立大学等教育研究施設整備費補助）はタイプが4つある。そのなかでも特にタイプ1「教育の質的転換」は，全学的な体制での教育の質的転換換（学生の主体的な学修の充実など）を支援するものである。評価される取り組み例として，①全学的教学マネジメント体制の構築，②シラバスの改善（主体的な学修を促す教育課程の編成），③学生の学習時間などの把握と充実，④学生による授業評価結果の活用，履修系統図・ナンバリング・CAP制・学長裁量経費などの実施，⑤外部組織と連携したプロジェクト基盤型学習（Project-Based Learning；新商品の企画・プレゼンテーションなど）の実施，⑥能力・意欲・適性などを多面的・総合的に評価する入学者選抜の実施などが挙げられている。

善に取り組んだりしているが、一部の例を除いて、思うような成果が上がっていないのが現状である（亀倉, 2016）[9]。

3 学習支援の観点からアクティブラーニングのあり方を考える

繰り返すが、中教審の2012年の転換答申は、高等教育が学生に「学士力」、そのなかでも汎用力を、確実に身につけさせることを求めている。さらに、その方法として、能動的学修（アクティブラーニング）を導入して、学士課程教育の質的転換を図ることを示している。

本節では、学習支援の観点からアクティブラーニングを整理する。基本的なスタンスは、学習支援は「学士課程教育」を下支えする営為であり、その方法論のひとつとして「アクティブラーニング」という教授・学習方略がある、ということである。

先に述べたように、現在日本の高等教育が能動的学修を通して目指しているものは、予測困難な時代において変化に対応できる基礎力および汎用力の育成である。渡部（2013）は、「教え込み型教育」から「しみ込み型の学び」[10]へのパラダイム・シフトを提案し、「日本の伝統芸能で採用されている「模倣」「非段階性」「非透明な評価」といった特徴をもつ教育スタイルこそ、予測困難な時代、そして混迷する時代の大学教育にとって必要不可欠である」と述べ、日本の知を育む「しみ込み型の学び」が有効であると主張している。しかし、「しみ込み型の学び」によって身につく「よいかげんな知」は、教員にとっては想定外だったり、プロセスや時間的制約を考慮したプログラム設計や評価が難しかったりするため、カリキュラムに取り入れることは容易ではない。

松下（2015）は、「グループワーク、ディスカッション、プレゼンテーションなどの活動を組み込んだ授業形態のレベルにとどまっている現実」「知識（内容）と活動の乖離」「能動的学習をめざす授業のもたらす受動性」「学習スタイルの多様性への

---

9) 亀倉は、『失敗事例から学ぶ大学でのアクティブラーニング』（亀倉, 2016）や『アクティブラーニング失敗事例ハンドブック―産業界ニーズ事業・成果報告』（亀倉, 2014）のなかで「失敗事例から学ぶ」ことの重要性を強調している。このことは、アクティブラーニングを採り入れた授業が必ずしもうまくいっていないことを示している。
10) 渡部は、しみ込み型の学びによって身につくものを「「きちんとした知」＋a」によって成り立つ「よいかげんな知」であると述べている。

対応」いったアクティブラーニングの日本における実践上の問題を指摘し、「学習の質や内容」に焦点をあてるディープ・ラーニングと融合した「ディープ・アクティブラーニング」[11]こそが、大学での学修が目指すべきものだと述べている。また、ディープ・アクティブラーニングにおいては、学習プロセスのなかの「内化」[12]と「外化」[13]が重要で、「内化」された知識が「外化」の活動を通じて再構築されることの繰り返しによって、理解が深化するとしている。さらに、学習サイクルに対する学生と教員の共通認識を前提として、「4年間のスパンのなかに、もっと短い単位で学習サイクルを埋め込んで、学生自身に繰り返し学習サイクルを経験させ、学び方を学ばせていくこと」が有効であるとも述べている。

河井（2014）は、授業と並行して学生がプロジェクトに取り組むプログラムの効果の研究のなかで、「学習者が、授業外での活動と授業のように複数の異なる活動の間で移行・往還しながら、それぞれにおける学習を結合・統合していくこと」によって、「ラーニングブリッジング」と呼ばれる学習ダイナミクスが実現し、学生の「学びと成長」につながると述べている。

各研究者の主張の共通点は、能動的な学習を意識することを前提として、学んだことを学習者が時間をかけて何度も繰り返し実際に使ってみることによって学びが深まることの重要性である。これは、中央教育審議会（2012）が求めている学習成果を達成するために重要な指摘であり、有効な対策になると考えられるが、より実情に合った対策にするためには、「学習習慣確立の必要性」や「専門教育・研究志向の教員の意識」を考慮する必要がある。というのも、アメリカで生み出され、日本にも採り入れられている学習支援の手法は、学習習慣の確立や学習意欲があることが前提になっているからである。しかも日本の多くの高等教育機関で学習支援の対象と考えられている学生の大半は、学習習慣も学習意欲もなく、基礎学力が十分ではない者（不本意入学者含む）であり、多様化し増加するこれらの学生に対応するためには全教職員の協力が欠かせない。これは「能動性（的）」の前段階の課題といえ

---

11) 松下（2015）は、「学生が他者と関わりながら、対象世界を深く学び、これまでの知識や経験と結びつけると同時にこれからの人生につなげていけるような学習」と定義している。
12) 松下（2015）によれば、学習者が、既にもっている知識や経験では対応できない問題に出会ったときに、その問題を解決するために必要な知識を習得することが「内化」である。
13) 松下（2015）によれば、学習者が、「内化」で習得した知識を用いて既有知識や経験では対応できない問題を解決しようとすることが「外化」である。

る。そこで，「アクティブ（能動性・的）」を喚起させるための「基礎学力」「学習習慣の確立」を意識する必要がある。

以上を踏まえ，日本の高等教育において学生の「能動性（的）」を具現するために必要とされる，高等教育機関側の取り組みについて，学習支援の観点から整理してみたい。

①授業や課題でスキャフォールディングを提供しながら，学習サイクルを完成する経験を積ませる

学習支援の対象になる学生の多くは，課題を完成させる経験に乏しく，学びを途中で放棄する経験が習慣化している。それらの学生には，サポートを受けながらでも学びを形にする経験を繰り返すことによって，学習習慣の形成が見込まれる。

②在学期間全体を通して学習支援を提供する

学習支援の目的は，学生の大学・短期大学における学びを成功させることであり，初年次にアカデミックスキルなどの科目を提供するだけで十分とはいえない（谷川, 2012）。

③専任教員が担当する専門科目のなかに学習支援の要素を取り入れる

日本の大学および短期大学は専門志向であり，学生の学びの成功も専門科目にかかっている。また，専門科目担当の専任教員と学生との関わりは必然的に強いものになってくる。このような状況で適切な学習支援が提供できれば，学びの成功に対する学生の期待も生まれ，学習動機の向上につながってくる（谷川, 2013）。

④学習（支援）センターやピアチュータリングなどの授業外の支援体制を設ける

学生の学力，学びのスタイル，生活のパターンなどの多様化は急速に拡大している。そのため，学習支援提供のオプションは，できるだけ多くしておくことが望ましい。

⑤教員の教育力の向上を図る

多様化している学生に効果的な学びを提供するためには，教える内容ではなく方法を工夫することが教員に求められる。アメリカにおいては，学習・教育（支援）センターがそのような問題に対応している。日本においても，FD研修会などで取り組む必要がある。

もちろん，それぞれの高等教育機関の実情が大きく異なることもあり，具体的にどのような取り組みが最善かを示すことはできないが，以上の5つの観点が「学生

の能動性」が具現される学習支援のあり方を検討する端緒となることを期待したい。

【引用・参考文献】
池田秀男（1990）．「自己管理的学習」日本生涯教育学会［編］『生涯学習事典』東京書籍，pp.36-37.
ウッズ，D. R.／新道幸恵［訳］（2001）．『PBL 判断能力を高める主体的学習—Problem-based learning』医学書院
亀倉正彦（2016）．『失敗事例から学ぶ大学でのアクティブラーニング』東信堂
河井　亨（2014）．『大学生の学習ダイナミクス—授業内外のラーニング・ブリッジング』東信堂
杉谷祐美子（2004）．「大学管理職から見た初年次教育への期待と評価」『大学教育学会誌』**26**(1), 29-36.
谷川裕稔（2001）．『アメリカコミュニティカレッジの補習教育』大学教育出版
谷川裕稔（2012）．「学習支援とは—基本的枠組み」谷川裕稔［代表編者］『学士力を支える学習支援の方法論』ナカニシヤ出版
谷川裕稔（2013）．「リメディアル教育と初年次教育の概念枠組みに関する研究—中教審答申による定義の限界とその対案について」『リメディアル教育研究』**8**(2), 55-66.
友野伸一郎（2010）．『対決！大学の教育力』朝日新聞出版
中央教育審議会（2012）．『新たな未来を築くための大学教育の質的転換に向けて—生涯学び続け，主体的に考える力を育成する大学へ（答申）』文部科学省
中部地域大学グループ・東海Ａチーム［編］（2014）．『アクティブラーニング失敗事例ハンドブック—産業ニーズ事業・成果報告』一粒書房
永野　敬・林　一雄［編］（2016）．『アクティブラーニングのデザイン—東京大学の新しい教養教育』東京大学出版会
日本イーラーニングコンソシアム［編］（2006）．『e ラーニング白書 2006／2007 年度版』東京電機大学出版局
ニューエル，R. J.／上杉賢士・市川洋子［監訳］（2004）．『学びの情熱を呼び覚ますプロジェクト・ベース学習』学事出版
バークレイ，E. F.・クロス，K. P.・メジャー，C. H.／安永　悟［監訳］（2009）．『協同学習の技法—大学教育の手引き』ナカニシヤ出版
松下佳代・京都大学高等教育研究開発推進センター［編著］（2015）．『ディープ・アクティブラーニング—大学授業を深化させるために』勁草書房
溝上慎一（2014）．『アクティブラーニングと教授学習パラダイムの転換』東信堂
宮地　功［編著］（2009）．『e ラーニングからブレンディッドラーニングへ』共立出版
文部科学省高等教育局大学振興課大学入試室（2013）．「平成 25 年度国公立私立大学・短期大学入学者選抜実施状況の概要」〈http://www.mext.go.jp/b_menu/houdou/25/10/1340441.htm（最終アクセス日：2017 年 2 月 8 日）〉
山田礼子（2005）．『一年次「導入」教育の日米比較』東信堂

渡部信一（2013）.『日本の「学び」と大学教育』ナカニシヤ出版
Arendale, D. R. (2007). A glossary of developmental education and learning assistance terms. *Journal of College Reading and Learning*, **38**(1), 10-34.
Arendale, D. R. (2010). *Access at the crossroads: Learning assistance in higher education: ASHE higher eductaion report, Volume 35, Number 6*. San Francisco, CA: Jossey-Bass.
Barr, R. B., & Tagg, J. (1995). From teaching to learning: A new paradigm for undergraduate education. *Change: The Magazine of Higher Education*, **27**(6), 13-25.
Bruffee, K. A. (1995). Peer tutoring and the "conversation of mankind". In C. Murphy, & J. Law (eds.), *Landmark esseys on writing centers*. Davis, CA: Hermagoras Press, pp.87-98.
Casazza, M. E., & Silverman, S. L. (1996). *Learning assistance and developmental education: A guide for effective practice*. San Francisco, CA: Jossey-Bass.
Evans, N., & Gibson, S. U. (1994). Ideas in practice: Debate as an active learning strategy. *Journal of Developmental Education*, **18**(2), 22.
Gibbons, P. (2002). *Scaffolding language, scaffolding learning: Teaching second language learners in the mainstream classroom*. Portsmouth, NH: Heinemann.
Knowles, M. S. (1975). *Self-directed learning: A guide for learners and teachers*. New York, NY: Cambridge Book.
Korey-Smith, K. (2008). A brief history of developmental education in the United States.『リメディアル教育研究』**3**(2), 129-134.
Lazerson, M., Wagener, U., & Shumanis, N. (2000). What makes a revolution? Teaching and learning in higher education, 1980-2000. *Change: The Magazine of Higher Education*, **32**(3), 12-19.
Maker, J. (1996). The ACT (active critical thinking)method of teaching critical and study reading. *Journal of College Reading & Learning*, **27**(2), 40-44.
Maxwell, M. (1997). *Improving student learning skills*. Clearwater, FL: H&H Publishing Company.
Rubin, M. (1991). A glossary of developmental education terms: Compiled by the CRLA task force on professional language for college reading and learning. *Journal of College Reading and Learning*, **23**(2), 1-13.
Tough, A. M. (1989). Self-directed learning: Concepts and practice. In C. J. Titmus (ed.), *Lifelong education for adults: An international handbook*. Oxford, United Kingdom: Pergamon Press.
Wood, D., Bruner, J. S., & Ross, G. (1976). The role of tutoring in problem solving. *Journal of Child Psychology and Psychiatry*, **17**(2), 89-100.

12 学習成果・評価のあり方

野田文香

　近年の日本の高等教育政策の方向性として，主体的な学習時間の増加・確保を促す教育の質的転換と学習成果の可視化が重点課題とされている。その背景として，グローバル人材の育成や国際競争力の強化といった社会経済的なニーズに高等教育が対応することが求められており，ただ数的に学習時間を増加させるだけでなく，学生が主体的学習者となり，確かな学習成果につながる教育プロセスも必要とされている。また，学習成果を証明していくためのアセスメントに関する実践や研究が蓄積しつつあるが，一方で多くの大学そして評価機関ともに学習成果の目標設定，それを達成するためのプロセス，成果の確認方法などに苦慮している状況である。そこには，大学が掲げる達成目標自体が不明瞭であったり，抽象度が高過ぎたり，成果の測定が困難であったりと数多くの問題がある（谷川，2012）。

　本章では，学習成果を示す手段の1つである機関別認証評価の事例を手掛かりに，大学組織としての教育成果，学生の学習成果，教育プロセスに関わる評価の現状や課題の一側面を明らかにする。機関別認証評価は，すべての大学・短期大学が，文部科学省から認証された評価機関（大学基準協会，大学改革支援・学位授与機構，日本高等教育評価機構，短期大学基準協会）のいずれかから7年に1度受けることが学校教育法で義務づけられているもので，大学の自己点検・評価を第三者の立場から評価するというシステムである。機関別評価は大学全体の組織評価のため，学習成果をめぐっては，その達成を可能にする目標の設定，教育課程，教育内容，方法などのプロセスの評価も重視している。

1 主体的学習への質的転換の一翼となる単位制度の実質化に関する課題

　まず，教育プロセスの観点から，日本の高等教育のかねてからの課題である授業外学習時間数の増加とそれにともなう能動的な学習姿勢への転換，いわゆる「単位制度の実質化」に対する大学の取り組み状況とその評価に着目したい。図 12-1 は大学改革支援・学位授与機構による第 1 サイクルの認証評価結果（2005-2011 年度）から，「基準 5：教育内容及び方法」の評価観点の 1 つである単位制度の実質化に向けた大学の取り組みを分析したものである。ここでは，単位制度の実質化に欠かせない「授業方法の工夫」に関しては，対象大学の約半数（69；大学数，以下同様）しか挙げておらず，その内訳の多くは，「課題やテストを課している（43）」や「web を活用している（25）」というものである。他に挙げられていた少人数教育（7），問題解決型学習（6），チュートリアル教育（5）は，一部の医学，看護学，歯学，薬学，芸術系などの学部学科のケースとして説明されることが多く，大学全般的に普及されているとはいい難い。また，プレゼンテーション（4），ディベート，グループワーク，プロジェクト研究，学生参加型学習（各1）といった学生が主体となるアクティブラーニングに関するタームは多くは見受けられなかった（野田・渋井，2016）。これは機関別評価ゆえに個々の詳細な学習方法の取り組みまでは大学の自己評価書に記述されなかったとも解釈できるが，一方で学生の主体的な学習方法を促進する方針について，大学組織全体としては明確になっていない，あるいは十分に共有さ

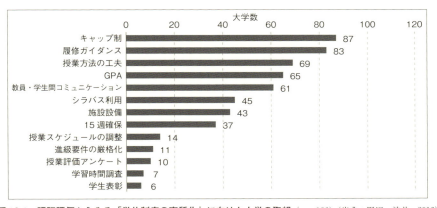

図 12-1　認証評価からみる「単位制度の実質化」に向けた大学の取組（$n = 126$）（出典：野田・渋井，2016）

れていない状況も可能性として推測できる。

2 学習成果アセスメントと機関別認証評価に関する課題

　現在，日本の大学ではどのような学習成果アセスメント手法が取り入れられているのだろうか。図12-2は，全国調査（あずさ監査法人，2014）より，学生の学習成果を把握するための大学の取り組み状況を示したものである。授業などでの課題やテスト，発表やパフォーマンス，卒業論文・卒業研究など，従来から実施されている評価方法が多く挙げられているが，外部で作成された統一テストやポートフォリオ，ルーブリック，キャップストーンなどアメリカなどで活用されているアセスメント手法も少しずつ導入されている。

　アセスメントの対象は，個々の学生，授業，部局，課程，全学など多様であり，またそれぞれの成果を把握する目的や動機も，学生自身やその家族，大学執行部や教職員，雇用者，政策立案者，納税者，マスコミなど，各ステークホルダーによって異なる。考えなければならないのは，目的や評価対象が異なるそれぞれのアセスメント結果をどのような目的で誰にどのような形で示すのか，ということである。特に，大学組織全般としての学生の学習成果など，アセスメントの対象規模が大きくなるほど，成果の可視化は簡単ではない。例えば，現行の機関別認証評価は，学習成果に関して何を求めているのだろうか。

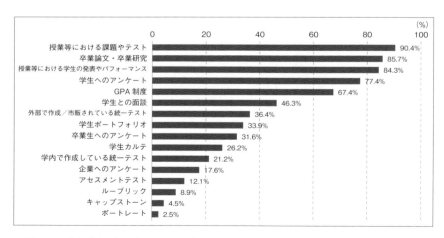

図12-2　学習成果を把握するための大学の取り組み状況（$n = 561$）（出典：あずさ監査法人，2014）

12 学習成果・評価のあり方

表12-1 学習成果に関する機関別認証評価基準と評価の視点（概要）

大学基準協会	大学改革支援・学位授与機構	日本高等教育評価機構	短期大学基準協会
評価基準			
教育内容・方法・成果	学習成果	学修と教授	建学の精神と教育の効果 教育課程と学生支援
評価の視点			
●教育目標に沿った成果が上がっているか ・学生の学習成果を測定するための評価指標の開発とその適用 ・学生の自己評価，卒業後の評価（就職先／卒業生評価） ●学位授与（卒業・修了認定）は適切におこなわれているか ・学位授与基準，学位授与手続きの適切性 ・学位審査および修了認定の客観性・厳格性を確保する方策	●以下の視点から判断して学習成果が上がっているか ・各学年や卒業（修了）時などにおいて学生が身に付けるべき知識・技能・態度などについて，単位修得，進級，卒業（修了）の状況，資格取得の状況など／卒業（学位）論文などの内容・水準 ・学習の達成度や満足度に関する学生からの意見聴取の結果など ・就職や進学といった卒業（修了）後の進路の状況など ・卒業（修了）生や，就職先などの関係者からの意見聴取の結果	●教育目的の達成状況の点検・評価方法の工夫・開発 （エビデンス例：教室内外の学修状況に関する学生アンケート調査などを分析した資料） ●教育内容・方法および学修指導などの改善へ向けての評価結果のフィードバック （エビデンス例：教育目的の達成状況の評価に関する研究又はその評価結果の分析および教育改善へのフィードバックを示す資料）	●学科・専攻課程の学習成果について ・建学の精神に基づき明確に示している ・教育目的・目標に基づいて明確に示している ・量的・質的データとして測定する仕組みをもっている ・学内外に表明している ・定期的に点検している ●学習成果を焦点とする査定（アセスメント）の手法を有している ●学科・専攻課程の教育課程の学習成果について ・具体性がある ・達成可能である ・一定期間内で達成可能である ・実際的な価値がある ・測定可能である

注）各評価機関の基準や評価の視点などに関し，筆者が簡略化し概要として示している。

表12-1は，各認証評価機関が定める学習成果に関する評価基準および各大学が自己点検・評価を実施する際に参照する評価の視点（第2サイクル）の概要を示したものである。評価機関によって評価基準の構造や求めるものに強弱はあるが，大学が教育目標を明確に定めていることを前提とし，それに対する成果をどのように確認しているかなど，そのプロセスを問うている。具体的には，教室内外の学習状況，学生の自己評価，単位修得，進級，卒業，資格取得の状況，進路状況，卒業生や就職先の評価，評価結果の点検やフィードバックなどが例として提示されており，さ

らには学習成果の達成状況を評価するための方法や指標の開発や工夫，量的・質的データとして測定する仕組みなど，大学自身の判断でアセスメント手法を開発，活用していくことが期待されている。

現行の機関別認証評価は，機関規模で集約可能なデータや，学生個人あるいは特定の組織単位として達成した成果などの一側面を集約する形で総括的に示しており，大学のあらゆるところで生み出された詳細な学習成果をすべて把握するという性格は持ち合わせていない。大学で活用されている学習成果アセスメント手法の多くが，授業などでの課題やテスト，学生の発表やパフォーマンス，卒業論文・研究といった学生個人の成果に基づいた直接的な手法であるが（図12-2），機関別認証評価で示されるのは，一部の専門分野の国家資格試験や TOEIC・TOEFL などの語学の標準化試験の活用の他には，学生や就職先によるアンケート調査や卒業率，就職率など，暗黙的に間接的な評価が中心となっている。これは，機関別評価ゆえの特徴なのか，または学生個人に基づく直接的評価の結果を機関別評価として示す方法論に課題があるのか，あるいは直接的評価手法自体が日本の高等教育においてまだ開発途上にあるのか，などさまざまな要因が考えられる。一方で評価機関は，学習成果を示す根拠資料の参考例は示してはいるが，大学の自己改善や個性の伸長を重んじるため，一部を除いては統一的または画一的な指標や根拠資料を求めることはせず，その選択は大学の自律的判断に依拠している。あくまで認証評価は大学組織としての成果のある側面を確認するための評価媒体の１つであり，学部，学科，研究科，専攻などの各部局，各種センター，ある教育プログラム，その構成要素となるカリキュラムや授業，各教職員など，より細かい組織単位における成果をそれぞれが責任をもって点検・管理していくことが求められてきているわけである。しかし，それを具体的にどうしていくかが，大きな課題となっている。

3 解決の可能性

前節では，学習成果評価のあり方について，認証評価の事例を踏まえ，①主体的学習への質的転換の一翼となる単位制度の実質化に対する取り組みとその評価，②学習成果アセスメントと機関別認証評価，の２点の問題について触れた。これらの点について，アメリカの事例と照らし合わせ，どのような解決の可能性があるかを模索したい。

● 3-1 確かな学習成果につながる「単位制度の実質化」に対する実質的評価

　日本の高等教育において，学生の主体的学習への質的転換にかかわる単位制度の実質化は長らく重要課題とされてきた。第 2 章で触れたように，日本の単位制度のモデルとなったアメリカでは，学習時間と学習成果の関係を改めて問い直す議論が展開されており，いわゆる学習時間数ではなく，学習成果の獲得を直接的に確認することによって学位や修了資格が与えられるコンピテンシー基盤型教育（CBE）モデルが注目されている。CBE にはまだ課題が残されているものの，単位制度の見直しをめぐって議会や連邦政府など国をあげての議論となっているアメリカの実情は，日本にとっても無関係とはいえない。

　単位制度に関する質保証については，アメリカは連邦助成金に結びつく単位時間の乱用防止策や学習成果の挙証などアカウンタビリティの強化という意味合いが強く，アクレディテーションは，授業時間の配分や授業期間，講義形式ではない非標準型の教育形態の単位授与の方針や手順などを主に点検しており，そのなかでも可視化できるシートタイム（いわゆる教員とのインターラクションの時間）の設定について注視している（U.S. Department of Education, 2013）。一方，日本の単位制度の実質化が強調している授業外学習時間については，アメリカでは 1960 年代以降その時間数が大幅に減少している事実があるものの，アクレディテーションにとっては評価の優先対象ではなく，何よりも学習成果またはコンピテンシーを示すことが第一の課題となっている。

　日本の認証評価は，大学設置基準で定められている単位制度の趣旨を遵守することを重んじ，コンプライアンスおよび国際的通用性の観点から授業外学習時間の増加を促進する大学の取り組み状況を点検することが現時点での機能となっている。本章では，日本の認証評価の事例を通じて，多くの大学がキャップ制，GPA，シラバス，授業回数 15 週確保などを単位制度の実質化に対する取り組みのエビデンスとして示していることを紹介した。しかしながら，このような個々の組織的取り組みが学生の授業外学習を実質的に促す仕掛けとしてどう機能しているのかはまだ不透明なところが多い。また，単位制度の実質化への取り組みとして挙げられていた少人数教育や問題解決型学習などの多くは医歯薬看護系などの特定分野の事例であり，全学で普及されているとはいい難く，他にはプレゼンテーションやディベート，プロジェクト研究などのアクティブラーニングに関する報告もほとんど確認されなかった。以上のことを鑑みると，評価においても，キャップ制や 15 回の授業回数などの制度設計だけでなく，学生が実際にどのように学習に参加し学んでいるのか，

またどのような学習支援を受けているのか，という視点の強化が重要になってくる。主体的学習への質的転換を学生に一方的に求めるのではなく，アクティブラーニングを含んだ授業方法の工夫や体系的なカリキュラム構築など，教える側の体制や環境の整備，インセンティブづくりなどの支援も必要である。アメリカのように学習時間 vs. 学習成果といった思い切った議論でないにしても，日本においても確かな学習成果につながる教育プロセスとして，単位制度の実質化への取り組みを実質的に評価していくことが不可欠である。

● 3-2 機関別評価における学習成果の直接的評価および内部質保証システム

日本の機関別認証評価では，学生の学習成果を確認するためのアセスメント手法を大学自らが開発，工夫していくことが期待されている。現行の認証評価に示される学習成果のエビデンスは，機関規模で集約できる定量的なデータや学生や就職先などによる満足度調査といった間接的な評価結果が多く，学生が身につけた内容を具体的に確認する直接的評価手法の活用も課題の1つである。日本同様，アメリカの地域別アクレディテーションもアセスメント手法は規定せず大学の判断に委ねているが，学習成果としてよく活用される GPA や卒業率，卒業生調査は，やはりエビデンスとしては不十分であるという声や，学生アンケート調査などの間接的評価結果でもって，学生の実質的な能力獲得のエビデンスとすることは避けるべきという指摘もあり，多様かつ適切なアセスメント手法を用いることが求められている (Provezis, 2010)。

日本でも，授業での課題やテスト，発表やパフォーマンス，卒業論文・研究といった，学生の成果を直接確認する手法が従来から重視されており，また近年はポートフォリオやキャップストーンなどの手法も少しずつ導入されている。直接的評価は個々の学生の成果を時間と手間をかけてひとつひとつ点検することが多いわけだが，これまで十分になされていなかった授業や部局レベルでの学習成果に関する体系的な評価基準の整備なども今後さらに求められる。この点について，中教審答申「学士課程教育の構築に向けて」（中央教育審議会, 2008）が評価の第一義的責任は大学自身にあり，特に専門分野別教育の学習成果の把握と改善につながる内部質保証システムの確立の必要性を提言している通り，近年は，個々の学生や部局，課程などの成果については各組織が責任をもって評価や管理をおこない，その成果を可視化していくことが重要となっている。

アメリカのみならず国際的にも，大学の改善を促す自己点検評価システムの有

効性を検証することが質保証の枠組みに取り入れられ，日本の大学の内部質保証体制に関する基準が機関別認証評価の第2サイクルにて盛り込まれた。これまでの機関別評価の視点ではすくい取れなかった各部局自身の教育目標の設定と学習成果の評価，またその改善に向けた仕組みを整備する必要性を明確にしている。内部質保証システムは大学や部局に課せられたものであるが，実質的にはひとつひとつの授業や学生との関わりが多い教員にも反映されるものである。アメリカにおいても，機関や部局の学習成果につながるアセスメントに教員が関わること（faculty involvement）の重要性はアクレディテーションの見地からも強調されている。しかし日々の業務に忙殺されている教員にとっては，アセスメントは「余計な仕事」と捉えられることが多いため，アメリカ西部地区アクレディテーション協会などはアセスメントに尽力した教員に報酬を与える提案を記したガイドラインや，教員のアセスメントへの関与に関する評価基準を定めるなどして，インセンティブを高めている（Western Association of Schools and Colleges, 2013）。大学組織全体の学習成果として，個々の授業や部局などより細かい組織単位で生み出された成果の可視化にいっそうの期待がかかる今後は，学習成果の参照基準の構築や組織的なアセスメントにかかわる教員支援などが重要となる。

【引用・参考文献】
あずさ監査法人（2014）．『学修成果の把握についての具体的方策に関する調査研究』文部科学省
谷川裕稔［代表編者］（2012）．『学士力を支える学習支援の方法論』ナカニシヤ出版
中央教育審議会（2008）．『学士課程教育の構築に向けて（答申）』文部科学省
野田文香・渋井　進（2016）．「「単位制度の実質化」と機関別認証評価」『大学評価・学位研究』17，pp.19-33．
Provezis, S.（2010）. *Regional accreditation and student learning outcomes: Mapping the territory*. Champaign, IL: National Institute for Learning Outcomes Assessment, University of Illinois at Urbana-Champaign.
U.S. Department of Education（2013）. *Applying for title IV eligibility for direct assessment（competency-based）programs*. Washington, DC: U.S. Department of Education.
Western Association of Schools and Colleges.（2013）. *2013 Handbook of accreditation*. Alameda, CA: Western Association of Schools and Collegesr.

13 「定着」率の向上に関わる学習支援の役割

谷川裕稔

1 日本の高等教育機関における中途退学の実状と背景

　文部科学省の 2012（平成 24）年の発表によると，2012 年の中途退学者総数は，79,311 人（国立大学法人 10,467 人，公立大学法人 2,373 人，私立大学・短期大学 65,066 人，高等専門学校 1,405 人）であり，全学生数 2,991,573 人のうちの約 2.7％という結果であった。2007（平成 19）年は，63,421 人（学生総数 2,635,225 人）で約 2.4％と，2007 年と比較して約 0.3％の微増であった。

　2012 年の中途退学の理由は，多い順に，①経済的理由（16,181 人：20.4％），②転学（12,240 人：15.4％），③学業不振（11,503 人：14.5％），④就職（10,627 人：13.4％）であった。

　①については，従来の奨学金制度である卒業後返済が条件の「貸与型」に加えて，返済不要の「給付型」奨学金を提供する高等教育機関も増えてきた。貸与型を利用した学生のなかには（例えば不景気のために）低賃金あるいは非正規雇用のため，卒業後に返済が困難になる者も増加してきているが，ここでは触れない。②はいわゆる仮面学生[1]である。③は高等教育機関の授業についていけない，あるいは環境に馴染めない学生を指す。④は何らかの理由で卒業を待たずに退学して就職する学生である。労働政策研究・研修機構（2015）は，高等教育機関中途退学者の約半数が非正規雇用になっているというデータを示している。

　これらのなかで，①に比べて②③④の理由で高等教育機関を離れていく学生は，

---

[1] ここでは，浪人せずに希望ではない大学へ入学し，同大学に在籍しながら他の大学への進学を目指す者を指す。

高等教育機関の努力によって学生をとどめる（retain）ことができる可能性が高いと思われる。というのも、①の経済的理由で中途退学する学生への大学[2]側のサポートには限界があるからである。対して、②については、受験に失敗して大学にとどまるという消極的な期待に加えて、理由は何であれ、大学の環境にとどまることになる可能性がある。③はリメディアル教育、初年次（入学前も含める）教育、学生支援などにより教職員が学生の定着に向けて関わることができる。④については、経済的理由ではなく大学で学ぶというモチベーションが下がった学生を前提とすれば、大学側の努力で学生を卒業まで導くことが可能となる。

一方、高等教育機関の中途退学者問題を専門にしてきた日本中退予防研究所（2011）は、文部科学省とは異なった見解を示す。同研究所は独自の調査のなかで、中途退学の理由を①授業に魅力がないこと、②学生の学力レベルと教育内容のミスマッチ、④孤立・人間関係のトラブル、⑤経済的事情、⑥疾患・障害、⑦妊娠・結婚、と大きく7つに分類した。そして、それらの理由は各高等教育機関の置かれた環境（学部構成、偏差値、男女比など）によって異なることを前提としたうえで、高等教育機関の改善点として主に①学習意欲の喪失への対処、②人間関係の改善などを指摘した。なかでも①は授業がつまらない、勉強についていけない、②は人間関係を築けずに孤立する、加えて教員・友人・先輩との間で何らかのトラブルが生じてそれぞれ中退することが多いという。特に、人間関係のこじれは入学初期に多く注意が必要という。

同研究所は、文部科学省の調査結果と異なり、「経済的理由」で中途退学する学生は少数派であるという見解を示す。例えば、単位取得不足で留年となり、貸与・給付型奨学金を受けることができなくなった学生の場合、単位不足の原因が他にあることも考えられるため、同研究所は「経済的困窮」の分類に含ませていない。このようなケースを除いていくと、経済的困窮はあまり多くないという[3]。

日本は OECD 諸国のなかでは中途退学が高い方ではないが[4]、入学した学生を卒業まで導くという高等教育機関の道義的責務や、定員充足率が低い（特に地方の）

---

2) 本章では「大学」と「高等教育機関」を同義とする。つまり、「大学」には大学、短期大学、高等専門学校が含まれるということである。
3) 日本中退防止研究所は、追跡調査（インタビュー）により学生から本音を引き出しているる。実際には、人間関係のこじれや学力不足、授業の魅力不足にその理由が集約されるという。この視点は興味深い。それを前提とすると、入学前教育、初年次教育、リメディアル教育の役割は重要となってくる。

私立大学・短期大学における学生の獲得・引きとめの経営上の重要性を考えれば，中途退学防止策を講じることは重要である。同研究所（2011）では，中途退学率を高等教育機関における「顧客満足度のバロメーター」と呼んでいる。学生の中途退学率の高さは，学生個々にさまざまな背景があるにせよ，その大半が「高等教育機関での学びに満足しなかった」ことの結果であって，責任は大学側にあるという立場をとっており，未来の顧客（学生，保護者，高校関係者）から顧客満足度の低い大学とみなされる可能性が高いという見解を示している。

2 定着・継続在籍に向けてのアメリカ高等教育機関の取り組み

アメリカの高等教育場面において，定着（retention）と離学（attrition）は大きな関心事である（Stewart et al., 2015）[5]。離学率（attrition rates）が高等教育機関の財政的な問題となってきたことや，「定着率の向上＝学生・大学の成功」という認識が高等教育場面のなかに広まってきたことから，定着のための方略・戦略への関心が強まってきた。これには，定着率のよい高等教育機関は「大学教育の質が高い」とみなされるようになったという背景がある。つまり，学生の継続在籍（persistence）は，目標の修了に向けての学生の成功（student success）や，さらには教育機関の成功の基準となってきたということである。ティント（Tinto, 1993）によれば，効果的な定着プログラムによる学生の成功は，高等教育機関の学生へのコミットを保証するものであるという。そして定着プログラムは，各高等教育機関の教育使命の特徴から生まれるもの，という見解を示している。

「学生の成功」を測る2つの統計指標がある。新入生から第2学年への定着率，そしてコーホート卒業率（the cohort graduation rates）である。前者は，1年間のリターン率を指す。例えば，初めて高等教育機関に入学（登録）したフルタイム学生が，次の秋セメスターまで大学に登録する割合を指している。一方後者は，2年制短期大学であれば3年以内，4年制大学であれば4-6年以内に卒業する学生数の割

---

[4] OECDのデータによれば，OECD諸国の平均退学率32％に比べ，日本の退学率は10％台と低い（アメリカは47％）。アメリカの場合は，日本と異なり，高等教育システム上，ドロップアウト，ストップアウト，オプトアウト，トランスファーアウトが簡単な文化であることが背景にある（Hoyt & Winn, 2004）。
[5] 歴史的には1960年代にさかのぼる。1960年代と1970年代は「心理的要因」という説明（解釈・見解）が支配的であった。

合を指す。

　州・連邦レベルの政策責任者は補助金・助成金支出の際の効果（institutional effectiveness）を判断するための指標として，定着率と卒業率のデータの提出を高等教育機関に要求する（義務づける）傾向にある。ちなみに，U.S. News and World Report は，ベストカレッジを選定する際の「質」をはかる指標として新入生の継続在籍（freshman persistence）や卒業率を用いている。

　定着率や卒業率が高いほど，質の高い大学とみなされるが，それは必ずしもエリート教育機関や入学時の競争率の高い高等教育機関を意味しない。全米教育統計センター（National Center for Education Statistics）は，比較的競争率が低い大学（多様な学生を受け入れている大学）でも良い成績（高い定着率と卒業率）をあげている例を紹介している。このことは，学生の成功にとっては高い世帯収入や ACT の得点レベルよりも大学側のコミット機能の方が重要であるという可能性を示唆する。高い定着・卒業率は高等教育機関が掲げる使命の具現を示す。一方で，低い卒業率や高い離学率は，学生の期待やニーズに合わせられていないという高等教育機関の「問題のさらけ出し」のみならず，各高等教育機関の使命や目的を達成することに対する象徴的な失敗を表す指標となっている[6]。

3　Retention／persistence／attrition の定義

　ワーナーズバックらは，定着（retention/ persistence）を，セメスターを通してひとつの高等教育機関に継続して登録（enrollment）すること，と定義づけた（Wernersbach et al., 2014）。第 2 節で言及したが，通常は年毎の定着（year by year retention）のみならず卒業率も「定着」の枠組みに含まれる。これらが「定着」に関する基本的な定義とみなされている。そして，「定着」の概念を「学生の成功」と一体的に捉えるのが近年の傾向となっている（Braxton et al., 2014）。

　ところが，retention と persistence というタームは高等教育場面においてしばし

---

[6] ここ 10 年の間，「学生の成功」が達成できている高等教育機関は，「新しい学生をリクルートする能力を有している」と定着問題に関わる研究者は主張する。例えば，全米の高等教育機関のサイズやミッションにかかわらず，高等教育機関と学生の成功は分離できないという原理に関わる認識が同研究者らにはある。学生獲得の成功の鍵は，「学生が満足している」「卒業まで継続在学している」，さらには「彼らや彼らの家族がその価値を受けとっている」ことにあるという（Levitz & Noel, 1998）。

ば混同されて用いられる。この区分は現在も成功していない。例えば，retention は「教育機関レベルの成功の基準」，そして persistence は「個人や学生レベルの成功の基準」と両タームを区分する連邦教育省（全米教育統計センター）の見解がある（Wirt et al., 2003）。ここでは，高等教育機関が引きとめ（retain），学生が持続・継続（persist）する，とされている（Seidman, 2012）。連邦教育省の定義であるがゆえに一定の影響力を有してはいるが，残念ながら，この概念区分が広く高等教育場面で受け入れられているわけではない（Voigt & Hundrieser, 2008）[7]。ちなみに最も retention と誤用されるタームである attrition は，「学生の低い定着から生じる学生数の減少」と連邦教育省が定義づけている。

　ホイト（Hoyt, J.）とウイン（Winn, B.）によれば，高等教育機関には卒業まで継続在籍しない一定数の副次集団（sub-populations）が存在するという。彼らは，ドロップアウト（drop-outs），ストップアウト（stop-outs），オプトアウト（opt-outs），そしてトランスファーアウト（transfer-outs）を繰り返すという。

　以下は，ホイトとウインによる定義である。

（1）drop-outs：学位プログラムあるいは履修科目を修了（あるいは単位取得）する前に高等教育機関を去る学生を指す（Tinto, 1993）。大学を離れる背景には，財政的関心，家族上に関わる責任／結婚，仕事上の混乱，学業不振（low grades）などがある。

（2）stop-outs：何らかの理由で，ある一定の期間，高等教育機関を離れる学生を指す。彼らは学位を修了するために再登録する。財政的，仕事関連，あるいは健康問題が主な理由である。概して当該学生は大学を気に入っている[8]。

（3）opt-outs：目的（例えば，彼らが必要とする科目の修了，あるいは単位取得）を達成したら次々と教育機関を離れていく学生を指す。彼らは必ずしも学位取得や資格取得を目的としていない。

7）ヴォイトとハンドリーザー（Voigt & Hundrieser, 2008）は，それらの定義が高等教育場面では広く受け入れられていないという見解を示す。彼らによれば，定着の研究には理論モデルを基礎とする2つのタイプがあるという。①どうして学生は去るのか，②どうして学生は残るのか，である。たいていの研究者は研究対象として②をあまり扱わないという。

8）彼らは再登録の準備時に大学側から何らかのコンタクトがあることを喜ぶ。

(4) transfer-outs：学位を取得する前にその教育機関を離れ，別の大学に登録する学生を指す。主な理由は，財政面，仕事上の混乱，教育プログラムやコースの有用性，教育機関に対する不満である。編入する大学は家から近いことが多い[9]（Voigt & Hundrieser, 2008）。

4 定着率を高めるための方略・戦略

ノエルら（Noel et al., 1985）は，「定着」に関する研究の歴史的発展を4段階に区分した。その作業のなかで，定着率を改善するためには，キャンパス全体にかかわる組織的なアプローチを必要とすること，教職員の高い能力および注意深い態度は，定着プログラムの成功に究極に影響を与えることを示唆した。アスティン（Astin, A. W.）は成功と卒業のカギとなるのは，高等教育機関と学生との「関わり」であると結論づけた。クー（Kuh, G.）も，学生の成功には「学生と教職員との関わり」が重要であることを強調した。

このように教職員は，「学生の成功」には確かなキャンパスダイナミクスを意識することが重要であることを認識している。離学を防ぎ，学生の成功を保障するためには，大学と学生の絆が重要な要素であることが明らかになったのである（Voigt & Hundrieser, 2008）。学生の成功を保障する重要な構成要因は，①学生生活に満足した学生や同窓生，②「学生定着」に向けて有効なケアをする（しなければならないという認識をもつ）教職員，③「学生定着」に関心のある経営陣であると一貫していわれてきた（Noel et al., 1985）。

カレッジライフへの適応，財政的問題，ストレス，学習方略の欠如などが「定着」「継続在籍」を阻害する個人的要因といわれている。それらの障害を乗り越えられない学生はドロップアウトする傾向にある。学生の定着率を高めるために，多くの大学では，高等教育の学習環境に学生を適応させることを目標にした，学習方略，スキル系科目やワークショップといった多様なプログラムを活用している[10]

---

9) このグループは大学に戻ってこない学生たちである。プログラムの内容の改善，新しいプログラム開発などが，このグループを呼び戻せる手立てとなる。
10) 多くのアメリカ高等教育機関は，ハイスクール時代のGPA，ACT/SATのスコアに基づいた仮及第（学業不振者に対する警告処分：academic probation）を受けた学生や大学において警告される立場（warning status）に位置づけられている危機的状況にある学生（at-risk students）の数を把握している（Wernersbach et al., 2014）。

(Wernersbach et al., 2014)。また、自己調整学習（self-regulated learning）を根拠理論とする学生成功コース（student success courses：SSCs）によって「定着」率の改善を目指す高等教育機関も多い。SSCs は、大学生の成功（college student success）を高めるためにデザインされたセメスター期間中に介入する方略である。この場合の「成功」とは、成績、定着、卒業率における学習成果を指している。もともと SSCs は、ノートテイキングやテストの受け方・対策支援、動機づけの調整、時間管理などが教授・学習方略であった。ディベロップメンタルコースのスタディスキルズがルーツになっており、学生をカレッジレベルにまで学力を引き上げるための準備をするコースであった。しかし、初年次教育やフレッシュマンセミナーとは一線を画するものである。SSCs は学習戦略モデルであり、初年次教育は学術的社会化を基盤とするものと考えられている（Hoops et al., 2015）。

　1970 年代を緒とする入学前サマープログラム（prefreshman summer programs）は、危機的状況にある学生の学術的・社会的ニーズに対して積極的かつ先取的なアプローチを提供する（Levin & Levin, 1991）。このプログラムは、初年次に入る前の夏休みの期間中に前もってリメディアル系科目の履修を提供するものである。これは、大学に入ってから多くのリメディアル系科目数を削減することも目的としている（Maggio et al., 2005）[11]。

　初年次教育の役割も大きい[12]。例えば、スタディスキルズ科目は学生の定着に有効であることをさまざまな研究が伝えている。この場合のスタディスキルズとは、時間管理、テキストの読み方、ノートの取り方、有効な学習資源の活用の仕方、試験準備などである。学生の自己効力感（self-efficacy）を意識することが「学術的成功

---

[11] しかし、Maggio らの研究によれば、ハイスクール時代の GPA がカレッジの GPA に強く反映するものであり、入学前サマープログラムはさほど効果がないという。（Maggio et al., 2005）。

[12] 150 年以上前から中等教育から中等後教育への移動はカレッジにとっての関心ごとであった。19 世紀中期からヴァサー・カレッジ（Vassar College）とコーネル大学（Cornell University）が学力的に十分ではない学生に対して準備プログラム（prepared program）を提供し始めた。新入生すべてを対象とした初年次教育は、1882 年のリー・カレッジ（Lee College）における新入生を対象としたプログラムに始まるとされる（Ryan & Glenn, 2004）。ボストン大学（Boston University：1868 年）、アイオワ州立大学（Iowa State University：1900 年）がそれに続いた（Gardner, 1986）。1928 年には 100 を超える高等教育機関が同様のプログラムをもっていた（Schnell & Doetkott, 2003）。

や成果」と「学生の定着」には重要であることが指摘されている。

アブラムズ（Abrams, H）とジャーニガン（Jernigan, L.）の研究では，サポートサービスを活用する学生と危機的状況にある新入生の学業の成功との関係性について調査した。彼らは，「リーディングとスタディスキルズ分野のサービスを手に入れるのに足を運んだ時間数」や「チューターへの訪問回数」の多さが，学業の成功につながることを発見した。そのなかで最も優れた実践は，リーディングとスタディスキルズ・プログラムであったという[13]。

ちなみに，定着を改善するための主な学修支援的方略・戦略は次の通りである。①学生獲得（recruiting），②入学時の選抜（admissions selectivity），③財政援助（financial aid），④通学学生（commuter student），⑤オリエンテーション（orientation），⑥アカデミックアドバイス（academic advising），⑦セクショニング（sectioning/placement），⑧効果的効率的コースマネジメント（effective and efficient course management），⑨教授／学習（teaching/learning），⑩アカデミックサポート（academic support），⑪補助学習支援（supplemental instruction），⑫アカデミックエンリッチメント（academic enrichment），⑬寮生活（residential living），⑭学習コミュニティ（learning community），⑮サービスラーニング（service learning），⑯カウンセリング，⑰課外活動（extracurricular activities），⑱早期警告，などである（Voigt & Hundrieser, 2008）[14]。

5　日本での可能性

アメリカの「学生定着」の効果的な方略・戦略をまとめると，①教職員の積極的な関与，②組織化した（キャンパスワイドな）取り組み，③中途退学防止プログラ

---

[13] スタディスキルズのプログラムに一人・単独で参加した学生の場合（100%）は，統制された（＝参加しなかった）グループ（33%）よりも定着率が高く，また，キャリアカウンセリングを一人で受けたり，包括的なリメディアル教育を受けたものよりもはるかに定着率が高かった。ポランスキーらは，時間管理，目標設定，学習スタイル，リラックスに焦点をあてたスタディスキルズ訓練は，ドロップアウトの危機にある学生の継続在籍には効果的な方法であると結論づけた（Polansky et al., 1993）。

[14] 他には，policies/procedures, faculty/staff development, internal marketing programs, firs year experience course, sophomore strategies, junior jaunt, engagement and satisfaction, quality service, adult learning strategies, exit interviews, re-entry interview, recruit back, technology などがある。

ム・方略の開発，④リメディアル教育や初年次教育（スタディスキルズ）に関わる内容の見直し，に集約される。

　日本の高等教育機関がアメリカの実践事例を学ぶとき，①②が鍵となる。というのも，③④にみられる各高等教育機関で独自のプログラムや方略が開発されたり，組織化した取り組みがなされたとしても，それらに携わる教職員や経営陣に「学生定着」の意義が共有されていなければ「絵に描いた餅」となってしまうからである。

　しかし，教職員の「学生定着」への取り組みが消極的である場合，彼らのモチベーションを高めることは簡単ではない。まずは，その取り組みに対する重要性を経営陣が十分に認識する必要があり，そのうえで彼らのリーダーシップ（ガバナンス）のもとで方略を進めていくのが現実的であろう。もちろん，教職員が取り組みに積極的，経営陣が消極的という場合もあり得る。その意味においても経営陣の役割は大きい。

　ところで，①から④の具現をみるためには定着を意識した組織（センターなど）の設置がひとつの可能性となる。同組織に期待されるのは，学生の修学に関わる一元化されたデータ管理システムである「学生カルテ」作成である。「学生カルテ」とは，特には学生の修学状況に関する集積データを指す。出席状況を把握することに重きをおくが，学習習慣の傾向性の把握も含む。学生の定着を意識した，いわゆる「学習支援型IR」の構築である。

　具体的には，主に入学前から初年次期間のデータ化である。まずは，高等学校から提出された調査書などから入学前のデータ化（主に出席状況）を始める。気になる入学予定者については合格決定後に担任教諭などから状況を確認し，特に必要とならば入学後の合理的配慮につなげる。加えて初年次教育系科目の出席状況のデータを管理する。同科目を受講する学生の理解度も診断的評価，形成的評価などを活用して随時確認できるような体制を整える。もちろん，学業を継続していく上で障害となる特性を有している学生の把握も出席状況以外で必要な情報となる。「学生カルテ」作成に際し個人情報のセキュリティを強く意識することはいうまでもない（谷川，2014）。

【引用・参考文献】
谷川裕稔（2014）.「高等教育場面における学習支援システムの展望—教学IRとのかかわりを意識して」伊藤良高［編著］『教育と福祉の課題』晃洋書房

文部科学省（2014）.『学生の中途退学や休学等の状況について』文部科学省
日本中退予防研究所（2010）.『中退白書2010—高等教育機関からの中退』NEWVERY
日本中退予防研究所［編著］（2011）.『中退予防戦略』NEWVERY
日本中退予防研究所［編著］（2012）.『教学IRとエンロールメント・マネジメントの実践』NEWVERY
労働政策研究・研修機構［編］（2015）.『大学等中退者の就労と意識に関する研究』労働政策研究・研修機構
Abrams, H. G., & Jernigan, L. P. (1984). Academic support services and the success of high-risk college students. *American Educational Research Journal*, **21**(2), 261-274.
Astin, A. W. (1984). Student involvement: A developmental theory for higher education. *Journal of College Student Personnel*, **25**(2), 297-308.
Bean, J. P. (1980). Dropouts and turnover: The synthesis and test of a casual model of student attrition. *Research in Higher Education*, **12**(2), 155-187.
Braxton, J. M., Sullivan, A. V. S., & Johnson, R. M. (1997). Appraising Tinto's theory of college student departure. In J. C. Smart (ed.), *Higher education: Handbook of theory and research*, Vol.XII. New York, NY: Agathon Press, pp.107-164.
Braxton, J. M., Doyce, W. R., Hartley, H. V., III, Hirschy, A. S., Jones, W. A., & McLendon, M. K. (2014). *Rethinking college student retention*. San Francisco, CA: Jossey-Bass.
Cabrela, A. F., Castaneda, M. B., Nora, A., & Hengstler, D. (1992). The convergence between two theories of college persistence. *The Journal of Higher Education*, **63**(2), 143-164.
Gabriel, K. F. (2008). *Teaching unprepared students: Strategies for promoting success and retention in higher education*. Sterling, VA: Stylus Publishing.
Gardner, J. N. (1986). The freshman year experience. *College and University*, **61**(4), 261-274.
Gordon, V. N. (1989). Origins and purposes of the freshman seminar. In M. L. Upcraft, J. N. Gardner, & associates (eds.), *The freshman year experience: Helping students survive and succeed in college*. San Francisco, CA: Jossey-Bass.
Hoops, L. D., Yu, S. L., Burridge, A. B., & Wolters, C. A. (2015). Impact of a student success course on undergraduate academic outcomes. *Journal of College Reading and Learning*, **45**(2), 123-146.
Hoyt, J. E., & Winn, B. A. (2004). Understanding retention and college student bodies: Differences between drop-outs, stop-outs, opt-outs, and transfer-outs. *NASPA Journal*, **41**(3), 395-417.
Lauridsen, K. V., & Myers, C. (eds.) (1982). *Summer programs for underprepared freshmen*. San Francisco, CA: Jossey-Bass.
Levin, M. E. & Levin, J. R. (1991). A Critical examination of academic retention programs for at-risk minority college students. *Journal of College Student Development*, **32**(4), 323-334.

Levitz, R., & Noel, L. (1998). *Taking the initiative: Strategic moves for retention*. Iowa City, IO: USA Group Noel-Levitz.

Maggio, J. C., White, W. G., Jr., Molstad, S., & Kher, N. (2005). Prefreshman summer programs' impact on student achievement and retention. *Journal of Developmental Education*, **29**(2), 2-8, 32-33.

Noel, L., Levitz, R., Saluri, D., & associates. (1985). *Increasing student retention*. San Francisco, CA: Jossey-Bass.

Polansky, J., Holan, J. J., & Hanish, C. (1993). Experimental construct validity of the outcomes of study skills training and career counseling as treatments for the retention of at-risk students. *Journal of Counseling and Development*, **71**(5), 488-492.

Ryan, M. P., & Glenn, P. A. (2004). What do first-year students need most: Leaning strategies instruction or academic socialization? *Journal of College Reading and Learning*, **34**(2), 4-28.

Schnell, C. A., & Doetkott, C. A. (2003). First year seminars produce long-term impact. *Journal of College Student Retention*, **4**(4), 377-391.

Seidman, A. (2012). *College student retention: Formula for student success* (2nd ed.). Lanham, MD: Rowman & Littlefield Publishers.

Skipper, T. L. (2002). Survey results and analysis. In National Resource Center for the First-Year Experience and Students in Transition (ed.), *The 2000 national survey of fisrt-year programs: Continuing innovations in the collegiate curriculum*. Columbia, SC: University of South Carolina, National Resource Center for the First-Year Experience and Students in Transition

Stewart, S., Lim, D. H., & Kim, J. (2015). Factors influencing college persistence for first-time students. *Journal of Developmental Education*, **38**(3), 12-20.

Tinto, V. (1993). *Leaving college: Rethinking the causes and cures of student attrition* (2nd ed.). Chicago, IL: University of Chicago Press.

Voigt, L., & Hundrieser, J. (2008). *Student success, retention, and graduation: Definitions, theories, practices, patterns, and trends*. 〈http://www.stetson.edu/law/conferences/highered/archive/media/Student%20Success,%20Retention,%20and%20Graduation-%20Definitions,%20Theories,%20Practices,%20Patterns,%20and%20Trends.pdf（最終アクセス日：2017年2月8日）〉

Wernersbach, B. M., Crowley, S. L., Bates, S. C., & Rosenthal, C. (2014). Study skills course impact on academic self-efficacy. *Journal of Developmental Education*, **37**(2), 14-23.

Wirt, J., Choy, S., Provasnik, S., Rooney, P., Sen, A., & Tobin, R. (2003). *The condition of education 2003*. Washington, DC: U. S. Department of Education.

Zajacova, A., Lynch, S. M., & Espenshade, T. J. (2005). Self-efficacy, stress, and academic success in college. *Research in Higher Education*, **46**(6), 677-706.

14 「障害学生支援」的観点の欠如

奥村玲香

　日本国憲法第26条には,「すべて国民は,法律の定めるところにより,その能力に応じて,等しく教育を受ける権利を有する」という条文がある。しかしながら,実際の教育の現場で,障害学生を含むすべての学生が平等に教育を受ける権利が保障されているであろうか。
　本章は,アメリカ高等教育機関における「障害学生支援」を整理することを通して,日本の高等教育機関における障害学生支援のあり方について模索することを目的とする。

1 日本の高等教育機関における障害学生の現状

　日本学生支援機構が,障害学生の状況およびその支援状況について把握し,大学[1]における障害学生支援の体制整備を整えるために毎年実施している「障害のある学生の修学支援に関する実態調査」では,大学などに在籍する障害学生数が年々増加する傾向にあり,特に近年,発達障害,病弱・虚弱,精神障害の学生が急増していると報告されている。
　2015年度の同機構の調査によると,全国の大学,短期大学および高等専門学校1,182校のうち,障害のある学生が在籍している学校は880校あり,全体校に占める障害学生在籍校の割合は74.5％であった。障害のある学生の総数は21,721人で,全体の学生数3,185,767人に対する障害学生在籍率は0.68％であり,本調査が開始された2005（平成17）年度の障害学生数が4,937人,障害学生在籍率0.16％であったこと

---

1) 本章では「大学」という表記に4年制大学・短期大学・高等専門学校を含ませている。

166　第3部　展望：日本の学習支援の可能性を模索する

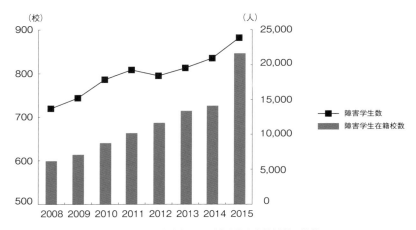

図 14-1　障害学生数および障害学生在籍校数の推移
（出典：日本学生支援機構『大学，短期大学及び高等専門学校における障害のある学生の修学支援に関する実態調査結果報告書』に基づき筆者が作成）

と比較すると，約10年の間に障害のある学生の数は約4倍に増えている（図14-1）。

　障害のある学生のうち，在籍する高等教育機関に支援の申し出があり，それに対し学校が何らかの支援をおこなっている支援障害学生数は，障害のある学生21,721人のうち11,507人で，支援障害学生率は0.36％，障害学生支援率は53％となっている。2015（平成27）年度の入学者選抜において，座席の配置や別室受験，時間延長等の特別措置が実施された学生は3,072人に上る。しかしながら，入学後に大学生活や学習における特別措置の申請をおこなわない場合も多く，実際に授業が始まった際に学生に関する情報がなく，教職員が対応に困るという事例も少なくはない。また，大学入試センター試験では，こういった受験上の配慮などの特例には，医師による診断書の提出が義務付けられており，個人の障害や病気の状態により支援の内容が定められているが，2015（平成27）年度の受験者のうち，リスニング免除や障害による時間延長等の特例措置を受けた学生は2,372人に限られている。本人や家族が，学習や生活上の困難を認識したうえで学校に支援を求めている場合は，大学側も支援体制を組みやすいが，学生相談室や学習支援センター（学習支援室），障害学生センターなど，限定された部署で支援を受けている場合や本人や家族が障害の可能性を認識していない場合は支援をおこなうことが難しい。結果として，困難やトラブルに直面しても大学側の対応は困難となり，それが不登校や休学につながるケースも多い。

2 日本の高等教育機関における障害学生の支援体制の現状

以下の表14-1は，日本学生支援機構がおこなった2015（平成27）年度の「障害のある学生の修学支援に関する実態調査」から，「大学，短期大学および高等専門学校」における障害学生の数と障害の種類について示したものである。

表14-1　2015（平成27）年度「大学，短期大学および高等専門学校」の障害学生数
（出典：日本学生支援機構『大学，短期大学及び高等専門学校における障害のある学生の修学支援に関する実態調査結果報告書』に基づき筆者が作成）

障害の種類		障害学生数		
		障害種別（人）	障害種別（人）	障害種別（％）
視覚障害	盲	145	755	3.5
	弱視	610		
聴覚・言語障害	聾	577	1,737	8.0
	難聴	1098		
	言語障害のみ	62		
肢体不自由	上肢機能障害	349	2,546	11.7
	下肢機能障害	941		
	上下肢機能障害	819		
	他の機能障害	437		
病弱・虚弱	内部障害等	3,987	6,462	29.8
	他の慢性疾患	2479		
重複		374	374	1.7
発達障害（診断書有）	SLD	175	3,442	15.8
	ADHD	560		
	ASD	2,301		
	発達障害の重複	406		
精神障害	統合失調症等	791	5,889	27.1
	気分障害	1,794		
	神経症性障害	1,995		
	摂食障害・睡眠障害	542		
	他の精神障害	767		
その他の障害		516		2.4
計		21,721	21,721	100.0

＊本調査における「障害学生」とは，「身体障害者手帳，精神障害者保健福祉手帳及び療育手帳」を有している学生又は「健康診断等において障害があることが明らかになった学生」を指し，発達障害に関しては，医師の診断書がない場合は「障害学生数」には含めていない。
＊SLD：限局性学習症／限局性学習障害
　ADHD：注意欠如・多動症／注意欠如・多動性障害
　ASD：自閉スペクトラム症／自閉症スペクトラム障害

近年，高等教育機関における学習支援の中で特に必要性を問われるものが，精神障害や発達障害を有する（疑いのある）学生の支援である。2015（平成27）年度の調査において，障害学生数 21,721 人のうち，最も多い障害が「精神障害」で 5,889 人（うち支援障害学生数 3,583 人），続いて「発達障害（診断書有）」が 3,442 人（うち支援障害学生 2,564 人）となっている。障害学生支援率でみると，「発達障害（診断書有）」が高く 74.5％ であった。

このような学生が 1 人以上存在する学校（880 校）のうち，障害学生への授業に関する支援を実施している学校は 686 校あり，取り組まれている授業に関する支援方法の中で最も多いのが「教室内座席配慮（416 校），次いで「配慮依頼文書の配布（390 校）」「出席に関する配慮（255 校）」であった。授業以外の支援では「専門家によるカウンセリング（386 校）」，次いで「休憩室・治療室の確保等（253 校）」「対人関係配慮（237 校）」がなされている。

障害のある学生を支援するための大学における委員会などの設置状況であるが，「専門委員会を設置（250 校）」，あるいは「他の委員会が対応（685 校）」により対応がなされている。調査結果からは，全高等教育機関の 79.1％ が組織的な対応をしている状況であることがわかっている。しかしながら，障害学生支援担当部署の設置状況では，「専門部署・機関を設置」している学校は 138 校にとどまり，「他の部署・機関が対応」している学校が 948 校となっており，障害学生支援のための専門部署や機関を設置している大学は限定されている。

加えて，障害学生支援担当者の配置状況をみてみると「専任配置」をおこなっている学校は 148 校と少なく，「兼任配置」が 925 校と最も多く，全体として 90.8％ の配置率ではある。しかし，その中でも「支援技術を持つ教職員」が存在する学校は 29 校であり非常に少ない。専任スタッフの担当者の職種は「職員（52 校）」，兼任スタッフは「職員（926 校）」が最も多くなっている。この結果から想像するに，担当する「職員」の障害に対する知識と専門技術がどこまであるのかは疑問である。ちなみに，兼任スタッフは外部委託の場合大学も多く，「医師・カウンセラー等（416 校）」が最も多くなっている。

障害学生の卒業後の進路についてであるが，2012（平成24）年度の障害学生の卒業者数は 1,881 人で，そのうち進学者は 247 名，就職者は 919 人となっている。入学後からの学習支援や学生生活の支援から，就労へ向けたキャリア支援の強化が必要となってこよう。障害をもつ学生を社会に送り出すために，入学後から大学としてどのような支援が可能であるかを意識した「入学から卒業までの包括的な支援シ

ステム」の構築が肝要である。

　日本では，平成 26（2014）年 2 月 19 日に障害者権利条約が発効し，平成 28 年（2016 年）4 月には障害者差別解消法の合理的配慮規定等が施行された。これにより，国公立の大学等では障害者への差別的取扱いの禁止と合理的配慮の不提供の禁止が法的義務となり，私立の大学などでは，障害者への差別的取扱いの禁止は法的義務，合理的配慮の不提供の禁止は努力義務となった。

　今後，学生の修学支援に関する方策を検討するにあたり，高等教育機関における「障害学生」の支援の必要性が問われるようになるであろう。日本リメディアル教育学会では，2013 年に特別学修支援部会が設置され，第 10 回全国大会では「発達障害を有する学生への学習（修）支援」というタイトルでラウンドテーブルが開催された。また，2014 年には，大学教育学会の第 36 回大会において，はじめてラウンドテーブル（研究会設置）が実施され，2016 年の初年次教育学会においても「障害学生支援」に関する発表等がおこなわれている。今後，全国的に高等教育機関における障害学生支援に対する積極的な取り組みが広がりをみせるであろう。

3　アメリカの高等教育機関における障害学生支援の取り組み

　連邦教育省（U.S. Department of Education）の全米教育統計センター（National Center for Education Statistics）の調査によると，2011-2012 年のアメリカの高等教育機関における障害学生の割合は，全学生数の 11.1%で，その内訳は，白人 58%，黒人 17.6%，ヒスパニック 14.9%，その他 5.9%となっている。日本学生支援機構の調査によると，日本の高等教育機関に進学している障害のある学生の数は，総在籍者数の 0.68%にしか過ぎず，約 11%が在籍している米国と比べると，障害のある学生の在籍率はアメリカほど高くない。アメリカの高等教育機関では，障害を有する学生への支援は相対的に日本のそれに比べて進んでいることが予想される。そこで，アメリカの支援体制（実践）を採り入れることを通して，日本の高等教育機関における障害者の学習支援について検討し，現在の支援体制を見直すことができれば，さらに充実した障害学生の学びのサポートがおこなえるのではないだろうか。以上のことを前提として，本節ではアメリカの学習支援体制から日本の高等教育機関における障害学生支援に活かすことができるヒントをみつけたい。

● 3-1 障害学生の教育を受ける権利の保障と「合理的配慮」

　アメリカでは，1973年に制定されたリハビリテーション法504条や1900年に制定された障害をもつ米国人法（Americans with Disabilities Act：ADA）により，障害者が高等教育を受ける権利が保障されている。大学はこれらの法に従い，障害をもつ学生の支援をおこなうことが義務づけられている。具体的な支援としては，別室受験や試験時間の延長などの試験に関する配慮，ノートテイキングなどの記録の補助，手話通訳や音声や点字による教材の提供などがあげられる。しかしながら，このような配慮に対しての規定や基準が存在するわけではない。障害をもつ学生本人と各部署の間で，どのような配慮が適切であり，本当にその必要性があるのかなどが話し合われ，支援方法は各高等教育機関の「合理的配慮」に基づいて決定される。

　このような配慮がおこなわれることで，障害を有する学生の充実した学びの場が保障されることになるが，他の学生にとっても不公平であってはならない。障害が理由で不利な状況にある学生とその他の学生の条件を平等にし，高等教育機関への進学を選択した障害者が，学びやすい学習環境をつくるために何が必要なのかを整理することが配慮の目的にもなっている。障害をもつ学生に対して「評価基準を下げる」という安直な対応で済ませてしまうのではなく，障害をもつ学生ごとに異なる支援内容や方法について，教職員がまずは理解することが重要となってくる。そこで，学生本人の意思を確認した「合理的配慮」がおこなわれることが基本となる。この配慮により，学生自身が自己理解を深めることにつながると考えられている。

　もちろん，高等学校の教員や保護者からの大学への情報提供と共有も重要とされている。しかし，初等，中等教育機関における支援のように，教員や保護者からの情報のみを頼りにした支援体制ではなく，学生自身が自分の障害の特性を理解し，評価した上で大学側に申告し，なぜ，どのような支援が必要なのかを説明することができる学生を育てることが，高等教育における障害学生支援のあり方であると認識されている。

　当然のことながら，合理的配慮を申請した学生は大学における支援の対象になるが，申請しなかった学生は対象にはならない。それゆえに，障害をもつ学生やその家族からの大学への働きかけは重要であり，入学前からの情報共有が，大学での学びをスムーズにスタートさせる鍵であるといえるであろう。

　学生自身が自分の障害の特性を理解し，何ができて，何ができないのかを自覚する。それに対して，どのような支援が必要なのかを学生自身が認識する力を身につけることは，障害をもつ学生の卒業後の進路や生活にも大きく関わってくる。高等

教育機関から雇用，就労への移行支援にもつながるのである。学生本人と学部事務，授業の担当教員，保護者との連携は不可欠で，入学前，入学直後から卒業までの継続的な支援が，就職活動や卒業後の進路や生活へのスムーズな移行につながると考えられている。

● 3-2 Learning Disability（学習障害）の認識

アメリカの高等教育機関では，学習障害をもつ学生の増加が明らかになってきている。新入生を対象におこなわれる障害に関する全米調査にて，新入生のなかで最も多いのが学習障害であるとの結果が出ている (Henderson, 2001; Ward & Merves, 2006)。また，新入生全体の2.8％が学習障害をもっていると自己申告している。それに加えて，学習障害という認識の広まっていなかった時代に診断を受ける機会がなかった層の大学での学び直しも増加している。学習障害をもつ学生は，不安度が高く，自身の学習に関する責任能力が低く，学習方略のレパートリーも少ないという特徴が挙げられ，ディベロップメンタルコースを選択することが奨励される場合もある (Kovach & Wilgosh, 1999)。

学習障害をもった学生たちは，読み，書き，数学の分野で困難さを訴えることが多いといわれているが，学習障害をもったすべての学生がこれらの分野で苦手意識をもっているわけではない (Abreu-Ellis et al., 2009)，それぞれの学生に見合った支援が重要となる。

アメリカでは，障害をもつ学生の学びを支援するために，国をあげて障害学生の学びに関する調査が数多く実施されている。障害をもつ学生の支援に関する調査の大半は，障害学生の学習環境だけではなく，認知，感情面での学生のニーズにも焦点を当てられている (Rath & Royer, 2002)。障害学生の高等教育における成功の秘訣は，①支援技術とプログラムの提供，②学習プログラムの変更や改善，③チュータリングや特別支援などの直接的な学習支援，が学習環境の改善のためには必要であり，学生自身の変化のためには，④心理療法やカウンセリング，⑤学習方略の使用の紹介，⑥低学力を強化するプログラムデザインといったアプローチが必要であるという調査結果を導出している (Rath & Royer, 2002：360)。

障害学生支援やディベロップメンタル教育に関わる教職員が，高等教育機関で学ぶ学生を支援するシステムの構築につながるこのような調査研究は，日本においても積極的に実施されるべきであると考える。

● 3-3　障害学生支援に関するネットワーク

アメリカでは，AHEAD（Association on Higher Education and Disability）と呼ばれる「高等教育と障害者協会」という機関が存在する。また，障害者の公平な扱いと平等な権利を世界に広げようと取り組む団体も多く存在している。

日本では，2004年に筑波大学で全国の高等教育機関で学ぶ聴覚障害学生支援のための「日本聴覚障害学生高等教育ネットワーク（PEPNet-Japan）が発足し，現在，約20の大学や機関が参加している。全国の連携大学・機関の協力により，高等教育支援に必要なマテリアルの開発や講義保障者の養成プログラム開発，シンポジウムの開催などが実施されている。また，2006年からは，日本学生支援機構が「障害学生修学支援ネットワーク」を開始している。同ネットワークは，地域別に「拠点校」を置き，障害学生の修学支援に関する教職員の相談に応じるなど，全国の大学や関係機関がネットワークをつくり，協力しながら障害学生の修学支援体制の整備をおこなうものである。障害学生支援に関する全国の大学や機関に向けた情報の発信を実施しながら，大学や地域が連携を強化させ，障害学生支援体制の確立および全国的な支援ネットワークの形成を目指している。

このように，地域や近隣の高等教育機関との支援業務に関する情報共有，障害に関する専門知識をもつ教職員や支援スタッフの育成，研修などの実施，地域の社会福祉施設との連携を通して，障害者権利条約第24条教育の5にある「障害者は他のものと平等に高等教育の機会を与えられることを確保する」ことが保障されるべきであると考える。大学関係者と障害者福祉の関係者が協力しあって，障害者の高等教育を支援する環境づくりをおこなうことも，支援体制強化へのもうひとつの可能性となろう。

4　日本の高等教育機関における障害学生支援体制の構築にむけて

公益財団法人東京財団の「障害者の高等教育に関する提言―進学を選択できる社会に向けて」では，障害者の進学を妨げる要因として3つの壁を挙げている。進学後の支援状況などを事前に把握しにくい「情報の壁」，高校や雇用との接続が上手くいっていない「縦割りの壁」，修学支援に関する費用や手間暇を嫌う「コストの壁」である。これらの壁を取り除き，障害学生の支援環境を整えることが，入学前後を含めた障害者の大学における学びを保障するものであるといえるのではないだろうか。

現在，多くの大学における障害学生の支援は，入学前の段階で，大学でどのような支援が受けられるかという情報は明らかでない場合がほとんどで，入学後も履修方法などの指導は学部事務室が，学習方法などに関しては学習支援センター（学習支援室）または障害学生センターが，就職に関する指導はキャリアセンターがおこなうというように，各部署での個別の支援に留まっているのが現状である。米国の大学（例：モンタナ大学）のように，ワンストップで障害学生の相談を受け付ける部署の設置が必要となろう。

　支援担当者の配置状況をみても，専門の支援者や専任の職員を置いている学校は少なく，各部署での対応に限定されているのが現状であり，障害学生支援を専門とする担当教職員の配置が必須である。日本の大学における障害学生の支援システムの構築のためには，障害に関する知識と理解のある専門家の協力は不可欠であり，意欲や能力をもった障害学生が高等教育機関で力を発揮することをサポートする大学への重点的な予算と人員の配分をおこなう必要がある。

　学生相談室や学習支援センター（学習支援室），障害学生センター，各学部事務室との連携の強化を図り，高校や特別支援学校との接続を大切にしながら，情報共有をおこなうこと，大学における障害学生数を把握し，組織的な支援の必要性を再認識することが，現在の日本の大学に求められる障害学生支援の発展に向けた最初の第一歩であろう。

　これからの日本の高等教育における学習支援を考える際には，障害学生の支援についての視野をもつことが非常に重要となってくる。障害学生の学生生活と学習を保障する支援システムの構築が，高等教育機関において広がり，障害をもつ学生の学びがさらに広がることを願う。

【引用・参考文献】

Abreu-Ellis, C., Ellis, J., & Hayes, R. (2009). College preparedness and time of learning disability identification. *Journal of Developmental Education*, **32**(3), 28-38.

Henderson, C. (2001). *College freshmen with disabilities, 2001: A biennial statistical profile*. Washington, DC: American Council on Education.

Kovach, K., & Wilgosh, L. R. (1999). Learning and study strategies, and performance anxiety in postsecondary students with learning disabilities: A preliminary study. *Developmental Disabilities Bulletin*, **27**(1), 47-57.

Rath, K. A., & Royer, J. M. (2002). The nature and effectiveness of learning disability

services for college students. *Educational Psychology Review*, **14**(4), 353-381.
Ward, M. J., & Merves, E. S. (2006). Full-time freshmen with disabilities enrolled in 4-year colleges: A statistical profile. Washington, DC: Washington University, HEATH Resource Center

【参考ウェブサイト】
National Center for Education Statistics.〈https://nces.ed.gov/fastfacts〉
University of Montana Disability Services for Students.〈http://www.umt.edu/dss/〉

あとがき

　私が大学の「学習支援室」の担当教員となったのは10年前。それまで英語教員の一人として，授業の中や教室の外でおこなってきた教員として当たり前の学習の支援が，正式な仕事となったのである。複数学部の「再履修クラス」を担当しながら，学習支援室にやってくる学生たちの学びをサポートし，大変だけれどもやりがいのある仕事，そう意気込んでスタートした。しかしながら，大学における学習支援の現実は，なかなか厳しいものであった。

　学習支援室にやってくる学生は，高校と大学の学習環境の違いに戸惑いを感じる学生や基礎学力の低い学生など「学習面」における不安や問題を抱える学生だけではなく，彼らの抱える問題は日常生活における友人関係や家族関係など，多岐にわたるものであった。単に英語学習に関する支援を必要としているのではなく，専門のカウンセラーがおこなうべき学生相談の領域であることも多かった。また，一方で，発達障害や学習障害，聴覚障害などの障害をもつ学生も存在し，各学部や学科との連携の中で，学習支援室に送られてくる学生も少なくなかった。そのような多様な支援を必要とする学生たちに対し，心理学や障害学生支援などの専門知識をもたない英語教員の私ができることは限られており，授業をおこないながら，すべての支援を校舎の一角に作られた小さな部屋で，たった2人の教員と1名の職員でおこなうには限界があった。

　奮闘する私たちに「大学生なんだからそこまでしなければいけないのか」「あの部屋はいったい何をしている部屋なのか」……支援室が立ち上がってからの教職員，学生たちの声には心無い発言もあり，がっかりさせられることも多く，これが本当に私のやりたかったことなのだろうかと思い悩む日々であった。

　そんな時に参加したのが「日本リメディアル教育学会」であり，そこで谷川裕稔先生をはじめとする，高等教育機関の学習支援に関わる多くの先生方との出会いがあった。こんな悩みをもっているのは私だけでないのだと救われる思いであった。学習支援に関わった者にしかわからない苦労とやりがい，さまざまな思いを共有できる仲間がいることに気がついたのである。

　まだまだ学内における学習支援室の認知度は高いとはいえず，課題も残されているが，現在，学習支援室はキャンパスの片隅から場所を図書館の1階へと移し，大きくなった部屋で，増員されたスタッフとともに幅広い支援をおこなう部屋へと成

長している。少しずつではあるが確実に，認知度，利用率，満足度を上げているといえるであろう。

英語を中心としたリメディアル教育と学習支援の2本の柱で成り立つ私の教員生活。2012年には，『学士力を支える学習支援の方法論』の執筆の機会をいただき，今回，再び谷川裕稔先生とナヤニシヤ出版の米谷氏との共同企画である『アメリカの大学に学ぶ学習支援の手引き―日本の大学にどう活かすか』の執筆者の一人として，本書の出版に携わることになった。

本書の執筆にあたり，アメリカの学習支援の歴史をあらためて学ぶ機会をいただき，書き進める中で，アメリカの学習支援もそうだったのか，とふと力が抜ける思いであった。「リメディアルクラス」と呼べない，呼ばないクラスの存在，学習支援に関わることで生まれる不名誉さなど，国レベル，大学レベルでさえ，学習支援の理解を深め，広めていくためには，多大なる尽力が必要であったことがわかった。

18歳人口が減少しはじめる2018年はすぐそこまで迫っている。「基礎学力」といわれる中学や高校で習得しているべき学力をもたない学生たちの入学を認めざるを得ない大学全入時代。大学のユニバーサル化が進む現代，大学生なのにと言っている場合ではなく，現実に目を向け，本気の支援を始めるときである。

高大連携や入学前教育を含んだ入学前から始まる支援を，スムーズに初年次教育へとつなげ，各学部，各学年において必要な支援を提供しながら，卒業と就職に向けての支援をおこなう一貫した支援システムの構築が必要である。そのためには，教職員が一丸となってその必要性を認識し，心をひとつに学生を支援していかなければならないと考える。

多様化している入学試験，一人でも多くの入学者を確保しようと大学では多くの取り組みがなされているが，その後の支援をきちんと行わなければ，それらは休学や退学へとつながり，学生の定着率の低下へとつながることを忘れてはならない。「学習」の支援と「学生」の支援。入学してきた学生には責任をもって向き合う覚悟が必要なのである。

最後に，本書がアメリカの学習支援の歴史とシステムに学び，今日の日本の高等教育で必要とされる学習支援のシステムが構築されるための一歩となることを願って。

2017年3月
奥村玲香

事項索引

A-Z
A & M 系カレッジ　66
ACT　89

developmental education　37, 128

ESL プログラム　82

For-profit colleges and universities　2

GI ビル　67

NADE 自己評価ガイド　35

remedial　97, 112
remedial education　37, 128
remedial education program　128

SAT　67, 89
SI　103

Title III　104
Title IV　104
TRIO（プログラム）　79, 104, 118

ア行
アカデミー　46, 47
アカデミックカレッジ　67
アクセス　68
アクティブラーニング　136, 137, 140
アクレディテーション　151
アクレディテーション・ミル　16
アセスメント手法　152
新しい（タイプの）学生　31-33, 42, 69, 70, 78, 80, 81, 98
新しい形の学習支援　100
アップワードバウンド　72, 118
アメリカ高等教育機関　2
アメリカ高等教育の学習支援　46
アメリカ大学協会　66
アメリカの高等教育機関における障害学生の割合　169
アメリカの補習教育の実施形態　114
暗誦　51

一般教育　71
インセンティブ　153

営利大学　4, 8
エルボー理論　88
エンロールメントパターン　7

オープンアクセス　79
オープンアドミッション（制）　80, 94, 95, 97
オプトアウト　158

カ行
カーネギー財団　66
カーネギー分類　3
カーネギーユニット　12
外化　142
概念マッピング　137
外部の業者　110
カウンセリング　72, 118
科学　49, 50
学位　34
　──保有者　5
学位授与機構　139
学士大学　3
学修　ii
学習　ii
学習計画の個人化　102
学習支援　ii, 26, 69
　──の IT 化　110
　──の専門育成　111
　──の組織化　116
　──の多様化　111
　──の目的　143
学習支援関連科目　33
学習支援コミュニティ　96
学習支援室　175, 176
学習支援従事者　138
学習（支援）センター　94, 103, 118, 143, 173
学習支援体制の統合　111
学習支援分野固有の教育方法　35
学習支援分野の専門性　25, 26, 31

学習時間 vs. 学習成果　152
学習時間数よりも学習成果　14
学習障害　171
　　──をもつ学生　171
学習成果　11, 101
　　──アセスメント手法　148, 150
　　──に関する評価基準　149
学習戦略モデル　160
学生
　　──と教職員との関わり　159
　　──の人種の分布　3
　　──の成功　136, 157
　　──の平均年齢　98
　　──の学び　101
学生カルテ　162
学生コーホート　119
学生自治　119
学生数減少　95
学生生活　44
学生成功コース　160
学生定着　162
学生モニタリング　117
隠れたカリキュラム　114
加速　114, 116
学科統合型　114
仮面学生　154
科目番号　28
カリキュラム構成　49
カリキュラム
　　──とデザイン　116
　　──を横断するライティングプロジェクト　90
カレッジ　43, 46
カレッジ科目　28, 29
カレッジ科目担当教員　31
カレッジカリキュラム　53
カレッジ憲章　45
カレッジ準備アカデミー　60, 62, 80
カレッジ準備科目　52
カレッジ準備プログラム　61
カレッジ入試政策　51
カレッジ予科　55, 62, 68, 70
カレッジリーディング＆ラーニング協会（CRLA）　27, 128, 136
カレッジワーク　26
完習得学習法　89

機関別認証評価　146, 150
機関別評価　146
危機的状況にある学生　83, 159
期待値理論　101
キャップストーン　152
キャリアセンター　173
給付型奨学金　154
教育修正法　94
教育の質的転換　140
教員とスタッフ支援　116
教員の教育力　143
教授　101, 116
教授革命　88
矯正院　52
協調学習　88
共通テスト　67
協同学習　88
ギリシャ古典学　49

愚者の英語　74
クラス評価技術　137
グラマースクール　52

経験学習理論　101
経済機会均等法　78, 79, 82
研究大学　3

講義　51
講義型教授法　64
構造的（組織的）学習支援　118
高等教育　111
高等教育機関のユニバーサル化　95
高等教育と障害者協会（AHEAD）　172
高等教育に関する大統領報告　78
高等教育へのアクセス　68
高等教育法　78, 79
公民権法　78, 79
合理的配慮　170
コーホート卒業率　156
ゴール 2025　5
個人成長理論　101
コストの壁　172
コミュニティカレッジ　67, 82, 86
雇用者調査　16
雇用と学位の関係　6
コンピテンシー　ii, 21
コンピテンシー基盤型教育（CBE）　11, 18, 19, 151
コンピュータ管理教授法　89
コンピュータ基盤教授法　89
コンピュータ補助教授法　89

サ行

サザンティーチングプログラム　85

シートタイム　19, 151
シェア／ペア　137
資格　34
自己管理的学習　138
自己効力感　160
自己効力理論　101
自己調整学習　120
実験室法　62
失敗事例　141
しみ込み型の学び　141
ジャーナルキーピング　102
社会的学習　101
ジャクソン民主主義　58, 59
宗教的訓練　52
修正高等教育法　79
重点配分　139
17世紀の移民構成　47
修了　109, 136
修了課題　109
修了単位　28
授業外学習時間　12, 151
授業外学習時間の減少　13
主体的な学習時間　146
ジュニアカレッジ　67, 70, 86
準学士大学　3
準備不足の学生　48, 63, 89, 96, 105
障害学生支援　165
障害学生支援担当者の配置状況　168
障害学生支援率　168
障害学生修学支援ネットワーク　172
障害学生数増加　165
障害学生センター　173
障害の種類　167
障害をもつ米国人法　170

奨学金　79
情報の壁　172
職能　33
植民地カレッジ　42-44, 49
植民地時代　25
女性　94
女性カレッジ　48
初年次教育　126, 127, 129
初年次教育学会　38
初年次教育関連科目　29
自律学習　138
自律性　138
私立大学等改革総合支援事業　140
人的資源　116
新入生の継続在籍　157
新入生の登録状況　113

数学　112, 113
スキャフォールディング　138, 139, 143
スタディスキルズ　72, 74, 160
スタディスキルズ・プログラム　161
ストップアウト　158

政策論争　116
成熟した学習環境　116
聖職者養成　49
成人基礎教育　79
成人基礎教育プログラム　82
成人教育法　82
精神障害　168
ゼネラルカレッジ　71
1960年以降の教授アプローチ　87
全米教育委員会　70
全米ディベロップメンタル

学会　97
全米ディベロップメンタル教育協会（NADE）　128, 136
専門学会　32, 33
専門科目　143
専門性　33
専門大学　3
専門用語　36

早期カレッジ　118
早期警告　118
相互教授法　102
疎外者　30
組織的なアプローチ　159
卒業率　157

タ行
退役軍人　68
大学　46
大学院　32
大学・カレッジの回復期　95
大学基準協会　66, 139
大学ハイスクール　56
大学評価　139
大学をよりアフォーダブルにするための計画　19
大恐慌　67
達成度の低い学生　83
達成目標　146
縦割りの壁　172
単位インフレーション　16
単位化されない補習系科目　112
単位時間の再定義　15
単位制度　22
　――の実質化　147
単位認定科目　126, 132
単位付与　85

単位付与科目　112
地域大学　85
チューター　51
　——プログラム　62
チュータリング　47, 50, 53
　——スクール　63
中等教育機関制度　52
中等後教育　111
中途退学者総数　154
中途退学の理由　154, 155
中途退学率　156
直接評価プログラム（DAP）　20

ディープ・アクティブラーニング　142
低学力学生　57
ディグリー・ミル　16
定着　136, 156-158
　——率　156
ディベロップメンタルエデュケーターズ　29
ディベロップメンタル学生　101
ディベロップメンタル科目　29
ディベロップメンタル教育　27, 110
デームスクール　51
適切な教授方略　88

ドイツ式　53
特別クラス　118
土地付与カレッジ　46, 56, 70
トランスファーアウト　158
ドロップアウト　158

ナ行

内化　142
内部質保証システム　153
内部の人材　110
南北戦争　55

2020年カレッジ修了ゴール　5, 109
日本協同教育学会　38
日本聴覚障害学生高等教育支援ネットワーク　172
日本リメディアル教育学会　38, 169, 175
入学資格のある学生　47
入学準備教育　48
入学前サマープログラム　160
入学前支援　83
入学前プログラム・科目　84
認知的学習戦略　64
認知発達理論　101

ネイティブアメリカン　45

農業・工学系カレッジ　56
能動的学修　138

ハ行

パートタイム学生　80, 82
ハイスクール　99
　——時代のGPA　120
ハイスクールアウトリーチ　118
発達障害　168
ハッチ法　66
ピアチュータリング　102, 143
ピア・ファシリテートスタディグループ　119

非伝統的
　——学生　80, 81
　——な教授・学習法　100
評価　89
　——（手）法　20, 90
　——の不適格性　16
貧困への戦い　78

プアホワイト　83
復員兵援護法　78
不名誉なラベリング　83
フルタイム学生　3, 80
プレイスメントテスト　72, 89
分離学科型　114

ペア科目　103
ベイエリア・ライティングプロジェクト　88
平均授業外学習時間　11
ペルグラント　4

ポートフォリオ　152
補習教育科目の提供状況　113
補償教育　79, 88
補助金
　——制度　140
　——の配分方法　139

マ行

マイノリティ（学生）　35, 69, 94
マディエストポイント　137
学ぶ主体　128

（第一次，第二次）モリル法　46, 56, 66, 69

事項索引　*181*

ヤ行

4つのリーディング戦略　*102*
読み書きができない大学・カレッジ志願者　*63*
読み書き算　*51*

ラ行

ラーニングアシスタンスプロフェッショナルズ　*30*
ラーニングブリッジング　*142*
ライティング　*74, 113*
ラテングラマースクール　*46, 48, 62*
リーディング　*72, 113, 161*
離学　*156*
離学率　*156*
リハビリテーション法504条　*170*
リベラルアーツ　*71*
　——系カレッジ　*56*
リメディアル科目　*28, 29, 71*
リメディアル教育　*50, 69, 70, 75, 81, 126, 129*
　——の参加状況　*112*
リメディアル・ディベロップメンタルプログラム　*99*
リメディアルプログラム　*85*
　——のイメージ　*105*
寮制カレッジ　*44*
倫理コード　*35*

連邦助成金　*15*

ロックフェラー財団　*66*

人名索引

A-Z
Abraham, A. A. Jr. *100*
Abreu-Ellis, C. *171*
Adelman, C. *7*
Arum, R. *14*
Astin, A. W. *13, 159*
Atwell, C. *36*

Bail, F. T. *120*
Barnet, J. E. *120*
Bir, B. *118*
Blaushild, B. *84*
Bok, D. *4, 8*
Booth, E. A. *117, 121*
Braxton, J. M. *157*
Brint, S. *12, 13*
Brubacher, J. S. *44, 48, 50-52, 57, 61, 62, 66, 67, 71, 73, 81, 83*

Calderwood, B. J. *103, 110*
Cantwell, A. M. *12, 13*
Carnevale, A. P. *6*
Carstensen, V. R. *61*
Cooper, L. *36*
Costa, M. *79, 82*
Craig, C. M. *70*
Crawford, J. J. *30*
Curti, M. E. *61*

Damashek, R. *114*
Dembo, M. H. *120*
Dempsey, B. J. L. *60, 80*
Doetkott, C. A. *160*

Ehrlich, T. *17*

Enright, G. *103*
Evans, N. *136*

Farris, E. *85, 99*
Fischer, K. *16*
Fleming, J. *35*

Gibbons, P *138*
Gibson, S. U. *136*
Gleazer, E. J. Jr. *95*
Glenn, P. A. *160*
Goldrick-Rab, S. *7*
Goodwin, W. W. *69*
Gordon, E. E. *51*
Gordon, E. H. *51*
Goudas, A. M. *104*

Henderson, C. *171*
Hill, A. S. *69*
Hill, P. *21*
Hoops, L. D. *120, 160*
Hughes, K. *109*

Ignash, J. M. *60*

Jakubowski, T. G. *120*
Jaschik, S. *13*

Kena, G. *80*
Kerstiens, G. *79*
Klein-Collins, R. *18*
Kovach, K. *171*
Kulik, C.-L. C. *86*
Kulik, J. A. *86*

Laitinen, A. *15*

Lavin, D. E. *80*
Lederman, D. *13*
Levin, J. R. *160*
Levin, M. E. *160*
Levitz, R. *157*
Lewis, L. *85, 112-115*
Ley, K. *120*
Losak, J. *75, 104*

Maehl, W. H. *18*
Maggio, J. C. *160*
Maker, J. *136*
Malan, S. P. T. *18*
Mansfield, W. *99*
Materniak, G. *35*
McCormick, A. C. *12*
McGrath, E. J. *84, 85*
Mcphail, C. J. *109*
Merves, E. S. *171*
Miles, C. *75*
Myrick, M. *118*

Nabeel, A. *82*
Neem, J. N. *21*
Ntuk-Iden, M. *89*

Obama, B. H. *2, 5, 8, 109*

Pace, C. R. *12, 13*
Parr, F. W. *72, 76*
Parsad, B. *112-115*
Pascarella, E. T. *13*
Piper, J. *110*
Pitkin, D. N. *36*
Polansky, J. *161*
Porter, S. R. *18*

Provezis, S. *152*

Ratcliff, J. L. *67*
Rath, K. A. *171*
Reason, R. D. *3, 7*
Renn, K. A. *3, 7*
Richardson, R. C. *70*
Roelling, L. O. *90*
Roksa, J. *14*
Roueche, J. E. *81, 89*
Royer, J. M. *171*
Rudolph, F. *44, 45, 47-52, 56, 66, 71*
Rudy, W. *44, 48, 50-52, 57, 61, 62, 66, 67, 71, 73, 81, 83*
Ryan, M. P. *160*

Schnell, C. A. *160*
Schuh, J. H. *3*
Seidman, A. *158*
Shedd, C. *62*
Simmons, O. S. *8*
Simpson, M. L. *120*
Slavov, S. *17*
Smith, A. S. *86, 87, 89, 101*
Smith, M. L. *36*
Snow, J. J. *81, 89*
Speicher, A. L. *66*
Sperber, M. *13*
Stewart, S. *115*
Svinicki, M. D. *101*

Tarenzini, P. T. *13*

Ward, M. J. *171*
Weidner, H. Z. *73*
Wellman, J. V. *17*
White, W. G. *50*

Wilgosh, L. R. *171*
Williams, A. *35*
Williamson, L. V. *116*
Wirt, J. *158*
Witt, A. A *66-68*
Wood, D. *139*
Wyatt, M. *73*

Young, D. *120*

ア行

アブラムズ（Abrams, H. G.） *161*
有賀夏紀 *43, 48, 59*
アレンデール（Arendale, D. R.） *iii, 25-30, 33, 34, 36, 37, 42, 46, 50, 51, 55-64, 69, 70, 72-74, 76, 79, 80, 83-85, 89, 96, 100, 105, 109, 110, 127*

イールズ（Eells, W. C.） *86*
池田秀男 *138*

ウィラード（Willard, E.） *48*
ウィン（Winn, B. A.） *156*
ウエイランド（Wayland, F） *45*
上山あゆみ *130*
ヴォイト（Voigt, L.） *158, 159, 161*

エズラ・コーネル（Cornell, E.） *57*
江原武一 *68, 78, 81, 85*
エリオット（Eliot, C. W.） *57*

エルボー（Elbow, P.） *88*

小貫有紀子 *26*
オルソン（Olson, K.） *26, 32, 117-120, 138*

カ行

ガードナー, J. *30*
カサーザ（Casazza, M. E.） *26-28, 30, 31, 35, 42, 45-48, 50, 51, 57, 59-63, 71, 84, 85, 111, 112, 115*
金子忠史 *43, 44, 45, 50, 56*
金子元久 *11*
亀倉正彦 *141*
河井 亨 *142*

喜多村和之 *95*
紀平英作 *59*

クー（Kuh, G.） *13, 159*
クライスト（Christ, F.） *103, 110*
クレメン, L. A. *43, 45-47, 51, 52, 62*
クロウズ（Clowes, D. A.） *30, 37, 89, 96, 97, 127*
クロス（Cross, K. P.） *31, 32, 36, 42, 69, 71, 78, 80, 81, 88, 89, 99*

コーエン（Cohen, A. M.） *25, 30, 86*
コフマン（Coffman, L. D.） *71*
コルブ（Kolb, D. A.） *101*

サ行

ジェファーソン（Jefferson,

T.） *45*
渋井　進　*147*
下坂　剛　*127*
ジャーニガン（Jernigan, L., P.）　*161*
ジャクソン　*59*
ジョンソン（Johnson, L. B.）　*78, 87*
シルバーマン（Silverman, S. L.）　*26-28, 30, 31, 35, 42, 45-48, 50, 51, 57, 59-63, 71, 84, 85, 111, 112, 115*

スコット（Scott, P.）　*111*
スパック（Spache, G. D.）　*75*
スパン（Spann, M. G.）　*70, 72, 81, 84, 85, 99, 102, 114*
スミス（Smith, A. B.）　*89*

ソーントン（Thornton, J. W. Jr.）　*86*

タ行
田川まさみ　*18*
タスクホース　*128*
タッグ（Tagg, J.）　*111*
タッパン（Tappan, H. P.）　*57*
ダニエル（Daniel, D. E.）　*30*
谷川裕稔　*26, 28-30, 32, 34, 37, 58, 67, 79, 80, 82, 88, 95, 97, 103, 111, 114, 119, 127, 143, 146, 162*
タフ（Tough, A. M.）　*138*

ティント（Tinto, V.）　*116, 156, 158*

ドノバン（Donovan, R. A.）　*80, 81, 86-88, 90, 94*
トルーマン（Truman, H. S.）　*78*

ナ行
長尾佳代子　*132*
中山　茂　*43, 44, 48, 52, 67, 69, 95*

ノウルズ（Knowles, M.）　*138*
ノエル（Noel, L.）　*157, 159*
野田文香　*147*

ハ行
ハーパー（Harper, W. R.）　*67*
バッツ, R. F.　*43, 45-47, 51, 52, 62*
バブコック（Babcock, P.）　*12*
ハンドリーザー（Hundrieser, J.）　*158, 159, 161*
バンビューレン（Van Buren, M.）　*59, 83, 84*

ピッチャード（Picthard, R. W.）　*36*

深谷圭介　*28, 57-59, 61, 64, 69*
ブライアー（Brier, E）　*102*
ブラウン（Brown, A. L.）　*45, 62*
フランクリン（Franklin, B.）　*102*
プリンクサー（Plincsar, A. S.）　*89*
ブルーム（Bloom, B. S.）　*25, 30, 86*
ブローワー（Brawer, F. B.）　*101*

ベイカー（Baker, G. A., III）・*37, 127*
ペイン（Payne, E. M.）　*156*

ホイト（Hoyt, J. E.）　*25-27, 32, 46, 50, 82, 104*
ボイラン（Boylan, H. R.）　*12*

マ行
マークス（Marks, M.）　*12, 110*
マクドナルド（Mcdonald, L.）　*70, 72, 81, 84, 85, 99, 102, 114*
マクリモン（McCrimmon, S.）　*25-27, 31, 32, 59, 68-70, 72-76, 83, 89, 90, 94, 98, 100-104, 110*
マックスウェル（Maxwell, M.）　*25-27, 31, 32, 59, 68, 69, 72-76, 83, 89, 90, 94, 98, 100-104, 110*
松下佳代　*137*

溝上慎一　*46*
村田鈴子　*110*

モーリス（Morris, M.）
 12

ヤ行
山田礼子　*12, 43, 48*

油井大三郎　*37, 127*

ラ行
ラザーソン（Lazerson, M.）　*86*

ランゲ（Lange, A.）　*30*

リッペイ（Rippey, D. T.）
 36

ルーウィン（Lewin, K.）
 67

ルーズベルト　*36, 127, 128, 136*

ルービン（Rubin, M.）
 120, 157, 159, 160

ワ行
ワーナーズバック
 （Wernersbach, B. M.）
 141

渡部信一　*87*

ワトソン（Watson, G.）
 87

大学名索引

ア行
アイオワ州立大学　*160*
アマーストカレッジ　*47*
アラバマ大学　*55*

イエール大学　*50, 57, 85*

ヴァサー・カレッジ　*160*
ウィスコンシン大学　*61*
ウイリアムズカレッジ　*47*
ウェレズリーカレッジ　*71, 80*

オバーリンカレッジ　*48, 56*

カ行
カリフォルニア大学バークレー校　*74, 88*
カリフォルニア大学ロサンゼルス校　*100*

キングスカレッジ　*50*

グランブリング州立大学　*110*

ケメケタコミュニティカレッジ　*110*

コーネル大学　*57, 160*

サ行
サウスカロライナカレッジ　*56*

ジョージア大学　*55*
ジョンソン州立大学　*90*

タ行
タッキジーインスティチュート　*84*

テキサスＡ＆Ｍ大学　*116*

ナ行
ニューヨーク市立大学　*80*
ニューヨーク大学　*60, 80*
ノースカロライナ大学　*50*

ハ行
バージニア大学　*45*
ハーバードカレッジ　*43*

ハーバード大学　*50, 57, 73*
バックネル大学　*55*
バファロー大学　*74, 84*
バルパレイソ大学　*55*

ビーバーカレッジ　*90*

フィラデルフィア・アカデミー　*45*
ブラウン大学　*45*
フレズノ市立大学　*95*

ボストン大学　*160*

マ行
マウントセントメアリズカレッジ　*110*

ミシガン大学　*59, 90*
ミネソタ大学　*68*

ラ行
リー・カレッジ　*160*

執筆者紹介（執筆順，＊は編者）

谷川裕稔＊（たにがわ ひろとし）
四国大学短期大学部教授 四国大学学修支援センター・副センター長
神戸大学大学院文化学研究科後期3年博士課程　博士（学術）
担当章　はじめに，3・4・5・7・8・10・13章
主著に『ピアチューター・トレーニング―学生による学生の支援へ』（共編，ナカニシヤ出版，2014年）『学士力を支える学習支援の方法論』（編集代表，ナカニシヤ出版，2012年），『学習支援をトータルプロデュースする―ユニバーサル化時代の大学教育』（共著，明治図書，2005年）『アメリカ・コミュニティ・カレッジの補習教育』（単著，大学教育出版，2001年）など。

野田文香（のだ あやか）
独立行政法人大学改革支援・学位授与機構准教授
ジョージワシントン大学大学院高等教育研究科博士課程　博士（教育学）
担当章　1・2・12章
主著に「「単位制度の実質化」と機関別認証評価」（『大学評価・学位研究』，2016年），"Learning experiences and gains from continuing professional education and their applicability to work for Japanese government officials."（*Studies in Higher Education*, 2014年）「高等教育における「ジェネリックスキル評価」を巡る問題点と今後の課題―オーストラリアと米国の取組から」（『比較教育学研究』，2010年）など。

奥村玲香（おくむら れいか）
帝塚山大学全学教育開発センター准教授
修士（英語教授法）（ポートランド州立大学）
担当章　6・8・14章，おわりに
主著に『プレステップ　キャリアデザイン　第3版』（共著，弘文堂，2016年），「日本の大学の必修英語クラスにおける外国語学習不安の理解―英語学習を妨げる不安の解消に向けて」（『日本近代学研究』，2012年），「学習者中心主義とニーズ分析―新入生の英語力の考察とカリキュラムデザイン」（『人間環境科学』，2010年）など。

壁谷一広（かべや かずひろ）
大阪体育大学体育学部教授
修士（英語教授法）（ジョージタウン大学）
東北大学大学院教育研究科博士課程後期（単位取得退学）
担当章　9・11章
主著に『ピアチューター・トレーニング―学生による学生の支援へ』（共著，ナカニシヤ出版，2014年）"Sentence Downsizing: An Attempt to Improve the Reading Ability of Low Proficiency Learners of English."（"*TOHOKU TEFL*" 2010年）など。

アメリカの大学に学ぶ学習支援の手引き
日本の大学にどう活かすか

2017 年 3 月 31 日　　初版第 1 刷発行

編　者　谷川裕稔
発行者　中西健夫
発行所　株式会社ナカニシヤ出版
〒606-8161　京都市左京区一乗寺木ノ本町 15 番地
Telephone　075-723-0111
Facsimile　075-723-0095
Website　http://www.nakanishiya.co.jp/
Email　iihon-ippai@nakanishiya.co.jp
郵便振替　01030-0-13128

印刷・製本＝ファインワークス／装幀＝白沢　正
Copyright © 2017 by H. Tanigawa
Printed in Japan.
ISBN978-4-7795-1168-4

本書のコピー，スキャン，デジタル化等の無断複製は著作権法上の例外を除き禁じられています。本書を代行業者等の第三者に依頼してスキャンやデジタル化することはたとえ個人や家庭内の利用であっても著作権法上認められません。

ナカニシヤ出版◆書籍のご案内

学士力を支える学習支援の方法論
谷川裕稔代表編者　長尾佳代子・壁谷一広・中園篤典・堤　裕之編
高等教育機関における「学習支援」の枠組みを明確に提示し、学生の質保証という難題に立ち向かうさまざまな工夫と実践を網羅する。　　　　　　　　　　　　　　　　　　　3600 円＋税

大学生の主体的学びを促すカリキュラム・デザイン
アクティブ・ラーニングの組織的展開にむけて
日本高等教育開発協会・ベネッセ教育総合研究所［編］
佐藤浩章・山田剛史・樋口　健［編集代表］
全国の国立・公立・私立大学の学科長へのアンケート調査と多様なケーススタディから見えてきたカリキュラム改定の方向性とは何か。　　　　　　　　　　　　　　　　　　　　2400 円＋税

もっと知りたい大学教員の仕事
大学を理解するための 12 章　羽田貴史［編著］
カリキュラム，授業，ゼミ，研究倫理，大学運営，高等教育についての欠かせない知識を網羅。これからの大学教員必携のガイドブック。　　　　　　　　　　　　　　　　　　2700 円＋税

大学における e ラーニング活用実践集
大学における学習支援への挑戦 2
大学 e ラーニング協議会・日本リメディアル教育学会［監修］
大学教育現場での ICT を活用した教育実践と教育方法，教育効果の評価についての知見をまとめ様々なノウハウを徹底的に紹介する。　　　　　　　　　　　　　　　　　　　3400 円＋税

大学における学習支援への挑戦
リメディアル教育の現状と課題　日本リメディアル教育学会［監修］
「教育の質の確保と向上」を目指して——500 以上の大学・短大などから得たアンケート結果を踏まえ，日本の大学教育の最前線からプレースメントテスト・入学前教育・初年次教育・日本語教育・リメディアル教育・学習支援センターなど，60 事例を紹介！　　　　　　　　　2800 円＋税

学生が変わるプロブレム・ベースド・ラーニング実践法
学びを深めるアクティブ・ラーニングがキャンパスを変える
バーバラ・ダッチほか／山田康彦・津田　司［監訳］
PBL 導入へ向けた組織的取組み，効果的な PBL 教育の準備，多様な専門分野における PBL 実践事例を網羅する。　　　　　　　　　　　　　　　　　　　　　　　　　　　　3600 円＋税

教育現場の「コンピテンシー評価」
渡部信一［編著］
学力という範疇に収まり切れない能力、いわゆるコンピテンシーをさまざまな教育現場ではどう測ってきたのか。多様な評価方法に学ぶ。　　　　　　　　　　　　　　2400円＋税

教養教育の再生
林 哲介［著］
教育答申や財界の意見等を批判的に読み解きながら教養教育の変容をふりかえり、何が欠落してきたか、あるべき姿とは何かを提言する　　　　　　　　　　　　　　2400円＋税

身体と教養
身体と向き合うアクティブ・ラーニングの探求　山本敦久［編］
ポストフォーディズムのコミュニケーション社会において変容する身体と教育との関係を大学の身体教育の実践現場から捉える。　　　　　　　　　　　　　　　　　2800円＋税

学生と楽しむ大学教育
大学の学びを本物にするFDを求めて　清水 亮・橋本 勝［編］
学生たちは，大学で何を学び，何ができるようになったのか。個々の教員・職員・学生，そして大学コミュニティがもつ活力を活性化し，大学教育を発展させる実践を集約。　　3700円＋税

学生・職員と創る大学教育
大学を変えるFDとSDの新発想　清水 亮・橋本 勝［編］
学生が活き、大学が活きる。教員・職員・学生が一体となって推進する今、大学に不可欠な取組を理論と実践からトータルに捉える！　　　　　　　　　　　　　　　　3500円＋税

学生，大学教育を問う
大学を変える，学生が変える3　木野 茂［編］
学生・教員・職員の関わる大学教育とは何か――全国の80以上の大学に広がった学生FD活動の実際と数百人の学生，教職員が集う白熱の学生FDサミットの内容を幅広く紹介。　2800円＋税

学生FDサミット奮闘記
大学を変える、学生が変える2：追手門FDサミット篇
木野 茂［監］梅村 修［編］
大学授業の改善について思い悩む300名以上の学生・教員・職員が、大学を越え、対話を行い、作り上げたサミットの軌跡と記録！　　　　　　　　　　　　　　　　　2500円＋税

高校・大学から仕事へのトランジション
変容する能力・アイデンティティと教育　溝上慎一・松下佳代［編］
若者はどんな移行の困難の中にいるのか――教育学・社会学・心理学を越境しながら，気鋭の論者たちが議論を巻き起こす！
2800円＋税

大学におけるアクティブ・ラーニングの現在
学生主体型授業実践集　小田隆治［編］
日本の大学で行われているアクティブ・ラーニングの多様性と豊かさを伝えるとともに，その導入のヒントとなる実践事例集。
2800円＋税

かかわりを拓くアクティブ・ラーニング
共生への基盤づくりに向けて　山地弘起［編］
アクティブラーニングを縦横に活用した大学授業を取り上げ，メッセージ・テキスト，学習の意義，実践事例，授業化のヒントを紹介。
2500円＋税

アクティブラーニングを創るまなびのコミュニティ
大学教育を変える教育サロンの挑戦　池田輝政・松本浩司［編著］
大学における授業改善・教育改革をめぐって多様な人びとがストーリーを語り合う教育サロンへの「招待状」。
2200円＋税

学生主体型授業の冒険
自ら学び，考える大学生を育む　小田隆治・杉原真晃［編］
授業が変われば学生が変わる！　学生自らが授業に積極的に参加し，互いに学び合い教えあいながら，学びの主人公になる。果敢な取り組みの貴重な事例と授業設計を余すところ無く集約した待望の実践集。
3200円＋税

学生主体型授業の冒険2
予測困難な時代に挑む大学教育　小田隆治・杉原真晃［編］
学生の主体的な学びとは何か？　学生の可能性を信じ，「主体性」を引き出すために編み出された個性的な授業と取り組みを紹介し，明日の社会を創造する学びへと読者を誘う注目の実践集，第二弾！
3400円＋税

私が変われば世界が変わる
学生とともに創るアクティブ・ラーニング　中善則・秦美香子・野田光太郎・師茂樹・山中昌幸・西澤直美・角野綾子・丹治光浩［著］
学生と学生，教員と学生，学生と社会，学生と大学をつなぐ。大学教育の実践現場から届いたアクティブ・ラーニング活用術。
2400円＋税

大学1年生のための日本語技法
長尾佳代子・村上昌孝 [編]
引用を使いこなし、論理的に書く。徹底した反復練習を通し、学生として身につけるべき日本語作文の基礎をみがく初年次科目テキスト。　　　　　　　　　　　　　　　　　　　　1700円+税

コミュニケーション実践トレーニング
杉原　桂・野呂幾久子・橋本ゆかり [著]
信頼関係を築く、見方を変えてみる、多様な価値観を考える――ケアや対人援助などに活かせる基本トレーニング。　　　　　　　　　　　　　　　　　　　　　　　　　　　　　　1900円+税

大学1年生からのコミュニケーション入門
中野美香 [著]
充実した議論へと読者を誘う基礎から応用まで網羅した平易なテキストと豊富なグループワーク課題を通じて企業が採用選考時に最も重視している「コミュニケーション能力」を磨く。【教員用指導マニュアル情報有】　　　　　　　　　　　　　　　　　　　　　　　　　　　　　　1900円+税

大学生からのプレゼンテーション入門
中野美香 [著]
現代社会で欠かせないプレゼンテーション――書き込みシートを使って、プレゼン能力とプレゼンをマネジメントする力をみがき段階的にスキルを発展。大学生のみならず高校生・社会人にも絶好の入門書！【教員用指導マニュアル情報有】　　　　　　　　　　　　　　　　　　1900円+税

理工系学生のための大学入門
アカデミック・リテラシーを学ぼう！　金田　徹・長谷川　裕一 [編著]
理工系学生のための初年次教育用テキスト。大学生としてキャンパスライフをエンジョイする心得を身につけ、アカデミック・ライティングやテクニカル・ライティング、プレゼンテーションなどのリテラシーをみがこう！【教員用指導マニュアル情報有】　　　　　　　　　　　　　1800円+税

自己発見と大学生活
初年次教養教育のためのワークブック　松尾智晶 [監修・著]・中沢正江 [著]
アカデミックスキルの修得を意識しながら、「自分の方針」を表現し合い、問いかけ、楽しみつつ学ぶ機会を提供する初年次テキスト。別冊ワークブック、リフレクションノート付。　1500円+税

3訂 大学 学びのことはじめ
初年次セミナーワークブック　佐藤智明・矢島　彰・山本明志 [編]
高大接続の初年次教育に最適なベストセラーワークブックをリフレッシュ。全ページミシン目入りで書込み、切り取り、提出が簡単！
【教員用指導マニュアル情報有】　　　　　　　　　　　　　　　　　　　　　　　　　　1900円+税